CENÁRIO COM RETRATOS

A marca FSC® é a garantia de que a madeira utilizada na fabricação do papel deste livro provém de florestas que foram gerenciadas de maneira ambientalmente correta, socialmente justa e economicamente viável, além de outras fontes de origem controlada.

ANTONIO ARNONI PRADO

Cenário com retratos
Esboços e perfis

COMPANHIA DAS LETRAS

Copyright © 2015 by Antonio Arnoni Prado

Grafia atualizada segundo o Acordo Ortográfico da Língua Portuguesa de 1990, que entrou em vigor no Brasil em 2009.

Capa
Claudia Espínola de Carvalho

Foto de capa
Imagno/ Getty Images

Preparação
Mariana Delfini

Revisão
Adriana Bairrada
Mariana Zanini

Dados Internacionais de Catalogação na Publicação (CIP)
(Câmara Brasileira do Livro, SP, Brasil)

Prado, Antonio Arnoni
  Cenário com retratos : Esboços e perfis / Antonio Arnoni Prado —
1ª ed. — São Paulo : Companhia das Letras, 2015.

  Bibliografia.
  ISBN 978-85-359-2563-0

  1. Crítica literária 2. Escritores brasileiros 3. Literatura brasileira I. Título.

15-00923   CDD-869.94

Índice para catálogo sistemático:
1. Ensaios literários : Literatura brasileira 869.94

[2015]
Todos os direitos desta edição reservados à
EDITORA SCHWARCZ S.A.
Rua Bandeira Paulista, 702, cj. 32
04532-002 — São Paulo — SP
Telefone: (11) 3707-3500
Fax: (11) 3707-3501
www.companhiadasletras.com.br
www.blogdacompanhia.com.br

Sumário

Introdução, 9

Alvarenga Peixoto, louvor e tormentos, 17
O método crítico de Sílvio Romero, 35
Aluísio Azevedo e a crítica, 57
Confabulações do exílio (Joaquim Nabuco e Oliveira Lima), 71
Medeiros e Albuquerque poeta, 101
Elísio de Carvalho anarquista, 117
Lima Barreto entre histórias e sonhos, 127
Na fanfarra de Almáquio Dinis, 142
Oswald de Andrade versus José Lins do Rego?, 171
Um diálogo que volta: Mário de Andrade e Sérgio Buarque, 175
Nota breve sobre Sérgio crítico, 190
Os dois mundos de Gilberto Freyre, 204
Um melancólico libertário, 222
Francisco de Assis Barbosa, o repórter que sonhava, 228

Sobre o teatro de Lúcio Cardoso, 260
Erico Verissimo da nebulosa ao texto, 275

Notas, 285

Para Malu Eleutério

Introdução

A ideia deste trabalho é investigar de que modo as razões para compor nem sempre se ajustaram ao corte literário que até hoje baliza a obra de determinados escritores brasileiros. Os diferentes aspectos desse descompasso se, de um lado, enxertam à consciência autoral o peso abstrato das ideias que não têm autores, alargam, de outro, a enumeração desordenada dos motivos circunstanciais, como se a biografia e o destino, o empenho moral e o caráter, a genialidade e o oportunismo, por mais decisivos que sejam, se convertessem em motivos a tal ponto determinantes que acabam dispensando o compromisso com o arranjo da configuração estética sem a qual — como assinala Mário.de Andrade — a obra literária não poderá existir.

É na vertente desses dois extremos, já a partir do século XVIII, que se situa a trajetória deste estudo. À vista dos efeitos que daí resultam, o foco preliminar — nem sempre dirimido pelos críticos — está no embate dessas diferenças, no modo como elas se repetem e agravam ao longo do tempo em busca da harmonia impossível entre a expressão literária e as circunstâncias que a estrangulam, deformando o verso pelo verbo, o sonho pela submissão, a criação pela vaidade, a pesquisa das palavras pelo galardão dos apalavrados.

Não foram muitos os que, em nosso percurso, se mostraram capazes de converter as imagens da realidade em criação literária original e incontroversa. Não é propriamente destes que o nosso argumento se vale, já que neles será inútil imaginar que a "força do concreto" — na expressão de Antonio Candido — tivesse outra alternativa senão a de render-se ao peso inventivo da magia e do talento. Em relação a eles, como é fácil conceber, o jogo é sempre jogado na profusão inesgotável da quimera, para o mais vivo deleite dos leitores deste e de outros tempos.

O que aqui nos importa é acompanhar os diferentes modos de resistência com que a literatura reagiu às vozes que a desfiguravam ora em favor do artifício e da retórica, ora em busca de um sucedâneo que a ignorasse nos fundamentos de seu próprio universo. Nesse jogo ambíguo e repleto de contradições, nosso olhar oscilou entre o talento e o risco, a pesquisa do belo e a falácia dos que dele se valeram para transformar o ofício de escrever num prolongamento secundário do mando, da vaidade e da presunção. "Quantas estâncias cheias de viço lírico não teriam sido inutilizadas pelos serventuários da justiça da Rainha!", lastima-se o poeta Domingos Carvalho da Silva ao lembrar que a poesia de Alvarenga Peixoto, ainda que bem próxima do lirismo dos grandes árcades, acabou sufocada pelo estigma da lisonja, quando não corroída no bolor dos manuscritos que o tempo destruiu. E a luta do poeta para evitá-lo? E seu empenho contra as forças imponderáveis do destino sempre à espreita de sua liberdade, para o bem e para o mal? Até onde, afinal, o ato literário poderia expandir-se frente às condições externas consagradas pela crítica da época como fator determinante para compreender o sentido da literatura e da arte?

Não foi à toa que o próprio Antonio Candido, ao estudar o método crítico de Sílvio Romero, assinalou, na raiz desse processo, a inevitável ambiguidade de suas implicações. Primeiro ao nos mostrar que, em Sílvio, o alcance do método, marcadamente derivado das influências geográficas e climáticas, só pôde de fato avançar a partir do momento em que, em 1880, ele incorpora o critério do fator humano, responsável — segundo Candido — pelo seu afastamento da *tirania* da natureza em busca de um "pragmatismo crítico" cada vez mais próximo dos fatores pessoais e biográficos. E depois pela aproximação, mesmo que provisória e pouco articulada, das verdadeiras fontes da dimensão literária da obra.

Mas não é apenas dessa perspectiva que a análise de Candido vincula o conjunto dessas contradições ao avanço de suas ambiguidades. O que de fato ampliou a compreensão do problema foi que, a partir do crítico de A *formação da literatura brasileira*, elucidou-se, em primeiro lugar, o reconhecimento de que a verdade dos princípios científicos e a natureza da crítica não podem ser tomados como fatores essenciais; e, em segundo, a consciência de quanto o determinismo e as implicações do método histórico pesaram no coração do crítico frente à incapacidade de dosá-los com equilíbrio na árdua tarefa de desvendar a natureza propriamente literária das obras estudadas.

Um dos resultados dessa atitude foi o modo como os efeitos da contaminação acadêmica da crítica foram gradativamente se desvinculando da tendência para submeter os projetos de autoria aos "critérios programáticos" da escola a que estivessem ligados, como no caso de Aluísio Azevedo em relação ao naturalismo de Zola, por exemplo. Basta ler os escritos de Candido sobre o autor de O *cortiço* para notar como, na contramão dos críticos que em geral a explicavam essencialmente a partir do modelo francês, a obra de Aluísio deixa de ser um projeto incaracterístico, ainda que fecundo, para ganhar um traço específico e historicamente relevante que o afasta definitivamente dos dogmas científicos de seu tempo.

É verdade que em alguns casos a autocrítica deriva dos próprios escritores, como no caso de Joaquim Nabuco, que, em fevereiro de 1865, consciente das fragilidades de "O gigante da Polônia", poema que dedicara ao pai no ano anterior, reconheceu, em carta a Machado de Assis, as limitações de sua veia poética. Foi quando decidiu abandonar "as musas do Parnaso" para dedicar-se ao ensaio positivista, menos abstrato e mais próximo da ciência, terreno em que julgava mover-se com maior segurança, ao contrário do que pensava Oliveira Lima, que chegou a compará-lo a ninguém menos que Victor Hugo.

No caso de ambos, como veremos, há um dado curioso: o de que o recuo frente à criação literária é movido por uma espécie de nostalgia voluntária da exclusão, onde a sensação de desterro parece fecundar a identidade nacional — em Nabuco, sob a aura dos grandes valores da Europa; em Oliveira Lima, sob o influxo do universo espiritual português.

Caso inverso, no outro extremo, é o dos criadores medíocres, que avançaram para muito além da qualidade literária de seus escritos. Trata-se de autores de produção difusa — Medeiros e Albuquerque entre eles —, que inclusive chegaram a cargos e honrarias acadêmicas desproporcionais ao presumido valor artístico do que escreveram. Isso sem falar naqueles que, mesmo menores, revelaram intenções revolucionárias a partir de modelos em voga na cultura de seu tempo, como ocorreu com a militância anarquista de Elísio de Carvalho, secundária na época, mas depois reveladora e quase necessária em razão dos manifestos inspirados em revistas libertárias da Europa, ostensivamente contrários à disciplina de grupos e escolas, em nome da autoria independente, provocadora e desigual.

Em relação a eles, sabemos hoje que não se trata de ocorrências isoladas. Lima Barreto, por exemplo, é um de seus resultados mais expressivos, em particular em suas *Histórias e sonhos*, já amadurecidas na vivência anarquista da primeira metade dos anos 1920 e aqui estudadas como uma espécie de livro-síntese de todas as tentativas de estilo do autor de *Clara dos Anjos*. Singulares para a época, veremos que grande parte dos contos enfeixados no livro são relatos de escrita solta e quase desconexa, recheados de suspensões e desvios inesperados que comprometem o sentido e o remetem aos contextos menos esperados entre a literatura e o saber popular, a sociologia dos povos e o folclore das religiões, as tropelias políticas e o esnobismo acadêmico.

Nessa direção, o dado novo no percurso de nosso trabalho é que o anticonvencionalismo que daí surgiu chegou inclusive a projetos radicalmente insustentáveis, de que é exemplo a obra arrevesada do baiano Almáquio Dinis, um tipo de crítica que escapa a qualquer juízo que se disponha a explicá-la. Não que os seus livros destoem muito da mentalidade "cientificista" originária da Escola do Recife e do extremo dogmatismo que permeou a crítica brasileira de Tobias Barreto e Sílvio Romero para diante. E sim porque em seus ensaios é praticamente impossível discernir os argumentos de que se vale para estabelecer uma relação propriamente crítica com os livros que analisa. Em relação a eles, não bastassem as idiossincrasias literárias, o que espanta é a radicalização injustificável, o ataque descabido, numa espécie de revide despeitado à crítica brasileira do período, de Sílvio Romero a José Veríssimo, de João Ribeiro a Araripe Júnior.

No bojo dessas diferenças, marcadas pelo excesso e pela intolerância, há ressonâncias que pautam outras discussões, como, por exemplo, a briga entre Oswald de Andrade e José Lins do Rego, em 1943. Veremos que, nela, ao chamar o autor de *Fogo morto* de "o coronel Lula do romance nacional", Oswald como que reacende uma das feridas expostas no panorama ideológico do modernismo, com foco na velha pendenga do "Manifesto regionalista" de Gilberto Freyre, que contrapôs ao projeto dos jovens da Semana "a busca das raízes da nossa identidade nacional", entre a provocação e o despeito. Sabemos que essa briga vinha de longe e tinha muito a ver com a necessidade de ajustar a expressão das vanguardas à representação do Brasil desconhecido que o modernismo pretendeu devassar em busca da nossa expressão enquanto povo. Isso fez com que o nosso percurso de tal modo se ampliasse que, entre Oswald e Gilberto Freyre, foi preciso recorrer às vozes de Mário de Andrade e Sérgio Buarque de Holanda antes de propor um juízo mais abrangente. A Mário porque é a partir dele que se afirma grande parte das reflexões do jovem Sérgio em busca da necessidade de transferir a pesquisa da nossa expressão de vanguarda das matrizes da Europa para a originalidade dos nossos próprios registros. E a Sérgio porque é nele que se concretiza, a partir de Mário, esse projeto de afirmação crítica que vai aos poucos transformando o futuro autor de *Raízes do Brasil* numa das vozes críticas mais expressivas do movimento de 1922.

Ocorre que o legado crítico de Gilberto Freyre ficou em aberto, o que nos levou a investigar até que ponto, nele, a questão da literatura não pode ser tomada separadamente da antropologia. Lembremos que o próprio Guimarães Rosa chegou a atribuir ao grande antropólogo de Apipucos a invenção de um novo gênero literário no Brasil — o da "seminovela" —, sem esquecer que foi ele uma das primeiras vozes a falar em "metaliteratura" no século XX. Daí o nosso esforço em procurar compreender até que ponto o ficcionista da "seminovela" pôde afirmar-se com autonomia ao lado do grande ensaísta de *Casa-grande & senzala* e tantos outros trabalhos exemplares.

Lembremos que muitos traços desse contraponto reaparecem depois na crônica, no jornalismo, no romance e no teatro, como procuramos demonstrar na última etapa do nosso percurso. Na crônica, por exemplo, eles compõem um movimento alternado que, num primeiro momento, oscila entre o foco poético e a perspectiva de onde o relato se enuncia, como nos registros históricos de Afonso Schmidt, onde o fluxo do tempo lírico alterna retrato e ideologia. Mas há também o outro lado, como ocorre com as crônicas de Francisco de Assis Barbosa, em que se abre uma espécie de síntese entre a literatura e o documento, entre o veio biográfico e a leitura crítica que — sem deixar de ser obra de repórter — acaba ampliando a compreensão da obra ficcional de autores tão importantes quanto Lima Barreto e Antônio de Alcântara Machado.

Mais contundentes serão os avanços e recuos da complexidade inventiva no teatro de Lúcio Cardoso, tido por muitos como inacessível mesmo à compreensão mediana de seus leitores. Entre a firmação autoral e as projeções simbólicas do sonho, do ritual quase profético do argumento, em Lúcio o espetáculo como que não se abre à realidade que o envolve, desvinculando ação e personagens, espaço e dramaticidade, num flagrante quase obsessivo pelas imagens inatingíveis. Daí o interesse em compará-lo, no último segmento do trabalho, às soluções formais de Erico Verissimo em *O resto é silêncio*, onde a superposição dos tempos, sob o contraponto e a simultaneidade narrativa, entra como forma de ajustar técnica e imaginação, invenção e realidade, convertendo o tempo ficcional numa espécie de ascese intelectual contraposta às aparências do mundo, sem jamais perder a força crítica.

Alvarenga Peixoto, louvor e tormentos

Das poucas referências incontroversas acerca da personalidade de Inácio José de Alvarenga Peixoto, a mais viva é a de que talvez tenha sido o mais empreendedor dos árcades mineiros. Não bastasse ter cunhado o lema da sedição, que recolheu em Virgílio e hoje tremula no pavilhão de Minas como signo indelével de insubmissão, foi dos poucos, além do malogrado Tiradentes, a incluir o povo no projeto libertário da revolta. Não por acaso, lembrado por Joaquim Norberto em sua bela história da conjura, ele se destaca entre as vozes mais entusiasmadas em defesa das "ideias que não têm autores" e que pertencem a todos — "muitas cabeças em um só corpo", conforme assinala o crítico, referindo-se a uma frase de Alvarenga a nos revelar que "esse corpo com muitas cabeças é o povo".[1]

Posta na distância do tempo, a observação, que parece circunstancial, é ao contrário decisiva se pensarmos nas restrições de ordem moral com que parte da crítica definiu a personalidade do poeta, um homem que — a crer na rigorosa pesquisa de M. Rodrigues Lapa ou mesmo, mais recentemente, nas ponderações de Kenneth R. Maxwell — beirava a irresponsabilidade do devedor leviano e quase caloteiro, fraco de caráter e mesmo indigno de sua estatura intelectual ao fraquejar e denunciar os companheiros durante o processo que apurou a sedição de Vila Rica. Para Maxwell, inclusive, Alvarenga Peixoto só teria participado da conspiração movido por razões de ordem material e imediata diante do acúmulo de dívidas que o teriam levado, por volta de 1788, a enfrentar uma situação econômica quase insustentável.[2]

Norberto, no entanto, confirmando em mais de um passo a extensa documentação compulsada por Rodrigues Lapa,[3] alude ao comprometimento incansável (e também à sinceridade) do poeta, que a certa altura dos acontecimentos, num diálogo com o dr. Maciel acerca da questão dos escravos, teria chegado a exigir — em caso da vitória da sedição — que todos eles fossem libertados. Mesmo advertido por Maciel, para quem a questão dos escravos "era o maior de todos os obstáculos", consta que resistiu a abrir mão da exigência, preferindo, em caso de revolta, correr o risco de ver os negros se insurgirem contra a minoria dos cidadãos livres.[4]

No entanto, muito pouco dessa vocação libertária aparece no que restou da obra de Alvarenga Peixoto depois dos autos da devassa. "Quantas estâncias cheias de viço lírico não teriam sido inutilizadas pelos serventuários da justiça da Rainha!", conjectura Domingos Carvalho da Silva na introdução da edição das Obras poéticas de Alvarenga Peixoto, por ele organizada em 1956. Para Carvalho da Silva, Alvarenga — mesmo num plano inferior a Cláudio, Gonzaga, Silva Alvarenga e Basílio da Gama — deve figurar entre os principais árcades brasileiros não apenas em razão da inegável mestria no domínio técnico do verso e da estrofe, mas também porque nele se manifestam em estado puro "o lirismo e a espontaneidade dos verdadeiros poetas".[5] Um lirismo que, se para a maioria dos estudiosos aparece como a maior virtude do nosso inconfidente, não se livra do excessivo peso da temática laudatória que o próprio Carvalho da Silva não hesita em incluir entre os estigmas que prejudicaram a recepção da obra de Alvarenga, "mal compreendida", nos diz ele, "por críticos sem consciência das condições em que foi escrita". A razão, justifica, é que

> a poesia laudatória era quase sempre publicada — ou por interesseira iniciativa dos poetas, ou por vaidade dos poderosos a quem era dirigida, ao passo que a obra lírica ficava nos manuscritos e acabava sendo em parte perdida ou destruída, como aconteceu com o caso de Alvarenga.[6]

É por vezes no interesse da restauração da qualidade desse veio lírico que a edição de Carvalho da Silva nos enseja compreender melhor algumas das características da poética de Alvarenga Peixoto, entre as quais as alusões mitológicas inevitáveis, o fascínio pela beleza e pelo brilho das honrarias e da fortuna. A rigor, é em nome dessa poética que o crítico se recusa a aceitar como sendo de Alvarenga alguns poemas muito abaixo de suas habilidades. Um exemplo é o da "Ode a Afonso de Albuquerque", atribuída ora a Silva Alvarenga, ora a Vidal Barbosa, mas que o crítico descarta pertencer a Alvarenga Peixoto por se tratar de obra muito aquém da sua sensibilidade.[7] A singularidade do lirismo deste último, argumenta, está na espontaneidade e na harmonia expressional, traços que, segundo ele, não se reconhecem nos versos da referida ode, mesmo sendo ela "um trabalho bem-feito".

Assim, valorizado como dicção mais elevada na escassa obra do autor mineiro, o lirismo, se por um lado supre com vantagem a perda irrecuperável do vigor libertário do poeta, por outro vê-se sufocado pela entonação bajulatória da maioria dos versos que ele nos deixou.

É verdade que Joaquim Norberto nos lembra do "sonho patriótico" do poeta, inspirado num outro sonho, este o de um marquês de Pombal obcecado em "passar a sede da Monarquia para as plagas do Amazonas", tema que o crítico valoriza não apenas nas alusões da "Ode a Dona Maria I", como também na afirmação nativista do amor à pátria, presente no "Canto genetlíaco", onde os conjurados aceitam "a cumplicidade das frases revolucionárias rebuçadas em imagens poéticas, e a lembrança de se ter o poeta aproveitado de um batizado para falar com toda a expansão de sua alma ardente sobre as coisas da pátria":[8]

> Isto, que Europa barbaria chama,
> do seio de delícias tão diverso,
> quão diferente é para quem ama
> os ternos laços do seu pátrio berço!
> O pastor louro, que meu peito inflama,
> dará novos alentos ao meu verso,
> para mostrar do nosso herói na boca
> como em grandezas tanto horror se troca.

A musa americana — nos dirá Norberto — é que se encarrega, no referido canto, de lhe ungir os lábios com as suas harmonias: por meio delas o poeta saudava a pátria que "já podia ufanar-se de ter por filhos os heróis de que somente se gloriava a velha Europa".

Veremos adiante que a crítica contemporânea cortará fundo nessa pretensão nativista do laborioso Norberto, cuja avaliação — é verdade — estende-se para além da tópica do nativismo ao nos oferecer mais de uma incursão pelas características do lirismo de Alvarenga. Uma delas é a observação de que os sonetos "eróticos" constituem o que de melhor escreveu o poeta na sua limitada coleção de versos, com destaque, no conjunto, para dois deles em particular: "Eu vi a linda Estela, e namorado", que na edição de Norberto recebeu o título de "Estela e Nise",[9] e "Não cedas, coração, pois nessa empresa", este figurando ali com o título de "A aleia".[10]

Para o crítico, os sonetos de Alvarenga, mesmo escritos "debaixo de rigorosos preceitos a tão difícil gênero de poesia", não exprimem a mesma suavidade melancólica que escorre dos sonetos de Cláudio Manuel da Costa, além de ficarem muito aquém da imponência das imagens de Basílio da Gama. Mesmo assim, "na facilidade com que manejava versos de arte menor", inova ora pela singularidade do estilo, marcado "pelo abuso do emprego de reduplicações, diácopes, anáforas, símploces", ora — no âmbito do lirismo que vai além dos sonetos — pelo corte irregular das estrofes que, através de Basílio, chega aos pré–românticos e depois se amplia com Gonçalves de Magalhães.[11]

É, aliás, esse lirismo contíguo ao dos românticos e pré-românticos que, no argumento de Norberto, reforça a regularidade de Alvarenga Peixoto em relação aos outros árcades da escola mineira. Tanto assim que, se o belo retrato de Anarda, em cujas faces

se vê a aurora

quando colora

a terra e o mar

para ele chega a confundir-se com vários poemas de tema idêntico espalhados pela língua portuguesa, os versos do desterrado Alvarenga, saudoso da mulher e dos filhos sob os padecimentos do cárcere, revelam uma sensibilidade que só se completa com o sentimento de amor pela pátria distante.

Bastaria, entretanto, o dom da profecia, que, segundo Norberto, modula e faz contrastar alguns acordes da lírica arcádica do poeta, para ajustar o canto de Alvarenga ao (exagerado) brado indianista pela autonomia. Ou, nos termos do próprio Norberto, em paráfrase livre da ode "À rainha Dona Maria ɪ":

> Em belíssima estrofe convida o poeta à rainha que realize esse desejo ardente do Brasil e venha ser coroada sobre toda a América. Então o gigante que guarda a barra da magnífica baía de Niterói levanta-se sobre as ondas, e, vendo ambos os mundos e ambos os mares, saúda a sombra de Afonso Henriques, o fundador da monarquia lusitana, cujos descendentes imperam sobre povos tão vários e diversos, que é impossível enumerá-los. A estátua colossal do índio bate o pé sobre a terra, que estremece, e some-se a visão entre raios ao arruído dos trovões.[12]

Sérgio Buarque de Holanda, em estudo que só recentemente veio a público, embora reconhecendo em Alvarenga Peixoto "o apego à singeleza amaneirada dos árcades", não viu nisso nenhum obstáculo a que o poeta exaltasse a natureza americana, em cujo espetáculo — segundo observa — teria encontrado muito mais coisas do que "um simples motivo para expansões líricas", como o demonstra, por exemplo, o argumento do "Canto genetlíaco", na esteira do que pensava Norberto. Mas não vai ao ponto de incluir-se entre os que veem nessa atitude a manifestação inequívoca de um *nativismo exemplar*. Em favor do poeta fica a ressalva de Sérgio, segundo a qual a produção muito escassa que nos deixou "impede que se possa apreciar cabalmente sua significação entre os poetas da época".[13]

A esta altura já estávamos longe dos primeiros entusiasmos com que um Francisco Adolfo de Varnhagen, por exemplo, cumulava os versos de Alvarenga, classificando-o de "grande gênio poético" nas páginas que precedem o seu *Florilégio da poesia brasileira*. Manuel Rodrigues Lapa, a quem devemos a mais completa edição da obra do poeta e de seu envolvimento na conspiração que o levou à morte, é dos primeiros a vincular a apreciação literária de seus poemas aos sérios prejuízos a eles impostos pela ambição e o gosto da fortuna, que perseguiram o poeta pela vida inteira.

"As trabalheiras com a ambição, tão contrárias à poesia" — observa ele —, além de induzirem à sujeição de Alvarenga aos poderosos, "deviam naturalmente amortecer os impulsos da inspiração",[14] razão pela qual, ao contrário de alguns dos intérpretes do nosso árcade, a crítica de Lapa passa a aproximar os méritos aparentes do texto às circunstâncias que o determinaram. Visto sob esse aspecto, o vigor da poesia lírica escrita durante o estágio do poeta em Sintra e Lisboa, onde, mais jovem e esperançoso de um futuro promissor, pôde amar e viver livremente no coração dos poemas que escrevia, parece interromper-se a partir de sua transferência para São João del-Rei. O próprio Lapa se pergunta qual teria sido "a atividade literária de Alvarenga Peixoto desde sua posse como ouvidor, em 1776, até ao 'Canto genetlíaco'", em 1782: "Teria efetivamente silenciado aquela musa, que tão prometedora se mostrara?".

Para o leitor, uma das vantagens de vê-lo deslindar a questão é acompanhar o processo com o qual vai procurando harmonizar os efeitos positivos da construção literária com os traços menos recomendáveis da atitude laudatória. Como é natural numa perspectiva como essa, os resultados são muitas vezes discrepantes, e um mesmo tema encomiástico — como no caso do soneto 19 ["Honradas sombras dos maiores nossos"] e 27 ["Que mal se mede dos heróis a vida"],[15] dedicados ao marquês de Lavradio, vice--rei do Brasil entre 1769 e 1779 e protetor do poeta — pode transformar-se em critério positivo quando a qualidade da construção literária, ou mesmo as circunstâncias em que foi composto, assim determinarem. Isso explica que se, no primeiro soneto, o louvor é daqueles "onde não se vislumbra lampejo de poesia", no segundo, não obstante o aulicismo inequívoco, o que prevalece é "uma expressão digna e singela de saudade e reconhecimento" demonstrada pelo poeta por ocasião das exéquias pela alma do marquês, em agosto de 1790, no Rio de Janeiro.

Tal critério chega por vezes a trazer ao leitor aspectos menos aparentes da sutileza heurística que flui de alguns poemas. No comentário ao soneto 20 ["Expõe Teresa acerbas mágoas cruas"], por exemplo, Rodrigues Lapa recupera alguns registros latentes na corda mais sensível do lirismo, ao chamar atenção "para um verso florido e barroco", "freio de rosas posto em mãos de neve,", que a seu ver "é uma invenção de estilo para exprimir essa disciplina suave posta em mãos delicadas de mulher".[16]

Na mesma direção vai a leitura de "Canto genetlíaco", em que a adulação ao governador Rodrigo José de Meneses é em parte compensada pela "apologia entusiástica da terra brasileira, das suas riquezas e dos seus homens", circunstância que, segundo Lapa, faz do poema a melhor composição do poeta nesse período. O entusiasmo do crítico com o "Canto" vai ao ponto de considerá-lo, ao contrário do silêncio de Sérgio Buarque de Holanda, "um toque de alvorada que anuncia o programa generoso da independência brasileira [no qual] a liberdade da terra ia a par com a liberdade de todos os seus filhos".[17]

Por esse lado, quando opõe Cláudio a Alvarenga, Rodrigues Lapa nos mostra que o primeiro, dominado pela saudade da natureza e da cultura da Europa, só mais tarde viria integrar-se ao cenário rústico de Minas, enquanto o autor do "Canto genetlíaco", nos diz ele, com os pés fincados no chão "e seu espírito de bandeirante da última hora", sentiu como ninguém, de chofre, "a presença e a promessa da terra brasileira", para vincular depois à grandeza da terra o trabalho dos escravos, seus filhos mais humildes.[18]

Assim, sem se deter propriamente nos traços do lirismo puro de Alvarenga Peixoto, a leitura de Rodrigues Lapa nos ajuda a atentar melhor para o inegável teor poético de algumas composições encomiásticas, que a partir do seu prefácio introdutório às obras do poeta deixam de ser vistas apenas como um mero produto das poesias de circunstância. Ao rol destas últimas, quadram melhor aquelas composições escritas no calor dos "grandes interesses que o poeta tinha a defender", nas quais — segundo explica — "pouco ou quase nada entravam as fibras do coração".[19]

A verdade é que depois do "Canto genetlíaco" a atividade poética de Alvarenga Peixoto se interrompe e quase cessa de todo, para só reaparecer nos dias posteriores ao de sua prisão, em maio de 1789. Dos poucos sonetos então escritos, Rodrigues Lapa distingue três em cuja estrutura, pela primeira vez, procura ajustar os engenhosos movimentos da forma às oscilações dos sentimentos mais densos. Por meio deles, e por um momento, como que retornamos à hipótese crítica do lirismo puro em substituição ao estro ideológico que se perdeu em meio às buscas da Devassa, sustentada por Joaquim Norberto.

É o que ocorre, por exemplo, com o soneto 30 ["A mão que aterra do Nemeu a garra"], onde as alusões mitológicas, tidas por muitos como a grande constante na retórica do autor, são pela primeira vez contrapostas à figuração dos signos da subjetividade, por impedirem, segundo o crítico, que as emoções se manifestem livremente. Já no soneto 32 ["Eu não lastimo o próximo perigo"] o crítico argumenta que forma e sentimento se organizam de modo a nos proporcionar um pouco mais da emoção que, a seu ver, só se completará no soneto 33 ["A paz, doce mãe das alegrias"], para ele o mais perfeito dos três, pelo fato de ser o único que consegue exprimir, "no alvoroço afetivo das exclamações, aquele clima de êxtase e felicidade incomparável".[20]

Como se vê, nem mesmo o aulicismo irrefragável do último terceto

Bendita sejas, lusitana augusta!
Cobre o mar, cobre a terra um céu sereno,
graças a ti, ó grande, ó sábia, ó justa!

parece fazer frente, sob o olhar do crítico, à força do lirismo que o transfunde em suavidade. Este, aliás, o motivo pelo qual o indianismo entrevisto por ele na cantata "O pão de açúcar" — "de uma subserviência um pouco rasteira", para retomar as suas próprias palavras — representa mais um tropo da convenção arcádica do que propriamente um traço da consciência nativista do poeta. Daí a ênfase na "descrição garrida do (bom) selvagem [...] que vem lançar-se aos pés da augustíssima imperante" e dedicar-lhe fidelidade sem igual. Para Rodrigues Lapa, como se pode ver, o índio é o próprio autor, mascarado de silvícola.[21]

Longe de alinhar-se ao entusiasmo que distingue no lirismo de Alvarenga Peixoto os sinais de um nativismo libertário, Antonio Candido prefere vê-lo como sintoma de uma tendência mais ampla no espírito da época. Para o crítico de A *formação da literatura brasileira*, "Canto genetlíaco" e "Ode a Dona Maria I", ao lado dos poemas "As artes", de Silva Alvarenga, e "As aves", de Sousa Caldas, entram mais como reflexos do que ele chama de "eco brasileiro, ou luso-brasileiro, das ideias modernas". Ou seja, como corporificação de uma atitude difusa em favor dos temas da Ilustração (nativismo, divulgação do saber, aspiração ao bom governo), encarnam antes uma tendência que, para além da literatura e das artes, aglutinou a ação dos políticos e publicistas brasileiros até a consolidação da nossa independência.[22]

Vista nesse contexto, a ação poética de Alvarenga Peixoto, para Antonio Candido, não acompanha o desempenho dos que inovam na linha de frente. Sua musa — nos diz ele — é discreta, e em seus poemas prevalece a arte de quem "aplica fórmulas com talento mediano", o que — muito longe do desprendimento louvado por Lapa e Norberto — nos deixa antes a impressão de alguém que "verseja por desfastio". Daí a impossibilidade de equipará-lo literariamente aos demais árcades mineiros.[23]

Mas é justamente dessa perspectiva que, mesmo sem se deter longamente no exame dos traços líricos do poeta, Antonio Candido amplia a leitura do aulicismo de Alvarenga, tomando-o antes como reflexo de "uma demonstração compacta do caráter de sociabilidade da literatura setecentista" do que propriamente como a obstinação de um homem política e economicamente arruinado, conforme faz crer boa parte de seus intérpretes.

Isso, é claro, se não atenua em nada as restrições do crítico à submissão daquela voz que "só invocava as *canoras musas* para celebrar os poderosos e amigos", também não deixa que se perca no gesto pretensamente isolado do poeta o verdadeiro alcance de suas correlações com a mentalidade do período. Sob este aspecto, uma das formas de avaliar a importância de sua poesia é, segundo Candido, observar que ela cumpriu no Brasil do século XVIII, com sua "hábil mescla de lisonja e reivindicação", o objetivo da literatura ilustrada de louvar os reis e governantes com a finalidade de chamar atenção para os problemas da realidade local.[24] Isso faz do poeta, nos termos do crítico, "um ilustrado à brasileira", um homem que soube transformar em poesia alguns dos temas fundamentais da Ilustração, entre os quais

> o louvor do governo forte que promove a civilização; a preeminência da paz sobre a guerra; a necessidade de civilizar o Brasil por uma administração adequada; o desejo de que o soberano viesse efetivamente tomar conhecimento da nossa realidade; a aspiração de sermos governados por brasileiros que compreendessem os ca-

racteres originais do país, marcado pela fusão das raças e a aclimação da cultura europeia.[25]

Tudo isso, nos diz Candido, numa reflexão por contraste em que o poeta aguça, em versos concisos e secos, a descrição da brutalidade da guerra como forma de plasmar "uma visão de paz e de trabalho, bens maiores na vida dos povos".[26] Com a diferença — ele explica — de que, nela, a presença do índio, longe de remeter à imagem do nativo com algemas rompidas, tão fluente no lirismo romântico-libertário da época da Independência, converte-se agora na do "porta-voz que exprime à Europa os desejos locais, em particular dos poetas ilustrados, convictos da necessidade, para a Colônia, de bom governo que promovesse o império das Luzes, resgatando o povo da dura condição em que se achava".[27] Este o limite em que se esgota o estro do malogrado Alvarenga Peixoto: não chegou, ao contrário de um Basílio da Gama, por exemplo, a traduzir em registro elevado "o encantamento plástico pelas formas do mundo americano" — o que significa, nos termos do crítico, que "enquanto lírico não foi capaz de superar a estrita preocupação ilustrada para comunicar no verso a beleza do mundo e a emoção dos seres".[28]

Em campo oposto, um estudo mais recente de Wilton Cardoso propõe uma espécie de reabilitação moral do poeta, ao rebater com inegável empenho a imagem que Rodrigues Lapa traçou de Alvarenga Peixoto, mostrando-o como um visionário de empreendimentos fracassados, endividado e mesmo devedor renitente.[29] Além disso, abre em outra chave o enfoque da habilidade literária do poeta, incluindo-se entre os poucos críticos contemporâneos a relativizar o argumento predominante de que a produção escassa do autor mineiro coexiste com a imagem do vate bajulador dos poderosos, escravo do estilo de época e tocado de algum fervor nativista que depois se perde.

Depois de recusar em Haroldo Paranhos a ideia de que Alvarenga foi voz das mais apagadas entre os poetas do grupo mineiro e, destes, o que "menos dignamente entrou na história", Cardoso se vale de Sílvio Romero para reafirmar o veio militante do poeta de Minas, um intelectual que — para este último — não cultivava a pátria "apenas nos versos", senão que também a contemplava "no seu desenvolvimento político e social", a ponto de ter provado que a sua lira "poderia ser substituída pela espada do guerreiro, se os acontecimentos o houvessem consentido".[30]

Isso explica por que, apesar de concordar com Antonio Candido em que Alvarenga Peixoto abre um novo caminho quando transforma o aulicismo em pretexto ilustrado para a reflexão sobre os problemas locais, Cardoso se apressa em rejeitar no crítico da *Formação da literatura brasileira* o juízo de que o poeta "escreve como quem se exercita", bem como a impressão, daí decorrente, de que a sua obra mediana não logra afinal superar a estrita preocupação ilustrada para assim atingir a maturidade poética. Cardoso prefere, neste passo, ficar com Rodrigues Lapa, acentuando a sinceridade e a veemência do nativismo que flui dos versos de Alvarenga e que, a seu ver, "talvez não se encontre em nenhum outro escritor do tempo".[31]

A tese do crítico — no rastro, aliás, do próprio Rodrigues Lapa — é a de que o estro lírico do poeta, manifestado quando ele ainda estava em Portugal, cede lugar, depois de 1776, a uma outra voz, esta mais afinada com os problemas da Colônia, que então lhe inspiram um canto social e político, mesmo que recortado de entonação laudatória. Aqui, sem que o perceba, Cardoso retorna à distinção de Antonio Candido ao aludir à singularidade do encômio e caracterizá-lo "pelo tom nacionalista e a pregação ilustrada, a princípio inexistentes", além de reforçar, no ideário do poeta — como Candido antecipara — a presença de um "espírito ilustrado, defensor do poder forte que promove a civilização".[32]

Seu ensaio, entretanto, é uma contribuição expressiva ao conhecimento dos estratos da estilística barroca na lírica de Alvarenga Peixoto, que ele aprofunda com mão de mestre. São muitos os processos que examina, e as suas conclusões ampliam consideravelmente o desenho da fisionomia estética de sua obra.

Um recurso de estilo como a transposição anacolútica, banalizado pela maioria dos críticos como traço invariante no fundo comum da poética do tempo, ganha em sua análise um efeito que nos permite desvendar no soneto "De açucenas e rosas misturadas", por exemplo, a curva cambiante da cromática barroca esculpida pelo poeta no semblante da mulher amada. Por essa entrada, o lírico percurso das figurações do estilo vai se adensando por meio de imagens singulares que elevam a arte de Alvarenga Peixoto ao nível das soluções apenas encontradas nos grandes mestres do período.

O mesmo ocorre com o soneto "Chegai, ninfas, chegai, pastores", onde Cardoso nos mostra como o predomínio da antítese na oposição entre o ar circunspecto da viúva e o alarde estridente da competidora ressoa na figuração paralela entre o canto das aves na aspereza da serra e a alacridade do canto da aurora nova. E mais: a par de outros recursos gongóricos, como o da perífrase ou alusão indireta, o crítico destaca no mesmo texto outras variantes estilísticas do cultismo, como, por exemplo, o uso no segundo verso da concessiva do tipo *si bien que*, estudada por José Aires Neto como um "giro adversativo ou restritivo, mas sempre antitético, da poesia gongorina".[33]

Do interior do verso, sua leitura se expande para a estética do período, como no caso da interpretação do soneto "*Ao mundo esconde o sol seus resplandores*", em que o cenário se apresenta coalhado de "sombras incoerentes": "Pã não fala na voz dos pastores, as Ninfas tecem coroas de ciprestes, os Amores erram pelos montes desertos e as filhas da Memória abandonam templos e altares...". Ou seja: Cardoso destaca no conjunto que, ao imaginar a confusão dos elementos, Alvarenga Peixoto conduz o leitor para o coração do sistema gongorino, cuja essência perifrástica e metonímica é inseparável da alusão caótica.[34] Daí a dissonância da paisagem barroca, tão estranha à poética clássica; diante de sua moldura — céu convulso, águas tempestuosas, ares estilhaçantes —, é como se deixássemos o *locus amoenus* dos renascentistas para ingressar na face escura do *locus horrendus* da poética barroca, em cuja atmosfera a lira de Alvarenga parece expandir-se com vigor redobrado.[35]

Nessa esfera em que a "nota conceptista da agudeza do engenho se compraz na oscilação dos contrários", é comum a graça da mulher, que o tempo destruirá um dia, associar-se à ruína das coisas que passam:

> *Passa uma hora, e passa-se outra hora*
> *sem perceber-se, vendo os teus cabelos;*
> *passam-se os dias, vendo os olhos belos,*
> *partes do Céu, onde amanhece a Aurora.*

É, pois, no cerne do esquema formal das oposições gongorinas, que movem os versos de Alvarenga, que Cardoso vai decompondo o processo, da superfície aparente da estrutura verbal ao substrato estilístico que perlustra, na retórica do tempo, a convenção e o cânone. Vai por aí nos revelando os modos de figuração imagética que resultam do movimento simétrico das palavras e dos ritmos. Formas adversativas de verbo idêntico ("eu vi... mas vi"), reiteração de pronomes seguidos de verbos bimembres dispostos em alternância paralelística ("Se Nise agora vir/ se Jônia vir aqui"), antíteses dispostas por verbos nocionalmente antônimos, mas afetivamente sinônimos ("morro por ela; vivo abrasado") — tudo isso a nos remeter, como bem mostra o crítico, a um conjunto de signos tocados pela "viva ambivalência das formas e do bifrontismo de espírito que ocupam o centro da mais pura expressão barroca".[36]

Para o leitor de Alvarenga Peixoto, a grande contribuição de uma leitura como essa é integração dos temas e dos processos, da ideologia e da técnica, aspectos que Wilton Cardoso harmoniza na convergência para o que ele próprio denomina as características do *espírito* e as características da *letra*. Nas primeiras estão as dissonâncias (e depois a fusão) entre a paisagem e a alma do poeta; os excessos da cor; a transposição do real para o alegórico; o contorno alusivo de mitos e de fábulas, além da fugacidade do tempo e da brevidade da vida, que se completam na ambiguidade e na dúvida existencial em face dos valores e da ética. Nas marcas da letra concentram-se os sinais visíveis da artesania gongorina do poeta: as antíteses formais, as hipérboles e os anacolutos, a notação figurada, as transposições sintáticas violentas, o cultismo dos torneios linguísticos de vernácula nobreza.

Grande marca desse alinhamento entre o paralelismo conceptual e o paralelismo formal está, por exemplo, na presença reiterada, entre os versos de Alvarenga Peixoto, de poemas *disseminativos* ou *recoletivos*, aqueles cujo desfecho — nos diz Cardoso — resume em disjunção oponente os vários elementos enumerados nas estrofes precedentes, como no soneto "Não me aflige do potro a viva quina", escrito quando o poeta ouviu ler, na cadeia pública do Rio de Janeiro, sua própria sentença de morte.

É verdade que a ênfase no processo, na interpretação de Cardoso, absorve o substrato ideológico do nativismo, tão patente, como vimos, na leitura dos outros críticos. É que, segundo ele, a imagem do índio gentil construída pelo poeta — com suas setas de pontas de diamantes em vivo contraste com o cocar de penas pretas e o brilho das hastes de ouro —, mais do que um ícone nativista, sai de seus versos "como se saísse de um festim barroco de cores".[37]

A observação do crítico levou um debatedor atento, o professor Sami Sirihal, a discordar da excessiva valorização do poeta como "versejador aplicado e por vezes brilhante de poemas impregnados de um barroco tardio", em detrimento de sua outra face — justamente a que tanto empolgara o incansável Joaquim Norberto —, a face do neoclássico iluminista, impregnado "de consciência social e nacional". Em Alvarenga Peixoto, observa Sirihal, "as belezas do Brasil vão sendo descritas na ótica pragmática do pensamento iluminista, a se extasiar não com valores estéticos, mas com suas potencialidades econômicas". O próprio poeta, ele assinala, reconhece o alcance dessa verdade, ao nos lembrar que

A herdade aumenta,
mas não dá merecimento.

Por isso acredita que valorizá-lo como poeta lírico amoroso, nos termos de Wilton Cardoso, é resgatar apenas um aspecto secundário de sua obra, fazendo perder o empenho social e político que fazem de seu legado "a mais significativa manifestação do pensamento iluminista em nossa literatura".[38]

Trabalhos mais recentes, como o de Ivan Teixeira ou o de Letícia Mallard, ressaltam, em horizonte oposto, de um lado a inclusão do nosso poeta, junto de Basílio da Gama e Silva Alvarenga, na plêiade dos poetas e novos talentos comprometidos com a chamada renovação da arte interessada na louvação do marquês de Pombal e seus auxiliares pela articulação do mecenato pombalino;[39] e, de outro, no caso de Letícia Mallard, a ênfase no "trabalho com a linguagem" e na "literalização dos recursos histórico-mitológicos". Para Mallard, por exemplo, a "retórica da hipérbole", decisiva na poesia laudatória do poeta — e tão relativizada pelos críticos — ao mesmo tempo em que transforma o lirismo em poesia de circunstância, completa-se num segundo registro de retórica, que ela chama de "retórica da competição". Por meio dela, Alvarenga Peixoto teria aberto um novo modo de louvar o feminino naquela sociedade em que, "regra geral, o único destaque possível da mulher se dava por suas qualidades físicas, capazes de despertar amor e admiração". Por esse viés, os sonetos do poeta, que tematizavam concursos de beleza ou cortesãs da poesia, "deslocam para o centro do poema as celebrações acadêmicas encomiásticas e seus concursos que escolhiam o melhor poeta ou poema". O resultado dessa nova atitude, nos diz a autora, é que, por intermédio de Alvarenga Peixoto, passaram a casar-se com perfeição "o poeta áulico, que perseguia prêmios louvando os grandes, com o poeta amante do eterno feminino, em eterna competição pelo poder do amor".[40]

Eis-nos, assim, de volta aos mistérios da chave lírica, que tanto desafiou o talento de Norberto e grande parte dos críticos que o sucederam, deixando permanentemente em aberto a natureza bifronte do estro poético daquele que foi certamente o mais empenhado dos nossos árcades.

O método crítico de Sílvio Romero

Antes de Sílvio Romero, quem falou em método no âmbito dos estudos literários brasileiros foi o jovem Capistrano de Abreu, que, em conferência de 1875,[1] publicada no jornal *O Globo*, sugeria duas entradas possíveis para a abordagem da obra: a do "método qualitativo", que se interessava pelo "produto" da criação literária em si mesmo, procurando julgá-lo e fixar-lhe um valor; e a do "método quantitativo", que se voltava para o "processo" de formação da obra, baseado na "definição" do estado psíquico e social que a determinava sob "a convicção de que a sociedade era regida por leis fatais".

O que a Capistrano então parecia um avanço, se valeu como projeto, não significou para a crítica um caminho eficaz que a levasse à dimensão literária propriamente dita. É claro que havia no meio a *inerrância* dos determinismos e com ela o delírio científico a espalhar aos quatro cantos do pensamento nacional teorias como as de Taine e de Buckle, de Haeckel e de Spencer, de Comte e de Littré. Mas o que sobrou do método, além da certeza de que a criação literária era um mero resultado das leis físicas e naturais, foi um movimento que deslocou definitivamente o foco da crítica, ali sufocada pela certeza de que o conjunto daquelas influências sujeitava-a a compreender as obras apenas enquanto parte de um processo cujo alvo maior era a expressão natural da sociedade.

Dirigida ao gosto dos *homens ilustrados*, que "reservavam toda sua veneração para as obras europeias" e só liam as nacionais "por favor e até com malevolência", essa hipótese de Capistrano — ele mesmo um crítico sazonal que o historiador depois abafou — vinha aumentar o barulho da época para demonstrar a "verdade" de que a nossa literatura não podia se desenvolver plenamente por causa da enorme "atrofia de suas condições orgânicas".

Sabemos que essa é apenas uma das muitas direções que os determinismos da crítica naturalista suscitaram entre nós em sua repulsa ostensiva à velha retórica do estilo e do bom gosto. E se de fato a hipótese de Capistrano apenas registra uma tendência que se expandiria depois com a segunda fase do movimento intelectual a que Sílvio Romero chamou de Escola do Recife, a verdade é que, desviando o seu método para o campo dos estudos históricos, Capistrano como que deixou a Sílvio Romero a enorme tarefa de disciplinar o caos que então imperava no pensamento e na crítica, naquele momento de celebração científica em que se combatia o idealismo romântico, repelindo os artifícios do indianismo, a pouca expressividade da raça, a inviabilidade do meio e o atraso da nossa cultura.

Interessante é que foi justamente esse combate aos desarranjos do pensamento e da cultura que marcou a figura de Sílvio Romero como o algoz das nossas fragilidades, surgindo grande parte de sua obra de crítico e de polemista como uma espécie de resultado inevitável de um temperamento hostil às construções tidas como respeitáveis e aos princípios havidos como superiores ao seu próprio entendimento.

Araripe Júnior, que dividiu com ele e com José Veríssimo a linha avançada da crítica do período, escrevendo sobre *Etnologia selvagem*, não hesitou em afirmar que a crítica de Sílvio agredia ideias, abstrações e princípios filosóficos com a única intenção de encarná-los num homem ou num grupo de homens capaz de irritar-se o suficiente para que a luta se tornasse "mais pitoresca e interessante". Para o autor do *Movimento de 1893*, o Brasil foi a primeira vítima que Sílvio Romero "ligou ao potro". Afinal — argumentava —, para Sílvio, este país pouco significava diante do peso da "mentalidade" europeia: "Desgraçado mestiço, que esmorecia à margem dos grandes rios, na sua indolência tropical, deixava-se adormecer sob a capa dessas mesmas palmeiras que Gonçalves Dias celebrou em seus versos, embalado nos sonhos da jurema…".

Vem daí uma propensão que até certo ponto permanecerá inalterável no conjunto da avaliação da obra e da personalidade de Sílvio Romero. É verdade que Araripe soube ver a dimensão integradora da pesquisa histórica e das incursões pioneiras de Sílvio nos substratos da poesia popular e do folclore, mas pouco disse e quase nada refletiu acerca de sua tenacidade em busca de um método que aprimorasse a função da crítica literária e da própria literatura no quadro instável de seu criticismo totalizador e generalizante que, sob a égide da ciência e da *estoliteratura*, misturava o literário à etnografia, à jurisprudência, à história e às ciências naturais. É que, em se tratando de Sílvio Romero, a primeira impressão foi quase sempre a que ficou, e o que ficou foi essa sensação de demolição e rudeza que, nos termos de Araripe Júnior, convertia a sua crítica num "azorrague empunhado por mão vigorosa e empregado com ira e violência" para superar — como única instância viável — o impasse do nosso atraso.

Bem vistas as coisas, no entanto, é bem possível que a aspereza desse temperamento não esteja longe de um ressentimento encoberto — um quase despeito, por que não? — daquele objetivo descrédito com que Machado de Assis, ao escrever em dezembro de 1879 sobre "A nova geração", se recusou a ver nos *Cantos do fim do século* — como propunha Sílvio Romero no prefácio — uma "formulação científica da poesia", alegando que lhe faltava a essencial "intuição literária".[2]

Sabemos que Machado não ficou sem resposta, ao ser depois apresentado por Sílvio como nada mais que um representante incapaz da sub-raça, inteiramente inábil para a criação literária: poeta de terceira ou quarta ordem, prosador enfadonho que só fazia imitar o humor e a ironia dos escritores formados nas civilizações *superiores*, além de trôpego estilista, embotado "por uma perturbação qualquer nos órgãos da fala".

Não é o caso de retomar aqui as razões meticulosas com que Lafayette Rodrigues Pereira, num argumento primoroso em defesa de Machado, anteciparia para a crítica, nas suas *Vindiciae*, a impressão de que Sílvio Romero só sabia "obter pelo escândalo do insulto o que não podia conquistar pelo talento". Trata-se apenas de reafirmar que é desse quadro de rispidez e descomedimento que brotarão as principais questões com que boa parte da crítica literária oporá restrições ao legado e à personalidade do autor da *História da literatura brasileira*; a tal ponto que o próprio Tobias Barreto, de quem Sílvio Romero foi o arauto e um dos mais incansáveis divulgadores, não deixou de registrar, em seus *Estudos alemães*, que a crítica literária de Sílvio, menos que reflexão literária, era coisa de polemista descomprometido com os juízos estéticos, por ser a polêmica naturalmente subjetiva e a crítica "exatamente o inverso".

Para Tobias Barreto, os escritos críticos de Sílvio Romero eram trabalho de "crítica retroativa" que se resumia a um autêntico processo de anatomia literária "onde o escalpelo faz a primeira figura, sempre firme e inexorável", entrando as obras e os autores estudados apenas como "preparados anatômicos metidos em espírito, a fim de serem conservados para uma época mais esclarecida".[3]

No centro desses debates, que, aliás, não evitaram que se transformasse num dos principais desafetos de Sílvio Romero, José Veríssimo — mesmo discordando de suas ideias — foi o primeiro a refletir sobre elas de um modo sereno e objetivo. Foi o primeiro, por exemplo, a atribuir validade aos esforços ordenadores de Sílvio frente à desorganização dos critérios e dos princípios teóricos em discussão, ao mostrar que a desordem ali reinante não era incompatível com o progresso da crítica, servindo-lhe — muito ao contrário — de provocação e estímulo. Longe das "igrejinhas e dos conventículos", empenhos metodológicos como os de Sílvio representavam, para Veríssimo, uma forma positiva de fazer frente à limitação teórica dos velhos princípios que, naquele momento, só faziam agravar o nosso atraso no terreno dos estudos literários.

Não que deixasse de fazer restrições aos critérios de Sílvio Romero, ou de apresentar, com intuição e clareza, uma leitura produtiva de suas principais intenções. Sobre estas, por exemplo, estão as análises em que ultrapassa os "descontroles de temperamento", para explicar que, por mais acirrados que se mostrem, eles não bastam para deslustrar os méritos de uma obra como *A história da literatura brasileira*, para Veríssimo, "um acontecimento literário de primeira ordem", mesmo não sendo um modelo de coerência de estrutura e composição.

Nessa nova maneira de ver, o que antes se atribuía apenas à formulação impulsiva, derivada de um temperamento crítico exacerbado, passa agora a integrar-se às articulações de conjunto, o que não apenas antecipa a dimensão literária da análise, até então absolutamente fora de foco, como também permite alcançar outras formas de leitura, já em franca expansão frente ao peso do contexto antirretórico, a exigir soluções diferentes.

É esse o momento em que se diversificam os planos e a própria natureza do método crítico, o que implica o aprofundamento das distinções entre os elementos de imaginação estética e os de lógica interna; de texto literário e de contexto crítico; de forma e de gênero; de intuição subjetiva e de estilo de época; de influência estética e de expressão ideológica; de apropriação histórica e de notação biográfica. E, se é verdade que, mesmo havendo apontado a dimensão artística como um traço distintivo da obra literária, Veríssimo não chegou a propor com clareza um critério equivalente para a crítica, foi graças às leituras que dirigiu à obra de Sílvio Romero e aos debates da época que praticamente abriu uma espécie de hermenêutica romeriana para os críticos que vieram depois.

Afinal, foi com José Veríssimo, criticando a obra de Sílvio, que amadureceu o critério de só definir um estilo ou uma tendência depois de considerar o conjunto inteiro das obras e do período estudado; de só falar em corrente, escola ou movimento literário quando nestes se pudesse identificar, mais que a presença de autores, a influência recíproca de uma obra sobre outra em sua evolução ou transformação no tempo; e de só avaliar a pertinência de seus próprios juízos depois de conhecer o conjunto das ressonâncias críticas inovadoras, indispensáveis à compreensão do autor ou do tema em análise.

Por isso não rebaixou o temperamento polêmico de Sílvio Romero, apesar de reconhecê-lo. Ele o confirma ao nos falar, por exemplo, do seu modo *nervoso* de raciocinar; da índole propagandística de seu espírito; do ritmo apaixonado com que "às vezes, em tom de chalaça, dá vida e calor à sua exposição". Mas com a diferença de que vai além; ao contrário de Ronald de

Carvalho, por exemplo, para quem a "exuberância individual" de Sílvio é o real motivo que o leva a ler os autores em lugar das obras, a julgar a cultura através da raça e a condenar mais os homens que os princípios; ao contrário de Ronald, Veríssimo abre caminho para diluir os exageros emocionais do crítico sergipano nos resultados positivos de sua obra conjunta.

O problema é que, ao fazê-lo, mesmo distinguindo a natureza relativa das oscilações do sujeito, Veríssimo não completa — em sua leitura de Sílvio Romero — a passagem para a identificação objetiva de um método capaz de explicar por que, nele, as "qualidades de expressão" não decorrem da forma apenas como atributos gramaticais e estilísticos, mas como exigências mais complexas, como virtudes mais singulares na íntima conexão "entre o pensamento e o seu enunciado" — conforme tentou explicar na introdução da sua *História da literatura brasileira*. E, se é certo que foi capaz de conceber com clareza uma história literária constituída de obras e não de autores, também é verdade que, no terreno da crítica, não chegou a descrever os critérios pelos quais o *senso comum* — tão valorizado por ele — se impunha como instância legitimadora da qualidade literária. De tal modo que muitas das restrições que impôs a Sílvio Romero ("contradições, inexatidões de fato e de juízo, repetições, generalizações, imparcialidades") permaneceram criticamente tão indistintas quanto indistintos lhe pareceram os critérios utilizados por Sílvio.

Daí a permanência, no panorama da crítica, de concepções emperradas tanto pela associação arbitrária entre estética e temperamento, como no Tristão de Athayde dos *Primeiros estudos*, quanto pela conversão igualmente arbitrária do estético em critério de hegemonia cultural, como no João Ribeiro de *Páginas de estética*, por exemplo; pois, se o primeiro não define as bases pelas quais só a "dimensão estética" é capaz de revelar a "expressão peculiar de um temperamento", o segundo nem ao menos esclarece a natureza dos motivos críticos que elegem as tradições da cultura dominante como única instância legítima a moldar "estilos e temperamentos superiores". Não foi à toa que, no interior desse marasmo metodológico, Mário de Andrade lastimou, em 1931, que permanecessem inalterados os "defeitos por assim dizer tradicionais na crítica literária brasileira desde Sílvio Romero", quando se estabeleceu, segundo ele, o princípio de ajuntar as personalidades e as obras, "pela precisão ilusória de enxergar o que não existia ainda".

É para a ordem instável desses fatores, aqui examinados na consideração de apenas alguns de seus inúmeros aspectos, que se dirigem as reflexões do jovem Antonio Candido em seu livro *O método crítico de Sílvio Romero*, publicado em 1945, originalmente como tese universitária interessada em discutir essa atrofia — acesa ainda até quase o final dos anos de 1930 —, buscando compreendê-la nas contradições internas de suas próprias *certezas*.

É, de fato, o que nos sugere, ao penetrar naquela *voragem de verdades científicas*; de um lado, espantado com a coragem quase desfaçada com que Sílvio Romero — um homem "embriagado pelo advento de tantas disciplinas novas que lhe prometiam a chave do conhecimento" — propunha assumir a "reorganização de um processo integral" de crítica à cultura brasileira; e, de outro, convencido de que muitas daquelas bazófias escondiam leituras de segunda mão, envenenadas pelo despeito do temperamento e a ostentação intelectual alinhada à burguesia emergente, cada vez mais interessada em ocupar o lugar do patriciado rural em franca decadência.

Mas não é apenas a retomada dessas contradições que dará

ao ensaio de Antonio Candido a eficácia de seu alcance. Nos diferentes planos em que se reparte, se a precisão do desbaste trata logo de marcar a distância entre a verdade dos princípios propalados e a natureza da crítica literária propriamente dita, os resultados do corte vão muito mais longe, ao revelar o quanto pesaram no coração do nosso atraso as desfigurações do determinismo e do método histórico frente à incapacidade de dosá-los com equilíbrio na árdua tarefa de interpretar a cultura.

Um resultado preliminar é que, mesmo não encontrando o crítico literário Sílvio Romero, Antonio Candido reconstrói o contexto das ideias que o impediam de sê-lo naquele instante da vida intelectual brasileira, o que faz de seu *O método crítico* uma investigação ao avesso da crítica, em que a análise supera a mera investigação do temperamento, e as hipóteses de afirmação literária dependem de sua própria superação ideológica, dando ao inconformismo com o presente um sinal de ruptura que, mesmo sem ser científico, é renovador e faz história naquele contexto em que as letras perdiam os privilégios do cânone retórico com que a velha crítica as concebia e avaliava.

Isso significa que, diferentemente do que fez a crítica da época, e grande parte da que a sucedeu, o jovem Antonio Candido se recusou desde logo a tomar Sílvio Romero ao pé da letra; e, em vez de prender-se ao ajuste crítico de seus argumentos apenas enquanto juízos lógica ou literariamente desarticulados, preferiu recuperá-los no âmbito da desarticulação mais ampla daquele momento em que, como homem de seu tempo, inebriado pelo alvoroço das ciências que a tudo revolviam, Sílvio lançava-se ao esforço de transformar a crítica numa instância capaz de nos libertar do peso das "raças inferiores", dos rigores do clima, do ensino jesuítico superado, dos vícios políticos coloniais e dos excessos do romantismo.

É nessa direção que *O método crítico* se organiza, depois de traçar uma ampla trajetória dos primórdios da crítica literária brasileira, da revista *Niterói* à *Minerva Brasiliense*; de Varnhagen a Joaquim Norberto, passando por Sotero dos Reis e Pereira da Silva; por Januário Barbosa e o cônego Fernandes Pinheiro, sem esquecer a colaboração dos críticos da Academia Francesa do Ceará; da grande influência da Escola do Recife e de periódicos como *A crença*, *Americano* e *Movimento*, para não mencionar o papel fundamental da *Revista do Brasil*, sobretudo na segunda fase. Repartido em três segmentos harmônicos, que amarram o capítulo da crítica pré-romeriana às considerações do problema crítico em Sílvio Romero e ao significado de sua obra para a época, o ensaio de Antonio Candido segue rigorosamente a expansão temático-cronológica da obra crítica de Sílvio Romero, pondo-a simultaneamente em confronto com o peso cultural do passado e as transformações radicais do presente.

A grande importância do segmento de abertura, concentrado na leitura cerrada dos escritos publicados por Sílvio Romero entre 1869 e 1875,[4] vem de que nele estão contidos os primeiros efeitos do choque inevitável dos valores em jogo. Nele, vamos aos poucos conhecendo os principais elementos da formação de um crítico que, por se julgar um esteta moderno encarregado de estabelecer cientificamente os fundamentos da cultura brasileira, mesmo transformando a crítica literária num mero apêndice desse processo, não deixa de concebê-la de um modo intuitivo e enriquecedor.

Aqui não basta apenas referir o quanto a leitura de Antonio Candido se distancia das interpretações regulares da época, ajudando a compreender o casuísmo das "zeverissimações ineptas", ou mesmo os da "obnubilação brasílica", tão emblemáticos daquele instante em que, sem haver encontrado o próprio método, a crítica se abria a todas as influências, desviando-se dos padrões do gênero e das imposições do gosto. O que é preciso ressaltar, no entanto, é que, a partir de agora, o conjunto desigual da obra e do temperamento de Sílvio Romero passa a ser visto por um critério de análise em que, pela primeira vez, os "equívocos e as fragilidades, o pensamento complicado, confuso e mal escrito", apesar de misturarem as coisas, não deixam de significar "um esforço interessante para assumir posição mais inteligente".

Ao ordenar a embaralhada das reviravoltas, esse primeiro desbaste de Antonio Candido desvenda dois aspectos inovadores no método crítico de Sílvio Romero: a "intuição relativista e o critério pragmatista" em poesia. A primeira porque lhe permitiu improvisar sobre o dogmatismo excessivo de seus mestres, o que compensou os males da influência positivista mal digerida com a vantagem de haver afirmado em seu espírito "o senso de complexidade do fenômeno literário"; e o segundo, porque esse *dogmatismo pessoal* o levou a conceber a poesia como um "instrumento de progresso social ou um meio de conhecimento objetivo", aspecto que se constitui, como explica Antonio Candido, numa das bases da sua crítica.

A consequência é que esse espírito improvisador, ao mesmo tempo em que traz a marca do bacharel recheado de cientificismo balofo, tão característico daquele tempo, destoa do pesado determinismo de então, fazendo de Sílvio um doutrinador pragmático que não se vê obrigado a entrar em detalhes ou a dar exemplos acerca de teorias ou de obras que critica. E se é verdade que, por um lado, essa atitude frequentemente conduziu a generalizações e a metas inatingíveis, também é certo que, de outro, ela confirmou uma tendência para valorizar, na poesia, aquela espécie de intuição genérica que — no dizer de Antonio Candido — a aproximava da vocação progressista e do lirismo autêntico do poeta frente à importância de "encarar o povo brasileiro na sua complexidade de mestiço".

Ao procurar compreender os esforços de Sílvio Romero para chegar a uma formulação propriamente literária nesse conjunto de proposições tão distanciadas da natureza da literatura e da crítica, o que ressalta das distinções de Antonio Candido é o argumento intelectualmente contrastivo das razões que a determinam. Entre estas, por exemplo, o fato de considerar a evolução social e a realidade étnica "para propor ou negar pontos de vista literários", e a ênfase de que, nesse processo, a literatura é um reflexo da índole do povo, são aspectos inovadores que, somados à "argúcia e à rara independência intelectual" de Sílvio, vieram confirmar a necessidade de uma crítica destemida e livre que, mesmo com os "tropeços das coisas ditas sem pensar, no calor da descoberta e da emulação", alinhou o Brasil às correntes intelectuais da época e neutralizou a submissão excessiva dos retóricos aos postulados da crítica francesa.

Traços como esses — nos diz Antonio Candido — é que permitem harmonizar as ambiguidades desse homem que, carregado de arianismo, "não escamoteia a questão da mestiçagem" e postula para a crítica, ainda que não a fundamente enquanto operação literária, uma forma de intervenção intelectual destinada a reagir aos valores de uma cultura implantada por estranhos e insensível às "leis da formação da nossa vida mental". É dele que parte a primeira advertência às limitações do nacionalismo romântico, desqualificando-o em favor da modernidade da "consciência universalista", tanto mais urgente, a seu ver, quanto mais necessário lhe parecia o advento de uma "geração vigorosa", caldeada no tempo por um alto grau de mestiçagem que nos habilitasse a encontrar a nossa própria consciência enquanto povo. Só então se poderia pensar em avaliar a realidade brasileira "a partir do processo de fusão e assimilação de seus elementos componentes".

Esta a razão para que, n'A *literatura brasileira e a crítica moderna* — talvez a obra mais representativa dessa primeira fase —, a tarefa propriamente literária da crítica se restrinja a critérios muito pouco literários se defrontados com os objetivos mais amplos daquilo que Sílvio Romero chamava de *criticismo*. Limitada à seleção e à avaliação dos escritores que mais contribuíam para esse processo de desenvolvimento cultural, a crítica literária não se livra das intercorrências do meio, da raça, da evolução histórica, dos costumes e das tradições, em busca da missão mais elevada de orientar o pensamento e o avanço das instituições, à luz dos modernos princípios científicos. É com esse espírito, segundo Candido, que Sílvio destaca, em Gregório de Matos, o despertar da consciência nacional, através da fusão das três raças formadoras; em Tomás Antônio Gonzaga, a transformação brasileira do lirismo português; em Martins Pena, a sátira da burguesia lusitana; em Álvares de Azevedo, a manifestação do moderno cosmopolitismo que se desligava de Portugal; e, em Tobias Barreto, o início da crítica da nossa realidade.

De grande importância, no caso, é a distinção de critérios com que esses autores são analisados por ele, quer dizer: tomados literariamente, não significa que valham, para Sílvio Romero, pelos méritos de concepção ou de intuição artística; valem, isto sim, pelo que representam enquanto "arma de combate para renovar a mentalidade brasileira"; ou seja, o aspecto literário entra aqui como mero subsídio, como uma expressão crítica de valor secundário no projeto mais largo de reconstrução de uma nova consciência dos problemas nacionais — nos diz Candido. O resultado é que a interpretação desses poetas conta mesmo é pelo valor extensivo que eles agregam ao conjunto das análises englobadas pelo *criticismo*, integrando ao espírito geral da nação a concepção moderna de uma poesia construída a partir da fusão de todos os elementos étnicos do país.

O fato de que o próprio Sílvio Romero jamais se considerou um crítico propriamente literário exigiu que o ensaio de Antonio Candido estabelecesse uma espécie de ajuste contínuo não apenas na concepção amoldável dos seus pressupostos, como também na variação constante da estratégia de leitura, sempre pronta a assimilar as transformações do acessório em traço principal, valorizando o que a muitos parecia secundário, e concluindo pela irrelevância de muitos aspectos, que, à maioria dos críticos, sempre se afiguraram como coisa de primeira ordem. Isso explica a importância dos achados, embutidos seja na inobservância dos critérios literários, seja na própria inviabilidade de aprimorá-los num país de literatura secundária, nutrida pela mentalidade da imitação e do atraso; mas também explica a relevância dos aspectos submersos no cientificismo precário e desordenado de Sílvio Romero, que Antonio Candido alinha aos efeitos do critério individual que vai aos poucos amaciando o dogmatismo implacável do autor das *Zeverissimações ineptas*.

Tais observações parecem confirmar-se a partir do segundo e do terceiro segmentos do ensaio, quando na verdade se anunciam e discutem os elementos fundamentais à configuração do método crítico. Frente a eles talvez caiba dizer que, se no segundo segmento — que se estende de 1880 a 1888 —,[5] quanto mais Antonio Candido se debruça sobre o crítico literário, tanto menos o reconhece; no terceiro — que vai de 1888 a 1914 —,[6] quanto mais discute o sociólogo, tanto mais se aproxima das convergências literárias que irradiam para a sua vocação de crítico. Aqui, há uma série de razões a considerar; como o próprio Candido assinala, o ano de 1880 abre um momento de virada na trajetória intelectual de Sílvio Romero; com ele tem início uma fase de "cristalização das ideias que vinham amadurecendo através de toda a década de 1870, e que vão frutificar até o fim de sua vida", quando começam a se aperfeiçoar alguns critérios de análise voltados mais livremente para a expressão artística do povo brasileiro a partir do folclore, tomado agora como produto da miscigenação. Mas não é só. Mais distanciado de Buckle, seu grande paradigma da fase naturalista, Sílvio Romero já admite para a crítica a condição de "quase ciência"; assim, ao mesmo tempo em que define, nos *Estudos sobre a poesia brasileira*, o fator étnico como um elemento-chave na interpretação da cultura, amplia os contornos de seu método para novas direções, transferindo do negro para o mestiço o papel de agente transformador por excelência; substituindo a rigidez do positivismo pela mobilidade de um evolucionismo integrado às influências do meio; e trocando o antigo determinismo naturalístico por um realismo crítico que acrescenta ao seu critério científico da história um interesse cada vez maior pela ação combinada da natureza e do homem. Isso tudo nos mostra, na hipótese de Antonio Candido, que, se parecia impossível a Sílvio Romero fazer crítica literária sem levar em conta as influências geográficas, climáticas e fisiológicas, a partir de 1880, com a adesão à variedade do "fator humano", definiu-se em seu método uma libertação contínua do despotismo da natureza e da tirania dos princípios, determinando a prevalência das leis mentais sobre as leis físicas.

Aplicado ao estudo da literatura brasileira, a maior consequência desse novo critério para a crítica de Sílvio Romero foi a substituição do funcionalismo de Taine por um pragmatismo crítico, "que sobrepõe à representatividade do escritor o critério da sua utilidade coletiva". Não que Sílvio tenha deixado de ser tainiano; isso jamais aconteceu; o que ocorre é que, agora, como mostra Antonio Candido, ele amplia as metas do estudo biográfico das personalidades, concebido por Edmond Scherer, para aplicá-las mais concretamente, como nexo causal, ao estudo dos fatos e das considerações gerais. Esse dado embutido é que dará fundamento à sua decisão de escrever uma introdução naturalista à história da literatura brasileira, apoiado num critério étnico e popular, com vistas a explicar a chave do caráter nacional. O dado a ressaltar é o modo como Antonio Candido, mesmo reconhecendo a natureza pouco literária contida no cerne dessa decisão, articula a redução naturalista da história literária, aí implícita, com as possibilidades de o determinismo literário — até então um mero acessório — abrir caminho a uma concretude maior no tratamento propriamente literário da literatura.

Ocorre que nem sempre o entusiasmo de Sílvio pelo método naturalista conviveu em harmonia com os critérios mais livres no estudo da produção artística nacional. Apesar do amadurecimento que veio experimentando ao longo do tempo, é ainda o ímpeto cientificista que marca o compasso na *Introdução à história da literatura brasileira*. À frente de sua lógica, a ação do meio e da raça permanece irredutível; os elementos da crítica ainda são a mesologia de Buckle, a etnologia de Thierry e Renan, a fisiologia de Taine, a psicologia de Sainte-Beuve, o historicismo de Villemain e o julgamento científico de Scherer. E mais: a crer no que reivindica em *O naturalismo e a literatura*, por exemplo, o objeto da crítica moderna não é propriamente a literatura, e sim "a totalidade das criações da inteligência humana", avaliadas sob o método histórico-comparativo, na perspectiva irrefutável de que a evolução submete a criação literária como faz com todos os organismos vivos e a própria história dos homens. De tal modo que a sua aplicação vai tanto na direção das línguas e da filologia, quanto na das religiões e da mitografia, da etnologia e do folclore, da jurisprudência e das ciências naturais.

Assim, por mais inadequada que se configure a Antonio Candido a fisionomia literária do crítico projetado por Sílvio Romero, é — digamos — no preenchimento de seus intervalos, na iluminação gradual dos conteúdos implícitos no que Sílvio sugeriu, mas não fez avançar; esboçou, mas não soube exprimir; pressentiu, mas não conseguiu formular, é na discussão integradora desses intervalos que as análises de Antonio Candido redimensionam a contribuição positiva de seus desequilíbrios. Daí a grande importância do terceiro segmento para a lógica do ensaio. É a partir dele, por exemplo, que começamos a perceber o verdadeiro alcance do "fator humano" como critério de julgamento, indispensável não apenas por restringir os exageros da crítica naturalística, mas sobretudo por integrar a contribuição do escritor no desenvolvimento geral das ideias de seu tempo ("dar a palma a quem merece"). Por esse aspecto é que compreendemos a recusa de Sílvio Romero em ver a obra como resultado de um realismo puramente fotográfico e inerte que se limitasse a copiar a realidade, ignorando a intuição científica e moderna inerente à imaginação criadora.

Ao nos mostrar que, em Sílvio, a lei que rege a literatura é a mesma que preside à evolução transformista do espírito humano, Antonio Candido acrescenta a essa conclusão metodológica a observação implícita de que, para o autor dos *Últimos harpejos*, a personalidade do escritor deve aparecer nas obras literárias, igualmente modelada pela evolução espiritual das épocas. Por isso, confirmando-se na *História da literatura brasileira* como produto autêntico de um processo de esclarecimento em contínua expansão, a ênfase na expressão humana da criação literária representa, para a interpretação da cultura, um fator mais importante do que a própria ação do meio físico, o que demonstra um aberto desacordo de Sílvio Romero com o determinismo mais naturalista da fase anterior. Para Sílvio, agora — nos diz Candido —, se a literatura permanece sujeita à evolução e nisso se comporta como os organismos biológicos, um dado novo impõe a diferença de que ela não se deixa assimilar por aqueles, conforme o demonstra o capítulo v do segundo volume da *História da literatura brasileira*, citado por Antonio Candido para confirmar que o determinismo mesológico e a tríade tainiana já não bastam por si sós para explicar o problema da criação literária.

Mas é preciso distinguir. Fator primordial, que Sílvio reconhece como um centro de energia atuando como substrato irredutível às imposições da história, o *valor* individual, apesar de importante, não pressupõe a compleição literária de seu método crítico. Para Sílvio Romero — nos diz Candido —, a base fundamental é a raça, "compreendida menos do ponto de vista físico e mais do ponto de vista etnográfico"; o que implica dizer que, em sua *História da literatura brasileira,* "se o meio é um agente de diferenciação, a raça é integradora por excelência", abrindo-se à assimilação gradativa de novos fatores sociais na explicação dos períodos, das tendências, da afirmação dos gêneros literários e da própria individualidade dos autores. Nesse conjunto, se os critérios literários não definem o ponto de chegada, os critérios sociológicos se encarregam de fazê-lo com base na força individual e na capacidade inventiva dos autores, classificando, pela seleção histórica do mérito, os mais expressivos — nos termos de Sílvio Romero, os *representative men* do pensamento e da cultura.

A verdade é que o método propriamente literário ainda permanece longe das constatações de Antonio Candido. Como ele mesmo reconhece a esta altura do ensaio, Sílvio é demorado em suas análises; não tem "finura psicológica" que lhe permita dar vida à fisionomia literária dos escritores que examina; seus textos se arrastam e não apresentam nem "a intuição analítica, nem a volúpia serena, que leva o crítico a aventurar-se na alma dos autores". Mas, ao mesmo tempo, é ágil na captação das influências do meio social e do momento cultural, "preferindo integrar a diferenciar". E o mais grave é que não mostra serenidade, é apressado e vai muito rapidamente da análise do traço pessoal para a interpretação do contexto, procurando sempre no escritor estudado "um resumo ou padrão da época". Pior é que, insistindo em se valer do vocabulário científico e das razões biológicas, acaba quase sempre descambando para o superficialismo dos paralelos acomodatícios, sem grande valor de comprovação ou certeza. Mas ainda assim é preciso distinguir. E assinalar que, mesmo diante de tudo isso, não há como descartar uma verdade irrecusável para Antonio Candido: é que, mesmo recorrendo a tanta *lantejoula científica*, o naturalismo de Sílvio Romero nunca foi tão radical quanto parece, o que pode ser visto pela intuição sociológica com que descartou bem cedo a obsessão cientificista do tainismo exorbitante, mesmo mantendo a coerência de não excluí-lo de seu horizonte de trabalho.

Somente aqui é possível avaliar o quanto a vocação do sociólogo Sílvio Romero infundiu no espírito de Antonio Candido os elementos de uma intuição mais consentânea com a formulação de um método, se não propriamente literário, ao menos mais integrado à natureza artística das criações do espírito humano. De fato, é nesse momento do livro que se expande, em expressão de grandeza, a maioria dos achados latentes nos critérios anteriores. A partir daí, ficam mais claras, por exemplo, as razões pelas quais Sílvio Romero converte a poesia na "maior realização espiritual" do povo brasileiro, por desvendar-lhe a alma com base nas tradições e na inspiração popular. Também aí é que vemos ganhar corpo a certeza, em Sílvio, de que o princípio do desenvolvimento humano "penetrou primeiro nas ciências do homem e só depois nas ciências da natureza", e não o contrário, como propagava o cientificismo de seus mestres naturalistas. É quando ele percebe que, não havendo mais um *nexo determinante* entre a natureza e a obra em si mesma, a tarefa do crítico é mergulhar no *processo* que se realiza através do grupo social, motivo que o leva — segundo Antonio Candido — a fugir da crítica "dissertadora", preocupada apenas em descrever, e assumir a crítica propriamente sociológica, que — nos termos de Sílvio — "discute para esclarecer e esclarece para concluir".

O salto parece grande se lembrarmos que esclarecer e concluir eram fundamentos que dependiam apenas da verificação dos fatores físicos; e que só estes bastavam para a finalidade de descrever o valor histórico do escritor. A diferença é que, a partir de agora, isso só será possível admitindo o caráter sociológico de seus pressupostos. É verdade que isto é pouco, mas — em se tratando de Sílvio Romero — nos diz Candido que é tudo que se pode avançar na configuração de um método para o qual até então só havia sentido em falar-se em crítica geral, sem qualquer distinção da realidade concreta das diversas *críticas* contidas nas outras séries do pensamento humano (a literária, a científica, a musical, a filosófica...). De tal modo que, mesmo levando em conta que Sílvio Romero não foi capaz de perceber o alcance da dimensão artística da obra face ao conjunto dos fatores físicos que a determinam, não há como negar que do traço inovador de seu *materialismo mitigado* — na expressão de Antonio Candido — saíram os critérios decisivos da *mestiçagem moral* que está na base da sua teoria da literatura brasileira.

Diante desse novo caminho, o empenho crítico de Antonio Candido é definitivo ao nos revelar a dimensão moderna de um intérprete da cultura brasileira cujo método transcende o marasmo de seu próprio tempo, superando o formalismo emperrado da retórica do gosto pela discussão sempre renovada dos temas mais fundos da alma nacional. Crítico de cultura? Sociólogo? Esteta? Cientista? Crítico naturalista recheado de positivismo? Pouco importa — nos dirá Antonio Candido —, pensando na contribuição que ele trouxe para a atualização do sentido e da própria natureza da crítica literária brasileira posterior ao romantismo. É que apesar da passagem do tempo — ele observa — Sílvio Romero permanece no centro da nossa historiografia literária. E arremata:

> Muitos de nós, que lidamos com a crítica e às vezes temos a pretensão de renová-la, passaremos, de certo, com os nossos livros e artigos, a nossa erudição mais exata, o nosso sentido mais puro do fato literário. Ele ficará — com os seus erros cada vez mais apontados, as suas teorias cada vez mais superadas.

Faltou dizer, no entanto, que, se Sílvio Romero não logrou estabelecer os critérios do método crítico que o velho Capistrano anunciou e pôs de lado, ao mergulhar na investigação da história, Antonio Candido prosseguiu na busca da formulação literária que escapou a Sílvio, completando-a e enriquecendo-a na complexidade mais densa de seus pressupostos. Sob esse aspecto, não apenas demonstrou que os fatores externos, ao tornarem-se internos, assumem função decisiva na composição da estrutura literária da obra em si mesma, como também ampliou a dimensão crítica do fator humano, tão caro a Sílvio Romero, ao insistir em que, articulado à figuração dessa mesma estrutura, ele encarna o quinhão da fantasia cuja liberdade é indispensável para modificar a ordem do mundo, "justamente para torná-la mais expressiva". Por este lado, Candido acrescentou à tese romeriana de que a obra é um aspecto da estrutura da sociedade a distinção crítica de que, sendo também uma forma de comunicação expressiva, ela depende essencialmente da intuição do autor, seja na fase criadora, seja na fase receptiva, pois que constrói um tipo de linguagem que só manifesta o seu conteúdo na medida em que também é forma, ou seja, no momento em que se define como expressão.

Mas também é preciso dizer, para encerrar, que há momentos em que ambos se aproximam; em que ficamos com a impressão de que por vezes Sílvio Romero parece ter sido para o jovem Candido o que Taine ou Spencer significaram para ele mesmo. É o sentimento que nos vem, por exemplo, quando Antonio Candido, já no final do ensaio, ao refletir sobre o significado de Sílvio Romero para o seu próprio tempo, nos fala da coragem, da insistência com que Sílvio atribuía, à literatura e às artes, a afirmação social e humana da nossa própria libertação — matéria e desígnio que a obra crítica de Antonio Candido acabaria transformando numa das expressões mais lúcidas e empenhadas da história moderna das letras brasileiras.

Aluísio Azevedo e a crítica

Vista no contexto da crítica, a obra de Aluísio Azevedo apresenta tantas oscilações quantas foram as vicissitudes que cercaram a configuração literária do naturalismo no quadro histórico da prosa brasileira de fins do século XIX. Não que lhe fosse negado o reconhecimento de haver sido — como realmente foi — um escritor de grande talento. Esta, aliás, é a opinião preponderante de quantos, mesmo lamentando a sua decisão de trocar a literatura pela diplomacia em 1895, se resignaram — como Oliveira Lima — a que o "excelente escritor" acabasse se convertendo num "cônsul excelente".[1] O que de fato pesou na avaliação literária da sua prosa foi a contaminação acadêmica da crítica, muito própria no âmbito das sociedades periféricas, que insistia em medir a qualidade de seus romances com base no ideário artístico do naturalismo de Émile Zola.

É verdade que a obra de Aluísio surge num momento em que já se haviam praticamente esgotado os temas do romance indianista de Alencar, da prosa de costumes de Macedo e do romance histórico de Franklin Távora, circunstância que levou alguns críticos, como Tito Lívio de Castro entre outros, a alardear o estado de "esterilidade" da ficção brasileira posterior ao Romantismo, e a confirmar — nos termos de sua crítica — não apenas "a sentença de Buckle sobre o caráter do homem nos climas quentes", mas também a constatação, a seu ver inapelável, de que o romance deixara de existir no Brasil.[2]

Essa visão da obra a partir dos pressupostos científicos da escola naturalista, que submetia a consciência autoral às determinantes físicas do momento e do meio, acabou definindo, em relação à leitura dos romances de Aluísio, um desvio essencial que obliterou a singularidade e o alcance histórico de seu processo literário, claramente desvinculado, em sua essência, do enfastiado romanesco da última prosa romântica.

Tal circunstância levou a que o vissem ora como o equivalente brasileiro do Flaubert de *Madame Bovary*, ora como um discípulo do Zola dos *Rougon-Macquart*, determinando-se assim, já nas origens da sua fortuna crítica, um impasse hermenêutico cuja aparente resolução não se livra da verdadeira petição de princípio que empolgou o determinismo da crítica brasileira tributária do cientificismo da Escola do Recife. Tão grande era a adesão da crítica à cientificidade do cânone europeu que Sílvio Romero, um de seus mais expressivos representantes, foi implacável na sustentação da superioridade da matriz francesa dos esquemas de Zola, em face dos quais vituperava as interpretações coxas e trapentas que lhe faziam "os seus plagiários estonteados do Brasil, que não têm talento para compreendê-lo" e que a seu ver figuravam, no romance e no drama, como "uns paspalhões mínimos de fazer dó".[3]

Aos olhos do crítico, que não reconhecia capacidade doutrinária nos autores nacionais ("a glória da invenção da doutrina não lhes pertence: é do estrangeiro"), o naturalismo de Aluísio Azevedo não chega a merecer uma análise minuciosa enquanto projeto literário propriamente dito. Na *História da literatura brasileira* de Romero, Aluísio é citado, entre os romancistas posteriores à fase embrionária do velho Teixeira e Sousa, como um autor vinculado tanto à corrente de reação naturalista pura, em oposição à vertente do meio-naturalismo tradicionalista e campesino de Taunay, Bernardo Guimarães, Rodolfo Teófilo e Afonso Arinos, entre outros, como à vertente do meio-naturalismo das cidades, onde figuram, por exemplo, Manuel Antônio de Almeida, Xavier Marques, Afonso Celso e Valentim Magalhães.[4] Visto como tal, no entanto, o que importa para Sílvio Romero não é o traçado naturalista da sua escrita, mas o caráter sistemático de seu método, que — próximo de autores como Machado de Assis, Raul Pompeia e Franklin Távora — produziu com *Casa de pensão* e *O cortiço* "os dois livros mais verdadeiramente realistas de toda a literatura pátria".[5]

Araripe Júnior, numa série de artigos sobre a obra de Aluísio Azevedo, publicados entre março e abril de 1888 na revista *Novidades*, julga que Aluísio reunia todas as condições para desempenhar no Brasil um papel correspondente ao de Balzac na França. E a razão para isso era, a seu ver, a capacidade de fazer brotar em nossa prosa *os germes da concepção naturalista* que permitem qualificá-lo como o primeiro observador da raça brasileira, um autor, segundo o crítico, consagrado não apenas pelos níveis de elaboração de *O mulato*, mas sobretudo pela concepção de *O cortiço*, obra que ele considera um "romance nacional na acepção da palavra".[6]

Para o autor do *Movimento de 1893*, a leitura de Aluísio Azevedo é antes uma leitura de método: lendo Aluísio, o crítico discute os pressupostos teóricos necessários para compreendê-lo, e aqui ganha importância a originalidade de sua interpretação. Diz Araripe, por exemplo, a propósito do naturalismo, que "o tropical não pode ser correto", sugerindo que a singularidade de

Aluísio, num país quente como o nosso, onde a concentração é difusa e tudo parece extrapolar em intermitências e desmedidas, foi saber evitar "o diapasão estreito da retórica civilizada". Quer dizer: fugindo ao rigor cientificista do paradigma europeu, Aluísio teria intentado traduzir entre nós "todo o luxuriante tropicalismo da América do Sul",[7] com o grande mérito de não haver copiado Zola, mas tão somente adaptado o espírito de sua revolução à nossa paisagem, onde pulsa, a seu ver, um outro sentimento do real, diferente das mentalidades ortodoxas de observação fria e meticulosa, comum ao espírito europeu. Daí que o naturalismo de Aluísio, para Araripe Júnior, ganhe contornos de um outro naturalismo, concebido à brasileira, em sua real dimensão de planta exótica que se nutre do nosso estado de coisas, animado pelo "lirismo nativo do americano pujante de vida, de amor, de sensualidade".[8]

É dessa perspectiva que decorrem os critérios com que analisa os romances do autor maranhense, visto por ele como o representante de uma raça virgem ou renovada que põe as suas faculdades imaginativas a serviço da observação e do experimentalismo, num contexto literário cuja única tradição é a do instinto.[9] Nessa direção, viu por exemplo o peso expressivo do conjunto tumultuário das personagens de *O mulato* e de *O cortiço* e identificou a estrutura inovadora do microcosmo fatalista que faz do romance *Casa de pensão* — segundo ele, o livro mais característico "da força do naturalismo de Aluísio — um autêntico minotauro a corromper as personagens e os valores em jogo. De igual modo, recusou n'*O coruja* a inaptidão do autor para escrever romances de tese, sem deixar de registrar a hesitação do narrador de *O homem* em manter-se "nos moldes estreitos da monografia", indecisão que o leva a abandonar-se aos apelos do sonho contra as deduções dos critérios científicos que cercavam as suas escolhas.[10]

Lembremos, no horizonte oposto, que o próprio José Veríssimo — preso ainda aos postulados da escola — via em Aluísio Azevedo "o único meritório escritor do naturalismo segundo a fórmula francesa, inaugurado com *Madame Bovary* em 1857", sem entretanto deixar de situá-lo, a exemplo de Araripe Júnior, como um "contraste estilístico" importante, particularmente em *Casa de pensão, O mulato, O cortiço* e *O homem*, romances — nos diz Veríssimo — que trouxeram para a ficção brasileira da época um sentimento mais justo da realidade, ao acrescentar-lhe uma visão mais nítida dos problemas sociais e da alma individual, assim como "uma representação menos defeituosa da nossa vida, que pretendia definir".[11]

Chega, assim, por um caminho inverso ao das observações de Araripe, ao esboço de uma concepção brasileira do naturalismo de Aluísio, a quem atribui igualmente o mérito de haver rejeitado o romanesco e a sentimentalidade piegas da prosa romântica. Mas não se livra do peso ortodoxo que irradiou do grupo de Médan, ao assinalar, em sua *História da literatura brasileira*, que Aluísio e os nossos naturalistas pouco inovaram, e em nada modificaram, os modelos da vertente francesa, que ele, como crítico, considera o seu protótipo.

No entanto, mesmo reconhecendo no autor de *O mulato* uma propensão inequívoca para recorte estético da escola francesa, Veríssimo prefere destacar em Aluísio uma intuição verista muito além da personalidade exuberante do autor romântico nos termos em que a expandiram os romances de Taunay e de Franklin Távora.[12] Na verdade, o Aluísio que interessava a Veríssimo era menos o discípulo talentoso de Flaubert do que o observador atento da sociedade em mudança nos últimos anos do Segundo Império, coisa, aliás, que se confirma ante o fato de que jamais escondeu a sua descrença no argumento naturalista, lamentando, sempre que pôde, a vulgarização e o corte ordinário do cotidiano de seus enredos, que ele entremeava à escabrosidade incontida dos personagens. Como prospecção da vida — nos diz ele —, o naturalismo foi uma escola que abusou do patético e "menosprezou os constantes apelos à sensibilidade do leitor".[13]

Entre a subjetividade inventiva e a ortodoxia convertida em profissão de fé, pode-se dizer que a obra de Aluísio Azevedo passou pela crítica naturalista como um projeto incaracterístico, mas fecundo, enquanto resposta intelectual efetiva à esterilidade do romance romântico que se havia cristalizado nos modelos desgastados de Alencar, Macedo e Bernardo Guimarães. Observador minucioso contaminado pela imaginação romântica, impressionista lírico obcecado pela transcrição científica da realidade, realista consciente das limitações da convenção acadêmica, Aluísio pagou tributo aos dogmas de seu tempo, tendo sido lido mais da perspectiva de fora do que propriamente a partir das instâncias mais fundas que sedimentam o universo imaginário dos seus livros.

Em nome da "natureza" e do "temperamento" —[14] princípios então indissociáveis da consciência autoral do narrador naturalista, a quem, por exemplo, era vedado o terreno da fantasia —, um crítico como Tito Lívio de Castro, já citado na abertura deste estudo, não hesitou em corrigir a habilidade técnica da escrita de Aluísio Azevedo sempre que este, a seu juízo, falseava um ponto doutrinário da escola, desviando-se do quadro dos sintomas médicos indispensáveis à representação científica de uma cena ou errando a mão na exploração psicológica de determinados personagens, sem o conhecimento teórico necessário para caracterizá-las.

Oliveira Lima, que foi dos primeiros a chamar atenção para a "nota dramática"[15] que intensifica a ação dos romances de Aluísio, em detrimento dos seus planos descritivos, chegou a atribuir-lhe o defeito de "querer fazer feio demais em contraste com o romantismo, que amorfoseava em extremo as coisas e as pessoas" e fazia da sua obsessão pelo documento humano uma espécie de psicologia patológica inerente à sua falta de sentimento.[16]

É verdade que essa falta de sentimento, que — como vimos — faz contraste com a impressão de lirismo extemporâneo sublinhada pela crítica naturalista, por vezes se sedimenta, como no caso do historiador Ronald de Carvalho, num juízo crítico de estilo que transforma o método literário de Aluísio Azevedo num impressionismo de superfície, deliberadamente avesso às profundezas da alma humana, para só ficar nas camadas mais rasas "onde geralmente têm assento", nos lembra Ronald, "as paixões violentas e os vícios do nosso drama cotidiano".[17]

Um romancista exterior, "como todos os naturalistas, físico, visual apenas" — eis como o veria mais tarde Agripino Grieco, confirmando à sua maneira de comentador irreverente as impressões de Ronald e vinculando a prosa de Aluísio ao Rio de Janeiro anterior à reforma de Pereira Passos, quando pululavam os pardieiros e as casas de cômodos, enfeixados num cenário perfeito para a *forma mentis* do autor d'*O cortiço*. Inculto como Zola, observa Agripino que Aluísio não conseguiu renovar-se depois da política do "bota-abaixo": sem os cortiços, ruíra o chão de suas histórias, e ele — já exausto dos compromissos da vida consular no estrangeiro —, por mais que o tentasse, não conseguira renascer paras as letras.[18]

Num estudo mais detido do autor e sua época, Olívio Montenegro ensaia uma justificativa psicológica para essa *exterioridade* que Agripino atribuía ao romancista. Para Montenegro, por ser um temperamento facilmente excitável, próprio daqueles homens que se deixam dominar pelas primeiras impressões (o fato de não ter-se dado bem em Cardiff, por exemplo, bastou para que considerasse a língua inglesa "uma algaravia de bêbados"), Aluísio não foi capaz de exprimir literariamente senão a imaginação sentimental, infensa aos valores mais íntimos da alma humana. Daí que seus personagens, na concepção do crítico paraibano, não passem de tipos comuns facilmente reconhecíveis pela feição ordinária que a ninguém surpreende, já que não expressam nunca o efeito de uma descoberta. Sem ambiguidade, rasos, estão longe a seu ver das construções literárias bem elaboradas. "Tudo o que possuem de interior", observa Olívio, "reponta logo na fisionomia e nos gestos", dando-nos a impressão de que "o grande sentimento de vida exterior triunfa sobre os projetos de sua imaginação".[19]

Fecha-se, com essa hipótese do temperamento exterior excitável, uma espécie de primeiro ciclo no conjunto da fortuna crítica de Aluísio Azevedo. Derivadas da crítica naturalista, essas primeiras balizas de interpretação revelaram, como vimos, um romancista de um lado definido como discípulo acadêmico do naturalismo francês, movimento do qual decorriam os principais critérios utilizados para explicá-lo literariamente e afinal compreendê-lo; e, de outro, ainda no espelho dos pressupostos estéticos da escola europeia, saudado ora como um autor marcado pela tradição romântica, responsável, segundo alguns críticos, pela contaminação lírica do seu projeto científico, ora como um escritor realista puro, inovador e decisivo na superação daquele momento de transição que se seguiu ao esgotamento do romance romântico: "Nada é tão inverossímil como a própria verdade quando ela se apresenta com toda a brutalidade de seu peso", dirá mais tarde nas reflexões que publicou no *Touro negro*.

Talvez por isso Aluísio se tenha constantemente negado ao diálogo com a crítica, tida por ele, ao lado do público, como "dois terríveis elementos" no caminho do escritor brasileiro, um caminho a seu ver dificultado pela *ridícula* circunstância de precisar escrever em língua portuguesa — para ele, uma língua "sem prestígio, sem utilidade, sem vocabulário técnico para a ciência e para as coisas da vida moderna".[20]

Álvaro Lins inaugura uma segunda etapa hermenêutica que, transpondo — sem os evitar inteiramente — os limites críticos impostos pelo legado da visão tradicional, aprofunda as dimensões de análise da obra de Aluísio, ajustando os traços de estilo e as expansões de seu temperamento à compreensão literária de um empenho social que vai além da mera resposta mecanicista e programada para firmar-se como um sintoma de um novo Brasil, de um país que ia aos poucos deixando de ser o Brasil português para se transformar no retrato brutal das suas contradições mais graves, em cujo centro figurava o drama social dos que saíam da escravidão para ingressar nos desvãos infectos da sobrevivência possível no âmbito da ordem que mudava.

O mulato, sob esse aspecto, tem para o crítico um duplo papel decisivo: discutir a adaptação dos mulatos no quadro adverso dessa realidade e situar o problema da escravidão como um dos mais sérios entraves à plenitude da vida civilizada no Brasil imperial. Os primeiros esboços de personagens ali projetados — e Álvaro Lins destaca concretamente "a frieza cruel da velha Maria Bárbara" no contexto do romance — têm grande importância não apenas por lançarem as bases inovadoras de uma nova percepção literária das formas de confronto social no país, mas principalmente porque, no plano estético, aqueles esboços e traços de *O mulato* acabam se ampliando e se convertendo em personagens com individualidade firme e definida, como as que aparecem em *Casa de pensão*, por exemplo, e que depois — n'*O cortiço* — contribuem para trazer para o primeiro plano uma dualidade igualmente decisiva, a dualidade de existências coletivas e simbólicas, como o sobrado patriarcal e a habitação dos cortiços. Isso faz que todos os seus livros sejam, segundo o crítico, rigorosamente brasileiros por nos revelarem um romancista de espírito popular com grande acuidade para penetrar nos agrupamentos humanos e vasculhá-los no sentido mais amplo de sua realidade histórica e romanesca.

Nada disso, entretanto, impede que, no corpo de sua análise, Álvaro Lins retome algumas conclusões já verificadas pelos críticos anteriores, em especial a de que o nosso autor foi "um realista que nunca deixou de ser romântico", sendo frequentes em seus livros, mesmo em *Casa de pensão* e n'*O mulato* — segundo indica — os "textos insuportáveis" e os elementos "patéticos e sentimentais", a que acrescenta os "personagens exteriorizados, os aspectos panfletários de argumento, as variações de planos reais e por vezes fantásticos".[21]

Tanto assim que Lúcia Miguel Pereira, no capítulo que dedica a Aluísio Azevedo em seu *Prosa de ficção (de 1870 a 1920)*, não hesita em afirmar que o romancista — que segundo ela fracassou em seu intento de viver de literatura e assim criar a profissão de homem de letras no Brasil — foi na verdade um escritor irrealizado. Mais ainda: embora reconhecendo que um livro como O *cortiço* basta para incluir o seu autor na linha de frente das nossas letras, a ensaísta considera que esse fato não elimina algumas contradições evidentes na composição literária dos seus livros. Entre estas, a mais importante — segundo a autora — é a presença de um "arcabouço romântico" claramente à mostra na tessitura do argumento, fazendo com que o excessivo apuro e a superficialidade na descrição das personagens (a inverossimilhança de Raimundo e Ana Rosa, n'*O mulato*, é, para ela, exemplo definitivo) nos revelem um escritor que, em sua revolta contra o meio, tende sempre à evasão, apesar de "a moda" o impelir para a objetividade.[22] "Parece ter havido, em Aluísio Azevedo, uma contradição essencial" — nos diz ela — e esta está no fato de que Aluísio foi sempre "um naturalista com horror à realidade", envisgado na opacidade de um estilo que "não prolongava nem sugeria emoções", dado o impasse que o bloqueava em sua essência e que vinha justamente da desarmonia entre o temperamento do narrador e o gênero literário que adotara.[23]

A inaptidão para a análise psicológica, a incapacidade para transformar o contato com a realidade tangível numa experiência que se "prolongue pelo senso poético", ao lado da grande virtude da visão panorâmica que transformou Aluísio num "mestre da fixação da personagem coletiva", eis alguns dos aspectos que a análise de Lúcia Miguel Pereira a seu modo aprofunda e traz ao debate para os críticos contemporâneos.

José Geraldo Vieira, entre eles, não confirma a tese de Lúcia de que o romance *O homem* se inclua entre "os mais falsos que já se têm escrito", mesmo admitindo — como faz a autora de *Cabra-cega*, ele afirma — que o livro não seja uma obra-prima e que a personagem Magda, cuja inconsistência literária aparece tão criticada no *Prosa de ficção*, seja um tipo "inferior como criação humana e temperamental".[24] Vieira, que considera *Morbus*, de Faria Neves Sobrinho, o nosso produto naturalista mais viável do ponto de vista da "programação científica", vê n'*O homem*, de Aluísio, um valor teórico de tese que lhe confere "um papel mordente químico, de linhas de força" que superam a sua "ataxia formal e estética" para transformá-lo num instrumento de propulsão cientificista sem o qual um livro como *A carne*, de Júlio Ribeiro — por exemplo — provavelmente não teria sido escrito.

E mesmo Adonias Filho, numa direção oposta à de Lúcia Miguel Pereira, para quem — como vimos — Aluísio não passava de um "naturalista com horror à realidade", chama atenção para a fecundidade das relações do romancista com a matéria de circunstância, fato que o integra, segundo ele, nas raízes autênticas da literatura brasileira. "Incapaz de cegar-se face à realidade, e de trabalhar dados subjetivos", nos diz Adonias que Aluísio se debruçava sobre a vida como se fosse "obrigatoriamente um intérprete", assumindo uma objetividade que o levaria a "modificar a crônica ao revigorá-la numa projeção jornalística" enriquecida de modernidade lírica e de observação do cotidiano.[25]

Sabemos que nem sempre essa observação do cotidiano se constitui, por si só, num corolário da boa escrita em Aluísio Azevedo. Foi talvez pensando nisso que Josué Montello, na antologia precedida de estudo crítico que publicou sobre o autor d'*O cortiço*, decidiu dividir a sua prosa literária em dois segmentos distintos. No primeiro aparecem os romances escritos com o propósito de realização artística, entre os quais estão incluídos os melhores livros de Aluísio: *O mulato, Casa de pensão, O coruja, O homem, O cortiço* e o *Livro de uma sogra* — obras, segundo Montello, que se impõem por um naturalismo "controlado pela observação direta", à maneira de Eça de Queirós, com resultados que alcançam a plenitude artística dos "verdadeiros documentos humanos",[26] na definição de Gilberto Freyre, por ele citado, num dos capítulos de *Sobrados e mucambos*.

Esse Aluísio, que não foi — na opinião de Montello — "um naturalista ortodoxo, imbuído do propósito de realizar uma obra de ciência, na linha traçada por Émile Zola",[27] também escreveu, num segundo segmento, obras que decorreram da sua "obrigação de folhetinista", às quais — acrescenta o autor do *Cais da sagração* — não dispensou o cuidado formal que se observa nos primeiros, e mesmo nestes — assinala — o cientificismo, malgrado comparecer aqui e ali, não se fixa como uma tendência definida e metódica.

A pendência muda de rumo quando o crítico Antonio Candido decide rediscutir a obra de Aluísio Azevedo a partir da perspectiva literária do naturalismo. Último autor a figurar nesta breve recensão (seria impossível dar conta, neste espaço, da totalidade dos estudos dedicados à obra de Aluísio Azevedo), Antonio Candido na verdade é dos poucos, se não o único, a estudar as intenções naturalistas de Aluísio à luz da matriz que o norteava, para ajustá-la a uma dimensão social que devassa a natureza econômica das relações de trabalho e, assim, contribui para fixar o significado profundo da coexistência social e humana entre exploradores e explorados na faina semiescravista do Brasil daquele tempo.

Para Antonio Candido, Aluísio Azevedo, ao escrever *O cortiço*, embora se inspire no *L'assommoir*, de Zola, quer ao mesmo tempo "reproduzir e interpretar a realidade que o cercava", fazendo que do cortiço parisiense ao cortiço carioca se estabeleça uma corrente de influências que deságua num texto original mais completo que a matriz de origem.[28] A diferença fundamental entre os dois romances é que, ao contrário de *L'assommoir*, que segundo o crítico não vai além de um estudo abrangente sobre as habitações coletivas de Paris, n'*O cortiço* — mediado pelo atraso de uma realidade muito mais rude e primitiva — se revela "a coexistência íntima do explorado e do explorador, tornada logicamente possível", observa o crítico, "pela própria natureza elementar da acumulação num país que economicamente era ainda semicolonial".[29]

Em razão disso, ao mesmo tempo que *O cortiço* nos relata "a história de trabalhadores intimamente ligados ao projeto econômico de um ganhador de dinheiro", a sua estrutura profunda nos desvenda alguns lineamentos ideológicos ancorados na violência do sistema, verdadeira antropologia da exclusão a que se resume a vida dos deserdados, de onde Antonio Candido retira — louvado nas informações de Antonil no século XVIII —, entre outros elementos, a língua do pê: "Para português, negro e burro, três pês — pão para comer, pano para vestir, pau para trabalhar".[30] Ou seja: articulado com a brutalidade e deslocado para o cerne que impulsiona a fabulação do romance, o referido provérbio — que até então passara despercebido entre os atributos humorísticos que integravam o folclore da aventura desgarrada da colonização portuguesa nos trópicos — agora se transforma num instrumento de análise que muda o estatuto d'*O cortiço*, de obra programática do naturalismo para obra reveladora do significado das relações humanas e de trabalho no Brasil semicolonial de entre o Império e a República.

Um dos resultados da análise de Candido é que, transposta para o romance, a comparação está longe de expressar — como até então se acreditava — uma simples variante da ladinice burlesca do folclore. Bem mais do que ela, o que está em jogo, nos diz ele, "é uma feroz equiparação do homem ao animal", o que acrescenta ao peso inovador d'*O Cortiço* a distinção de que nas relações de trabalho no Brasil a dimensão humana não faz história e homem, coisa banal e nada mais do que uma coisa, pode facilmente "ser confundido com o bicho e tratado de acordo com essa confusão."[31]

Para Antonio Candido, o grande mérito de Aluísio foi ter descoberto que, falsamente nivelado ao escravo, "porque de tamanco e meia, misturava-se à borra da sociedade", trabalhando como um burro, o português na verdade apenas aparentemente se assimilava àquele. Para o escravo, ao contrário, não havia remissão de qualquer espécie, fora do trabalho e da submissão, enquanto o português podia ganhar dinheiro e subir na vida, galgando posições de mando. Ponderações como essa, que refogem à mera análise do estilo e entram pelo universo da obra, relacionando-a com o substrato histórico e social de seu tempo, tendem atualmente a encorpar os estudos que se disseminam na universidade, reavaliando os romances, a personalidade e o significado de Aluísio Azevedo.

Confabulações do exílio (Joaquim Nabuco e Oliveira Lima)

Em fevereiro de 1865, talvez desapontado com as fragilidades de "O gigante da Polônia", poema que dedicara ao pai no ano anterior, Joaquim Nabuco reconheceu pela primeira vez, em carta a Machado de Assis, a pobreza de sua vocação poética. Foi quando decidiu deixar "de queimar incenso às musas do Parnaso" e ingressar nas fileiras "dos mais medíocres apóstolos do positivismo e das ciências exatas", gente a seu ver muito mais próxima do seu espírito e junto à qual considerava estar em melhor companhia.[1]

Visto de hoje, tal desencanto não parece descabido, se pensarmos, por exemplo, no destino de "A escravidão", poema de 1869, que ele não teve coragem de publicar; mais ainda se nos lembrarmos da sorte de *Os destinos*, drama que chegou a levar à cena em abril de 1868, mas que depois enfiou na gaveta para nunca mais rever. De resto, bastaria atentar na impostação francesa de um poema como "Escravos!", de 1886, para perceber que, nas mãos de Nabuco, "o círculo demasiado estreito da nossa língua" jamais chegaria aos elementos segundo ele indispensáveis para traduzir aquela "vergonha amarga que escorria do frio assassinato de uma raça irmã", motivo central, como sabemos, de seu inconformismo antiescravista.

Nada disso, entretanto, foi suficiente para afastá-lo da poesia e da literatura, que jamais deixou de frequentar, como leitor e por vezes como crítico, mas sobretudo como historiador e intérprete da cultura, atividades em que passa a ganhar algum destaque já a partir de 1872, quando escreve um estudo sobre "Camões e os Lusíadas", publicado pouco antes da conhecida série de artigos sobre "Castro Alves", saídos no jornal A *Reforma*, dos dias 20, 24 e 27 de abril de 1873.

Curiosamente, é nesse momento que o destino o aproxima de Oliveira Lima, então um jovem de apenas quinze anos, mas já à frente do *Correio do Brasil*, revista que vinha de fundar em Lisboa com Manuel Villas-Boas, pensando talvez em fazer dessa modesta incursão editorial um modo de amenizar a ausência da pátria, de que tanto se ressentia. Jovem demais para conter o arroubo dos juízos apressados, os artigos desse primeiro Lima — saudosos da terra — nem sempre superavam os excessos encomiásticos que a distância agravava.

Pois é um desses arroubos que o aproxima de Joaquim Nabuco no dia 14 de outubro de 1882, quando este último, então correspondente do *Jornal do Commercio* na Inglaterra, decide enviar ao jovem diretor do *Correio* uma nota de gratidão por haver recebido da revista uma singela nota biográfica. É nessa carta, depois de reconhecer a simpática deferência e em particular o privilégio do retrato que a encimava, que Nabuco nos dará a medida do que foram aqueles escritos arrebatados do rapazinho Lima em Portugal. Num primeiro momento, por registrar a surpresa de ter sido "biografado" por "um menino ainda em botão", que desabrochava "encantado pelo sol da pátria". E em seguida por tentar desfazer o tom excessivamente idealizado do artigo, fazendo ver ao rapaz que — bem ao contrário do que as suas notas sugeriam — nada havia de "desterro em sua recente expatriação para Londres". "O meu desterro em Londres não é voluntário", escreve Nabuco, por certo aludindo ao fato de que, mesmo depois de haver lançado com André Rebouças a *Sociedade brasileira contra a escravidão*, não conseguira reeleger-se para o primeiro distrito da Corte. "Se se pode chamar de desterro", acrescenta, "ele me foi imposto por circunstâncias inteiramente alheias à minha vontade", o que nem de longe permitia afirmar — como fazia a revista — que ele estivesse na Europa representando para a escravidão "o papel de Victor Hugo para o Segundo Império nem o de Ruiz Zorrilla para com a monarquia dos Bourbon". Muito ao contrário, esclarecia: estava ali simplesmente tratando de ganhar a vida "como um emigrado que deixara o Brasil por discordar da escravidão que o infestava".[2]

E tinha toda a razão, pois o mesmo espírito de celebração que emoldurava o retrato traçado pelo jovem Oliveira Lima contaminava os textos da revista inteira — quase todos impressões nativistas que transitavam da literatura para a história, da pintura para a música, do passado para o futuro, sem outra mediação que a do olhar nostálgico que celebrava na pátria distante as ressonâncias que o lirismo romântico transportava para a paisagem brasileira.[3] Mas, se para o Nabuco da mocidade, abolicionista militante em trânsito pela Inglaterra — aonde fora conhecer de perto o abolicionismo estrangeiro e filiar-se à *British and Foreign Anti-Slavery Society* —, a poesia e a criação literária não iam além de mera motivação juvenil destinada a diluir-se nos embates superiores da política e da história, a verdade é que desse encontro com o jovem Oliveira Lima ficaram traços que marcariam para sempre a trajetória de ambos.

O primeiro deles é a figuração da pátria ausente, decisiva, como sabemos, na construção do argumento literário dos dois autores: em Nabuco, mesclada à dignidade do Império através da superioridade da aristocracia e dos preceitos civilizados da Coroa enquanto esteios de sua missão literária; em Oliveira Lima, articulada ao sentimento do intelectual arrebatado por um Brasil remoto que ele vai aos poucos refundindo com a formação acadêmica recebida na Escola Superior de Letras de Lisboa. Isto sem mencionar o "sentimento do desterro", para o qual — como veremos — ambos convergirão de um modo quase paralelo: Nabuco, com uma espécie de nostalgia voluntária da exclusão, em que a identidade nacional só se revela sob a retórica dos grandes valores da Europa, no espelho do cosmopolitismo e da civilização; Oliveira Lima, com a figuração intelectual do apego, em que a afirmação do sentimento nacional só ganha sentido se legitimada pelas raízes do universo espiritual português.

Outro aspecto está nos apontamentos literários em que Nabuco dissocia arte e escravismo a pretexto de que, no Brasil, só restava aos poetas — como aliás a "todo brasileiro de coração e de ideal" — viver sob a "condição de proscritos", a mesma que o leva a sugerir ao pintor Pedro Américo, em carta de 10 de novembro de 1882, a criação de uma comissão de belas-artes que, livre dos *diletantes*, pesquisasse os meios mais eficientes para amenizar essa "proscrição do belo" naquele contexto tão desfavorável da vida nacional.[4]

Não é o caso de propor aqui — como já se sugeriu — que tal investida contra o banimento das artes no Brasil daquele tempo, mais que um juízo estético, seja uma espécie de justificativa para o próprio fracasso, visto que Nabuco não reconhecia em si mesmo, como o revelou a Machado de Assis, a menor vocação literária. Recorde-se a propósito que, em *Minha formação*, referindo-se ao livro *L'amour est Dieu*, que publicara em Paris em 1874, chega a afirmar que a sonoridade dos versos e a aparente elevação do lirismo, além de camuflarem tradução malfeita de alguns temas de Renan, estão muito longe da verdadeira poesia, cabendo antes "nos domínios da eloquência". Do mesmo modo que, ao refletir sobre o drama *L'option*, tragédia clássica em metro alexandrino também publicada na França, não hesitará em incluir os efeitos bombásticos do livro, eivado de artifícios e de soluções pomposas, no terreno da retórica e do panfleto, já que não passavam, a seu ver, de "um libelo em hemistíquios, como a *Nêmesis* de Barthélemy".[5]

Mas não é só: ao reconhecer a "insuficiência do próprio talento", Nabuco vai mais longe, ao nos lembrar que o que de fato o excluía da literatura era a sua "falta de coragem para habitar a região solitária dos espíritos criadores", preferindo mesmo, a esse "universo irreal e fantástico, misterioso e terrível",[6] a adversidade concreta das ruas, que o convertiam, aos poucos, no idealista incansável do abolicionismo.

Seja como for, a verdade é que sem a poesia e a cultura literária dificilmente ele teria sido a liderança militante que sempre foi, como o atesta a influência decisiva que terão em seu espírito as prescrições literárias da imaginação romântico-realista e a convivência com os modelos da tradição clássica da Europa, em particular da França e da Inglaterra, em cujas línguas lia e escrevia com perfeição.

Mas se, no caso de Nabuco, é desse núcleo estético que se origina o arcabouço crítico com que a literatura, como veremos, moldará o historiador e o militante, em Oliveira Lima a direção se inverte: são as chaves da tradição e da história que polirão a formação estética do *scholar* e do crítico, educado na melhor expressão das letras portuguesas. Nele, o peso da inversão é tão significativo que presente e passado como que se transmudam numa espécie de epifania irreversível de que nem mesmo as incertezas do futuro parecem escapar.

Para ficarmos num único exemplo da épica colonial, em

que Oliveira Lima situa o *Caramuru* como subproduto de "uma interpretação heroica e sugestiva dos antecedentes do povo brasileiro", notemos que, nesta, ao reservar para o nosso índio a condição de "elemento particular e pinturesco", cuja existência nada acrescenta ao universo da cultura que o revelou, Oliveira Lima como que se recusa a aprofundar as contradições ideológicas da nossa afirmação cultural tais como aparecem no poema de Santa Rita Durão. Como entender de outro modo o valor que ele atribui à previsão do futuro lusitano da colônia, concebida pelo "Filho do Trovão" na cena de homenagem ao rei da França, a ponto de transformá-la num dos "momentos mais altos do poema"? "O Brasil, sire", é o que ali afirma Diogo Álvares Correia, dirigindo-se ao rei, "infunde-me a confiança,/ Que ali renasça o Português Império,/ [...] Tempo virá, se o vaticínio alcança,/ Que o cadente esplendor do nome Hespério [...]/ lhe cinja o Brasil mais nobre louro". E que dizer da ênfase com que exalta a visão de Catarina Álvares (Paraguassu) a bordo da nau que a reconduz da França à sua Bahia, compendiando os gloriosos eventos da nossa história, para com isso harmonizar "a bravura solidária da colônia congregada na defesa de um patrimônio comum que fundia o nativo e o reinol"?

Claude-Henri Frèches, que estudou com critério os escritos franceses de Joaquim Nabuco, considera-o responsável pela introdução da literatura moralista no Brasil moderno, ao ressaltar em sua escrita o elo entre o "instinto" e a "técnica", haurido, a seu ver, em autores como La Rochefoucauld, Pascal, La Bruyère, Vauvenargues e Joubert. Diz-nos Frèches que Émile Faguet chegou a pensar em Nabuco como pseudônimo de algum autor francês disfarçado, tantos eram, no estilo, os "traços inegáveis" de Chateaubriand, Shelley, Renan e Auguste Comte. O próprio

Renan — nos diz o crítico — não hesitou em julgá-lo "um poeta iluminado pela espontaneidade da graça", como o revela a carta em que agradece a Nabuco o envio, em agosto de 1874, de um exemplar da coletânea de versos *L'amour est Dieu*.

É esse contexto que nos permite ver em Nabuco uma sensibilidade profundamente impressionada pelos temas elegíacos do romantismo francês, em particular as meditações sobre o destino dos povos, como no poema "Le siècle et la paix", onde os efeitos dramáticos da tragédia grega como que migram para o cenário da guerra de 1870 ao trazerem para o primeiro plano a ressurreição dos povos vencidos e dilacerados. Além disso, como não ver na rígida estrutura de *L'option* o drama romântico em alexandrinos quebrados à maneira de Hugo e Rostand, em que o jovem Nabuco — segundo Frèches, em dicção wagneriana, mas "cheio de respingos de Corneille, Racine e Musset" — reduz ao duro confronto entre Henri e Hélène todo o peso histórico do embate entre França e Alemanha? Como não ver nesses versos a figuração poética do direito dos povos a disporem de seu próprio destino, em sua luta contra todos os escravismos, numa clara antecipação dos motivos que iluminarão o espírito político e diplomático de nosso autor?

Lembremos que, ao contrário do que ocorre com Oliveira Lima, nasce aí um estilo erudito que, além de separar o nacionalismo exacerbado do *verdadeiro* patriotismo, cultiva o espírito "pensando e escrevendo em francês e inglês" para criticar asperamente os propósitos da literatura nacionalista, sob a convicção de que, nos domínios da arte, o patriotismo "só pode conduzir à mediocridade". Na verdade, para esse Nabuco dos primeiros anos, escrever em francês, mais do que expressar o sentimento de que "sua alma era francesa por afinidade", significava um modo não apenas de afirmar o universalismo do seu espírito, como também de transformar o que escrevia "numa forma de abrir fronteiras". Nas palavras de Carolina Nabuco, filha e biógrafa exemplar do nosso autor, o pai escrevia em francês por ser este o idioma que oferecia a toda a sua geração "o alimento intelectual que a língua natal não podia fornecer", fato que compensava até mesmo as incorreções que o faziam descurar do vernáculo, a ponto de alguns aspectos elementares da sintaxe permanecerem obscuros quando transpostos para a nossa língua. Tais equívocos, segundo ela, eram frequentes, e permaneceriam até mais tarde, mesmo depois de Nabuco haver recuperado sua familiaridade com o vernáculo, o que entretanto não impediu José Veríssimo de afirmar que, nele, "a frase curta, viva, clara não terá o boleio e o acabado castiços" dos grandes autores, ainda que isso não desmereceese o encanto natural da sua escrita.

É assim que, articulada à fisionomia literária de *Pensées détachées et souvenirs*, livro escrito já às portas da velhice, a produção digamos *francesa* de Joaquim Nabuco seguiu mantendo em seu espírito a vocação aristocrática de origem, para a qual — na esteira do poeta Lamartine — o ofício de viver da pena equivalia a "um ato desprezível", que impunha ao escritor a deformação do próprio talento. Daí a recusa de Nabuco em ser tomado por um "industrial das letras", mais interessado na aparência da obra do que em seu conteúdo, para ele afinal a verdadeira instância do compromisso dos livros. Ou seja, ao nos dizer em seu *Pensées* que a alma do escritor "está na linguagem que ele fala", o autor Joaquim Nabuco quer enfatizar sobretudo a consistência dos temas formulados, para ele muito mais relevantes do que a arte com que são construídos. Por isso o empenho em evitar a "moldura das ideias" para destacar a mensagem que elas carregam, pois só assim o universalismo dos valores e o aristocratismo das atitudes superiores compensarão no escritor o esforço supremo de fundir os interesses opostos em aberto confronto. Daí também a sua opção pelo "racionalismo elevado" do espírito clássico como o melhor recurso para "fazer valer a natureza e a razão", pesando sempre e cuidadosamente os prós e os contras, tanto na arte de escrever como, mais tarde, nas intervenções de caráter diplomático.

Foi com esse espírito que decidiu transformar em máximas toda a inspiração literária que ainda lhe restava da mocidade e que, em *Pensées détachées*, nos dá a impressão de resumir-se apenas ao gosto da forma apurada, construída com o cuidado da citação erudita e quase amaneirada, mas que o autor no fundo descarta para ajustar "o jorro das frases de imaginação" à "linguagem inconsciente dos iletrados", de quem contava despertar "a simpatia, a estima e, talvez, a admiração". O exemplo de que se vale para expressar a necessidade dessa comunicação imediata com o público é o do ator João Caetano, que, segundo Nabuco, aprendeu a representar não nos livros ou nos bancos acadêmicos, mas nas trincheiras da guerra Cisplatina, onde fora cadete no Batalhão do Imperador, cujo cenário, mais que a "verdadeira aula do gênio em todas as vocações", se traduziu para ele no mais completo dos aprendizados. "A guerra é um admirável curso de arte dramática" porque — nos diz ele — ali contracenam todos os sentimentos, o do amor e o da morte, "que entre si resumem a tragédia, como resumem a vida e o homem". Sua hipótese é que sem a experiência vivida naqueles combates teria sido impossível a João Caetano exprimir, como exprimiu, as paixões ligadas aos grandes instintos do homem, esculpindo em seu corpo de ator não apenas "a majestade do porte e a beleza máscula e sombria do rosto", mas também "o brilho elétrico do olhar e a mobilidade incomparável da fisionomia", verdadeiros "rugidos da alma" — acrescenta — que tanto marcaram os portadores do romantismo, Magalhães e Porto-Alegre à frente, de cuja aliança intelectual, como sabemos, resultaria a criação do teatro brasileiro.[7]

A vinculação de Joaquim Nabuco com o romantismo ia a

tal ponto que, julgando a literatura de seu tempo "uma literatura sem inspiração", ele costumava louvar nos versos de Sully Prudhomme aquele meio-termo entre o Parnaso e o simbolismo, talvez como forma de compensar o entusiasmo que sempre admirou nos românticos, lastimando a contenção dos autores modernos, em seu temor excessivo de parecer derramados. Não custa lembrar que uma de suas distinções preferidas era justamente a de opor à produção dos poetas novos, que para ele não passavam de ruidosos "pássaros mecânicos e artificiais", o voo vertiginoso dos vates de 1830, que "cantavam a liberdade dos homens" com inspiração e grandeza.[8]

Em Nabuco, de fato, a força do lirismo vinha dessa "faculdade poética da imaginação *dechainée*", tão decantada em *Pensées détachées* como forma de celebrar a verdade da concepção antiga no coração da poesia.[9] Tal sentimento, que para Dante Milano materializava uma espécie de "diálogo entre o homem e sua sombra", ilumina de brilho áurico as diversas entradas que avivam em seu *Diário* as relações mais fundas do sentimento lírico com o universo da literatura. Anotando através delas o curso de literatura do cônego Fernandes Pinheiro, por exemplo, ao dar com o exórdio do "Sermão de São Pedro de Alcântara", de Mont'Alverne, em particular com a descrição que dele faz a eloquência de Araújo Porto-Alegre, Nabuco não hesita em afirmar que, se tivesse um dia de reunir as páginas de ouro de tudo quanto lera em sua vida, certamente as transcreveria na pureza incomparável da medida velha, fonte permanente, para ele, da mais pura emoção literária. "Aquela é a medida exata da sonoridade da nossa língua para mim, e a última perfeição dela", ele explica, justificando a sua impressão de que não houve no Brasil "nada maior do que o grupo dos pregadores daquele tempo".[10]

No entanto, se são muitas no *Diário* as manifestações estéticas de Nabuco em favor do estilo antigo, o que ressalta é a constância com que elas se alternam à profissão de fé pelas letras francesas. Assim, se em janeiro de 1874 ele se desvanece com a afetuosidade de George Sand, a quem visitou uma tarde em Nohant para conversar de teatro e celebrar a inteligência de Renan; se em junho de 1877 relembra a visita de Pedro II ao poeta Victor Hugo; se em 1889 confessa a Campos Sales uma paixão incontida pela poética de Chateaubriand, a verdade é que o contraponto está nas cartas de Cícero (a Sulpício Rufo, a Lêntulo), nas indagações sobre a morte e nas angústias da alma, que lhe escorrem das imagens do *Paraíso perdido*, assim como das ressonâncias mitológicas da Grécia antiga que "reviveu" pessoalmente nas paisagens da costa da Sicília naquela quadra em que, já às portas da velhice, não tinha mais de cor os versos de *Os lusíadas* (companheiros diletos pela vida afora) que lutava por trazer à memória a minuto dos seus dias, como nos confessa na entrada de 25 de novembro de 1906.

"O que seriam os poetas, os escritores mesmo, sem os mitos, a lenda, a história?", indaga em 11 de fevereiro de 1901, pensando no "gênio" poético de Chateaubriand, para ele o criador das fontes em que bebiam todos os talentos.[11] Quanta diferença estas reflexões lhe sugerem quando comparadas à literatura de seu tempo, em que as páginas de um livro como *Os sertões*, por exemplo, cujo "imenso cipoal [...], dos mais rijos e dos mais enroscados", caberia a seu ver em poucas páginas se "arranjado por outro, ou de outra forma".[12]

É esse o horizonte literário de um homem capaz de, na solidão do gabinete, sucumbir a "um ataque de tristeza à Chateaubriand", ofuscado pela escuridão do *fog* de Petrópolis numa tarde de novembro de 1904, quando, após o almoço, se preparava para ler uma carta de Cícero a Lêntulo, como se desfrutasse da abastança de "um festim real". É aliás como um estranho no território das letras que ele se diz "forçado a viver ausente" de seus prodígios.

> Cada vez que escrevo [anota em 8 de outubro de 1905], posso dizer que firo uma mina, um olho-d'água, mas não tenho tempo para o fazer, nem para adquirir o material, preparar o cenário, os personagens, que me permitiriam com tempo e aplicação criar uma obra, talvez um poema em prosa no gênero dos *Mártires* [*do cristianismo*, de René Chateaubriand].

O interessante é que, se pensarmos no caso de Oliveira Lima, veremos que a busca da identidade perdida — nascido no Brasil, ele cumprirá toda a formação intelectual em Lisboa — tampouco se ajustou aos apelos nativos da brasilidade que, como Nabuco, ele sempre buscou enaltecer. Em fevereiro de 1885, numa breve resenha do romance *O holocausto*, de Pedro Américo, por exemplo, afora a saudação ao escritor "que maneja tão bem a pena quanto o pincel",[13] não é, paradoxalmente, a tópica local que lhe merece destaque, mas sim a elegância da *língua castiça* escoimada dos termos indígenas, que Lima só admite quando devidamente adaptados à pureza vernácula do enunciado. Tanto assim que, num artigo sobre Joaquim Manuel de Macedo estampado no *Correio do Brasil* em março do mesmo ano, a combinação entre a limpeza do estilo e a singularidade dos temas localistas entra não apenas como instância legitimadora da nossa "dignidade literária" frente ao "areópago europeu",[14] como também faz de Macedo — que o crítico considera o verdadeiro fundador do romance brasileiro — um narrador do *in medio est virtus* cuja linguagem singela e despretensiosa é compensada pela descrição dos costumes da terra (a benção do engenho, a primeira moagem, a noite de São João) que tanto evocavam, no crítico, a saudade da infância em Pernambuco no contato com as páginas de romances como *Vicentina* ou *O forasteiro*.[15] É dessa tradição — nos diz Oliveira Lima — que vinha o "superior critério" com que Macedo se alçava "entre aqueles homens que traziam no peito a realização intelectual de seu país", como o demonstrou tanto no romance como no teatro, gêneros em que o autor de *A moreninha* pôde, segundo Lima, fundir o espírito nacional ao espírito da raça-mãe.

Lembremos que no jovem que assim escreve — lastimando, aliás, que Macedo se afastasse dos preceitos do *Manual de literatura*, de Teófilo Braga, no passo em que este recomenda a necessidade de desenvolver a erudição como forma de superar transitoriedade do romance histórico —, a preocupação com o gênio nacional, a revalorização do conceito de raça e o empenho por uma linha interpretativa que mesclasse a tradição lusitana da forma culta com o entusiasmo pelos valores da pátria independente na verdade repercutem como um primeiro ensaio na definição política de Oliveira Lima.

Mais tarde, já na carreira diplomática como primeiro-secretário da legação brasileira em Washington, sob as ordens de Salvador de Mendonça, e tendo acabado de publicar, além dos *Aspectos da literatura colonial brasileira*, uma série de artigos que apareceram na *Nouvelle Revue* sob o título de *Sept ans de République au Brésil*, discordará de Nabuco em relação aos acontecimentos que se seguiram à deposição de Pedro II. É do próprio Nabuco, em carta de 28 de novembro de 1896, a impressão de um Oliveira Lima cheio de esperanças no regime que se instalara no Brasil em novembro de 1889. "Infelizmente", escreve então ao ex-crítico do *Correio do Brasil*, "o seu espírito sofre do mal oposto ao que me atacou, o seu otimismo é tão doentio como o meu pessimismo, ainda que a sua doença seja mais alegre e divertida do que a minha." É que, naquela altura, a República significava para Nabuco uma espécie de *anuência nacional* pronta a precipitar o país na irremediável decadência das demais repúblicas latino-americanas, coisa contra a qual só a monarquia, de que era um dos paladinos ilustres, poderia, a seu ver, oferecer uma solução consistente.

O reparo de Nabuco vinha como resposta tardia ao tom restritivo com que, anos antes, Oliveira Lima comentara pelas páginas do *Correio do Brasil* o livro *O abolicionismo*, que o autor de *Minha formação* publicara em Londres, em 1883. Naquele texto, apesar de reconhecer em Nabuco o estilo simples e enérgico que o consagraria, o crítico considerava que o ardor ideológico impedia o autor de perceber a verdade, levando-o a alguns exageros incontornáveis, como por exemplo o de afirmar que a Igreja brasileira nada fizera em favor da Abolição ou mesmo que a Lei Rio Branco revelava defeitos e pouco espírito humanitário, quando de fato — contra-argumenta — se tratava de um diploma sincero e verdadeiramente abolicionista, na real significação da palavra.[16]

Na recensão, que aliás se estendeu para o número seguinte da revista, Oliveira Lima vai ao ponto de contestar os "sérios problemas" que, segundo Nabuco, a Abolição teria acarretado ao país, ao fechar "as avenidas da indústria, do comércio, das ciências e das letras". Para demonstrar o contrário, observa que a Abolição exerceu uma influência muito reduzida sobre aqueles "que cultivavam a inteligência e amavam o estudo", coisa fácil de constatar ante o avanço, a seu ver incontestável, do moderno movimento científico e literário brasileiro daquele período, que Lima considerava superior ao de muitíssimas nações em que a liberdade já estava há muito entronizada. Bastaria registrar — assinala — que "todos os dias se acham notáveis trabalhos sobre anatomia, jurisprudência, direito político, história sob o ponto de vista moderno, filosofia, geografia, linguística etc.".[17]

O que nos interessa destacar aqui, entre outros aspectos que

84

retornarão mais à frente, é que essa controvérsia isolada entre o então editor do *Correio do Brasil* e o célebre monarquista exilado na Europa na verdade representa, para a trajetória de Oliveira Lima, uma espécie de revelação premonitória que a resposta retardada de Nabuco viria agora confirmar. Num primeiro momento, pela transformação das convicções políticas em jogo, que acabarão depois se invertendo: Nabuco passando-se para as hostes republicanas, cujo regime defenderá com brilho na esfera internacional e em particular nos Estados Unidos, onde seria inclusive nosso primeiro embaixador; Oliveira Lima convertendo-se aos quadros da Monarquia, em razão da qual acabaria indispondo-se com o governo republicano, que passará por cima de sua inestimável contribuição diplomática e o abandonará à própria sorte, até a decisão de exilar-se nos Estados Unidos, onde passará o resto da vida e acabará sepultado.

Outro aspecto importante é que, entre ambos, a figura do barão do Rio Branco exercerá um papel decisivo. Criticado agora por Nabuco, estará depois a seu lado na questão do arbitramento dos limites entre o Brasil e a Guiana Inglesa, quando o presidente Campos Sales convence Nabuco a colaborar com a República e a representar o governo brasileiro naquele pleito, abrindo-lhe o caminho para o cargo de ministro do Brasil na Inglaterra e posteriormente chefe de embaixada nos Estados Unidos. Na outra ponta, muito elogiado por Oliveira Lima, que via nele uma voz libertária em favor dos escravos, certamente louvado na ação combativa que o barão desempenhara nos anos 1870 à frente do jornal abolicionista *A Nação*, Rio Branco se converterá no principal responsável pelo final melancólico da carreira diplomática do nosso crítico.

A esse respeito, há um depoimento eloquente de dona Flora de Oliveira Lima, em carta de 14 de novembro de 1910, postada em Bruxelas e dirigida a suas "muito prezadas amigas e correligionárias" do Recife,[18] na qual revela que os "duros golpes" contra o marido vinham justamente do Itamaraty e do próprio Rio Branco, cujo fito — não hesita em afirmar — "era apenas o de inutilizar o Lima para a sonhada embaixada de Londres, recorrendo para isso a todo tipo de artimanhas, inclusive a de sugerir ou mesmo ditar a alguns de seus fâmulos — um Moniz de Aragão, um Silvino do Amaral Gurgel", ela destaca — os *artigos aleivosos* que fazia divulgar pela imprensa.

Mais importante, no caso, entretanto, é o papel das influências que essa conversão ideológica acabou determinando na definição do pensamento estético e político de Oliveira Lima. Sob este aspecto, o perfil conservador de Nabuco, mudando de mão, parece ter-se enraizado na concepção tradicional de cultura de Oliveira Lima, na sua visão lusocêntrica e mais comprometida com a integração das nossas raízes, no seu modo de conceber o Brasil como a expressão de um universo portentoso mas sem qualquer afirmação espiritual para além dos valores da civilização portuguesa.

Basta lembrar, a propósito, como repercutem em Oliveira Lima os antigos ideais que o Nabuco monarquista andou disseminando em sua pregação em prol do regime imperial. Num primeiro plano está a crença na identidade política que consagrava a coesão espiritual dos dois povos e que aparece formulada no discurso de inauguração[19] do novo edifício do Gabinete Português de Leitura do Rio de Janeiro, em 22 de dezembro de 1888, quando Nabuco, depois de considerar os portugueses mais "pró-brasileiros" do que os brasileiros e de terem "mais confiança em nós do que nós mesmos", sustenta que, "além do pequeno Portugal europeu, existe um imenso Portugal americano" que o dia infalível de uma nova Restauração fatalmente juntará ao Brasil numa só nacionalidade, sob a identidade de uma só língua.

Do mesmo Nabuco virá a senha para a recusa da *mutilação*

definitiva com que a *intelligentsia* republicana decidiu reduzir a história nacional a apenas três nomes (Tiradentes, José Bonifácio e Benjamin Constant), ao fazer datar as suas tradições somente da Independência e assim deixar de fora o espaço de mais de meio século correspondente ao reinado de Pedro ii, bem como os três séculos da nossa história colonial, sobre os quais, aliás, repousa grande parte do mérito da contribuição historiográfica de Oliveira Lima.

A rigor, para quem lê os primeiros estudos de Oliveira Lima sobre língua, literatura e cultura no Brasil, ou mesmo as notas com que se empenhou por traçar a evolução da nossa literatura no curso do tempo, salta aos olhos a afinidade com as marcas do espírito europeu que irradiavam dos escritos de Joaquim Nabuco.[20] Em Oliveira Lima, como em Nabuco, predomina por exemplo a convicção de que a vocação europeia é um corolário da falta de fundo histórico ou de perspectiva humana na afirmação da nossa fisionomia enquanto povo. Daí que persistam nele, como veremos, as mesmas incertezas de Nabuco ante o fracasso a que considerava inevitavelmente expostas, no Novo Mundo, tanto a imaginação estética quanto a imaginação histórica, valendo para ambas, em qualquer caso, a constatação de que, neste lado do Atlântico, o espírito humano se sente distanciado de suas reminiscências e associações de ideias, "como se o passado da raça humana se lhe tivesse apagado da lembrança e ele devesse balbuciar de novo, soletrar outra vez, como criança, tudo o que aprendeu sob o céu da Ática".[21]

Num segundo momento, o perfil aristocrático que nutria a admiração intelectual do jovem biógrafo do *Correio do Brasil* pela figura de Joaquim Nabuco é o mesmo que, em trabalho recente, a historiadora Teresa Malatian rastreou nas *Memórias* de Oliveira Lima, revelando de modo cabal como estas articulam um relato autobiográfico demarcador de competências que harmonizam o prestígio da oligarquia açucareira, o cosmopolitismo do europeu civilizado e o saber do intelectual da Metrópole enquanto predicados que o qualificavam para o exercício da carreira diplomática a que então se destinava.[22]

Outra coisa é que, a exemplo de Oliveira Lima, Joaquim Nabuco aborrecia o estilo inovador da literatura de seu tempo. Num elogio às *Odes e elegias* de Carlos Magalhães de Azeredo, ele faz questão de marcar essa discordância, ao dizer ao próprio Azeredo, em carta de 26 de outubro de 1904, que o novo metro perturbava de tal forma "os nossos hábitos da prosa e da poesia" que era tarde demais para mudá-los.[23] Assim como para o autor de *D. João VI no Brasil*, o veio da tradição lusitana iluminado por Camões também representava, para Nabuco, o núcleo mais expressivo da afirmação das nossas letras. Conforme anuncia em conferência sobre "O lugar de Camões na literatura", proferida na Universidade Yale em 14 de maio de 1908, Nabuco atribui a *Os lusíadas* o papel histórico de haver sido "um toque de reunir para a nacionalidade", em torno da qual se erige um legítimo "santuário" da nação portuguesa, ao "construir entre as duas raças da península Ibérica uma fronteira intelectual, como a que o *Dom Quixote* poderia ter levantado em favor da Espanha, se esta fosse a nação dominada".[24]

Mas não é só. A essa liga da tradição ibérica, que Camões converteria num "farol de conduta, acima de qualquer poema épico dos puramente literários", Nabuco ainda acrescenta as quatro grandes paixões da alma lusitana (Pátria, Amor, Poesia, Ação) de onde nasce "o verdadeiro evangelho do que é o espírito americano", síntese, segundo ele, da nossa vocação nacional.[25] Quer dizer: poetização incomparável do "sentimento predominante da raça", que é a saudade, essa "hera do coração", entranhada em suas próprias ruínas,[26] magnetiza a própria conservação da memória da raça, fecundada pela "poética da imigração e do heroísmo" com a descoberta do Novo Mundo. O dado a ressaltar é que, em seu conjunto, essa retomada das fontes camonianas culmina com a fundação da Academia Brasileira de Letras, época em que Joaquim Nabuco, em companhia do próprio Oliveira Lima, pôde demonstrar mais de uma vez o seu apego intelectual aos protocolos das convenções letradas da Metrópole.

Foi assim, por exemplo, na celebração do terceiro centenário da morte de Luís de Camões, promovida pelo Gabinete Português de Leitura do Rio de Janeiro, em 10 de junho de 1880, quando lhe coube o discurso de abertura da solenidade. Naquela ocasião, depois de considerar a celebração "uma festa em família" por haver sido o Brasil uma colônia "que se manteve portuguesa pela força de suas armas", Nabuco afirma que "*Os lusíadas* nos pertence também um pouco", ante o fato de que o Brasil está no centro do conjunto histórico do poema, figurando mesmo, ao lado dele, como "as duas maiores obras de Portugal". Daí afirmar a nossa gratidão para com a nação portuguesa, da qual passa inclusive a reclamar ele próprio "a sua parte", ao confessar — "sem deixar de ser sincero" — que naquela noite ele era também um português a estender a Portugal o próprio orgulho que sentia da pátria. [27]

O agradecimento será renovado em 1888, quando, discursando na inauguração do novo prédio do Gabinete em 22 de dezembro daquele ano, depois de alçar o edifício à condição de "monumento levantado à missão histórica da nacionalidade", Nabuco o legitima como "um padrão de posse nacional" com todo o direito de reclamar para si "o domínio da língua portuguesa no Brasil em nome de Luís de Camões".[28] E é como um intelectual que prefere em tudo — na arte, na política, na religião — "ligar-se ao passado, que ameaça ruína, do que (sic) ao futuro, que ainda não tem forma", que ele se junta ao patrimônio espiritual português para compensar a antiguidade que nos falta, cumprindo o dever acadêmico de "escolher os nossos antepassados".[29]

Não que coubesse à Academia Brasileira revitalizar o prestígio da tradição, "matando no artista o patriota". Através dela, define-se antes o que ele chama de "princípio literário vital", uma espécie de energia cívica que fundamenta as responsabilidades do escritor, assim como os deveres de sua inteligência, à busca da "superior da perfeição". Mas se, para ele, a literatura brasileira deve sair "principalmente do nosso fundo europeu", isso não significa que devemos nos "desenvolver literariamente" no mesmo sentido que Portugal, "ou conjuntamente, em tudo que não depende do gênio da língua".[30] Ao contrário, significa tão somente que o gênio da língua inspira a magia da nossa submissão ao cerne da cultura que nos fundou, frente ao reconhecimento de que "eles são os donos das fontes" e nós apenas os beneficiários cujas fontes "empobrecem mais depressa, e que é preciso renová-las indo a eles".

A grande consequência disso é que, nos termos de Joaquim Nabuco, sendo a raça portuguesa "uma raça pura, ela tem muito maior resistência e guarda melhor o seu idioma", decorrendo daí o nosso compromisso com essa uniformidade da língua. E se é bem verdade que ele não submete o destino da nossa literatura à trajetória das letras portuguesas ("Portugal e Brasil têm destinos literários tão profundamente divididos como são os seus destinos nacionais"), é importante não esquecer que, para Nabuco, a questão da uniformidade da língua impõe aos nossos escritores o dever de evitar a deformação da expressão vernácula, empenhando-se ardorosamente para "secundar o esforço e acompanhar os trabalhos dos que se consagraram em Portugal à pureza do nosso idioma, à conservação de suas formas genuínas características, lapidárias, da sua grande época".

Tal compromisso, que investe a Academia Brasileira de Letras na função de guardiã da integridade estilística da língua de Camões, se de um lado remete à vassalagem do idioma, que deverá se manter perpetuamente *pro indiviso*,[31] afirma, de outro, os horizontes da nossa autonomia literária, ao declarar a nossa condição política de "nação que tem o seu destino e o seu caráter distinto", e que só pode desenvolver sua originalidade empregando os seus próprios recursos.[32]

Mas isso não abranda a veemência com que Joaquim Nabuco se recusava, por exemplo, a concordar com os que pretendiam "reduzir a história do Brasil aos nomes de Tiradentes, José Bonifácio e Benjamin Constant", fazendo com que o país datasse as suas tradições somente da Independência e atribuindo, assim, "à história portuguesa, antes que à brasileira, como se não existíssemos, a glória, os esforços de quantos lutaram para povoar, criar, consertar esta nossa nacionalidade durante os seus três primeiros séculos". E sabemos o quanto — a exemplo de Oliveira Lima — o alcance dessa discordância exprime a lealdade a d. Pedro II, ao afirmar que a presença do imperador à frente dos nossos destinos representou "o apogeu do Brasil português", justamente aquele Brasil da "primitiva colonização", visceralmente ligado aos melhores veios da tradição lusitana, composto, segundo ele, "dos mesmos elementos de raça, religião, costumes, sentimentos e ideal que no tempo da Independência".[33]

É esse espírito que o aproxima do pensamento de Oliveira Lima, um crítico sempre reticente em face dos escritores que se afastassem desses sentimentos, tanto no plano da ideologia e da cultura quanto no plano estritamente literário. Um bom exemplo nos oferece o próprio Nabuco ao apontar em Pereira da Silva — como fez Oliveira Lima — a ausência de um estilo forte de inflexão vernácula, próprio de quem, como Silva, "não faz escolha nem de ideais nem de expressões", deixando ver em suas páginas um tal "indiferentismo pela forma" que não apenas o impediu de tê-la e de exprimir-se como um verdadeiro literato, como o acabou transformando num mero "desenrolador de fatos".

Se é assim na defesa dos padrões tradicionais da linguagem, tanto mais o será na defesa dos valores históricos que ela representa. A tal ponto que as virtudes enumeradas por Nabuco na obra de Pereira da Silva parecem tiradas do decálogo hermenêutico de Oliveira Lima: a presença fundante da prosa de d. Francisco Manuel de Melo e do padre Vieira; a força expressiva com que enfatiza, em quadros exuberantes, a corte de d. Maria I, a revelar em Pereira da Silva, o homem de gosto, de espírito "e de tanta imaginação quanto é preciso", mesmo mostrando-se apenas como um prurido, "e não como ambição literária", o que, para Nabuco, em nada compromete o autor em sua "prevenção contra esses a quem chamou de escritores excelentes e maus historiadores. E, no melhor estilo de Oliveira Lima, conclui dizendo que a escolha de Pereira da Silva tenha sido a melhor:

> Se ele não é procurado pelo homem de letras, que se deleita em uma forte página, em um traço profundo e iluminado, como o deu um Burckhardt, é um companheiro útil para quem quer travar conhecimento com o nosso passado, [como] um *cicerone* hábil.[34]

Olhando em conjunto a historiografia literária e a obra crítica de Oliveira Lima, não há como evitar a impressão de calculada distância que, como a de Joaquim Nabuco, marcou a trajetória do homem e a ação do intelectual e diplomata, que preferiu a Europa, e depois o exílio, à convivência irrestrita com o mundo que ajudou a construir sem jamais considerar-se parte de nossa própria realidade. Se como cônsul e homem de cultura não elegeu o Brasil, a exemplo de Nabuco, como porto de chegada e lugar de concretização pessoal da própria existência, como crítico passou ao largo de seus conterrâneos, lendo-os e não aprovando, confirmando-os e se afastando, como se as questões que compartilhavam os amoldassem em tempos e lugares diferentes em que só coubesse a precedência de seu próprio espírito.

É verdade que foi dos primeiros a divulgar na Europa os grandes nomes de escritores brasileiros de seu tempo, e não se pode dizer que foi sem importância o papel que desempenhou na organização da nossa vida acadêmica. Mas o que reconhecia em Machado de Assis ou em Euclides da Cunha, aos árcades mineiros ou a José de Alencar, por exemplo, está muito aquém do que eles representavam para a configuração interna de uma nova expressão no âmbito da tradição que se formava. Sob esse aspecto, não se pode dizer que a sua leitura não os tenha deslocado, e que suas interpretações, mesmo quando laudatórias, não os tenham projetado num quadro estranho às circunstâncias em que surgiram. Afinal, se Machado de Assis só foi grande porque passou por Almeida Garrett — como nos diz no largo escrito que dedicou ao autor do *Quincas Borba* —, ou se os *excessos indianistas* de José de Alencar deviam parte de seu fracasso à busca injustificada de uma linguagem nativa que afrontava a tradição secular de suas fontes, como não excluir os critérios do crítico de um entendimento mais fundo com a realidade de que tratava?

Não é que Oliveira Lima visse a literatura brasileira apenas como um apêndice expressivo das letras e da cultura portuguesa, nas quais cultivou o próprio espírito, como intelectual e como homem. O fato decisivo é que a via e interpretava de fora ou, mais propriamente, de cima, no cume de um arcabouço dogmático que fundia o presente num passado de glórias e conquistas que acreditava repercutir em nosso mundo como verdadeira instância de sagração e grandeza, a única, a rigor, a responder por nossa integridade cultural junto aos povos civilizados. Se assim se exprime em sua obra de historiador, como crítico e pesquisador literário acompanhou de perto os passos de gente como Capistrano de Abreu e Sílvio Romero, com quem aparentemente discordava, mas sem deixar de considerar os princípios que davam rumo ao conjunto de seus trabalhos.

Como em Capistrano de Abreu, por exemplo, sua teoria da literatura brasileira não deixa de se valer das regras do determinismo de Taine e do selecionismo de Buckle, ainda que matizadas e muitas vezes denegadas quando se tratava de exprimir a modernidade da discordância. Como o autor dos *Capítulos de história colonial*, por exemplo, não deixa de associar à aridez do meio inculto o "caráter desfibrado" da mestiçagem, grande responsável, segundo ele, pelo abastardamento da língua e a desfiguração da cultura, presentes — como vimos — em vários dos estudos literários que comentamos neste trabalho. Tanto que chegou ao ponto de assegurar, como na célebre conferência que proferiu na Sorbonne, o fatal e progressivo desaparecimento do negro no espectro etnográfico brasileiro, extensamente recoberto, e em poucas décadas, segundo previa, por ampla maioria de brancos.

Mesmo levando em conta que essa descrença na gente dos trópicos é imposta pela ciência da época e, como sabemos, tributária de homens como Euclides da Cunha, Oliveira Viana, José Veríssimo e o próprio Sílvio Romero, no caso de Oliveira Lima ela ganha importância por aproximar, mesmo que em intensidade e metodologia diversas, o olhar do historiador ao sentimento do crítico. Se é verdade que não se aplicam a ele, na mesma proporção, o dogmatismo positivista e o determinismo hermenêutico de Capistrano de Abreu, o fato é que em Oliveira Lima a imaginação do historiador não se livra do ceticismo europeu que, mesmo louvando a coragem e a bravura do homem nativo, não deixa de celebrar nele, como no caso da Revolução Pernambucana de 1817, a adesão à alma portuguesa, a que se une para expulsar do Brasil o invasor estrangeiro.

Ou seja, do mesmo modo que, no plano dos fatos, o historiador dificilmente concebe a materialização definitiva da ruptura entre as aspirações do Brasil e as instituições consagradas de suas raízes, no plano da literatura só têm acesso ao panteão de seus letrados os escritores que aqui poliam a riqueza de "um patrimônio linguístico e cultural que lhes chegou depurado pelo conhecimento dos séculos". Lembremos que se, no primeiro plano, a atitude de Oliveira Lima não está longe da aversão de Capistrano pela rebelião do Tiradentes ou mesmo pelos jacobinos da insurreição de 1817, que ele fundiu numa única frente de conquista — no segundo, como já vimos, não foram poucos em sua crítica os movimentos de contenção literária para soldar as fissuras incrustadas nas sátiras dos árcades, nas metáforas dos românticos e na mistura de alguns gêneros pré-modernos, visto que — mesmo colaborando na imprensa de São Paulo por ocasião da Semana — não se interessou em travar contato com as transgressões do modernismo.

Como crítico, portanto, não se pode dizer que se manteve neutro em face das obras, dos autores e das ideias que examinava; e nem mesmo cabe dizer que viu com simpatia os acontecimentos e os produtos culturais que circulavam no espaço intelectual ou político que lhe fossem adversos, pois, quando rompia ou se decepcionava com alguém ou alguma coisa, afastava-se para sempre, ficando célebres, em sua trajetória, as rusgas que o acabaram separando de antigos amigos, como Rui Barbosa, o barão do Rio Branco e o próprio Nabuco. De seu método crítico, tampouco se poderá afirmar — como de Sílvio Romero, por exemplo — que se tenha baseado em conceitos gerais e vastos panoramas teóricos desligados do texto ou de seu processo de criação. Não que Oliveira Lima fosse um leitor de estruturas poéticas ou de mergulhos profundos no arranjo escrito das narrativas. Longe disso. Mas é que nele, tão próximo dos apelos por vezes incontornáveis da Escola do Recife, a vocação para a pesquisa histórica das fontes e dos documentos, decisiva no avanço da historiografia do período, trouxe para a sua crítica literária certos movimentos de leitura marcados pelo gosto estético da obra, pelo repertório abrangente de seu contexto crítico e filológico, assim como uma maneira refinada no modo de expressá-los, como que fundindo o cosmopolitismo do diplomata à inegável vocação para as expansões intelectuais em torno das coisas da cultura e do espírito. Isso faz que, no conjunto de sua crítica, não nos impressione tanto a originalidade de seus juízos ou mesmo as razões de suas discordâncias, mas a forma com que são expostas e o modo como — sem romper com as direções do pensamento dominante — suspende-lhes a notação e o alcance, para considerá-las sob o ângulo de uma hipótese pessoal que só as aproveita como traço menor de uma causalidade anterior que as transcende e determina.

Se não incorre, nesse movimento, nos exageros tão decantados de Sílvio Romero em relação a autores de valor indiscutível como Castro Alves e Machado de Assis, por exemplo, não deixa de reconhecer o peso determinista da mestiçagem, cujos processos — sem prejuízo da expressão do nativismo brasileiro — foi dos primeiros a tentar descaracterizar quando *previu* o desaparecimento inelutável do negro no quadro social brasileiro. Por outro lado, se é verdade que não orientou, como Romero, as suas análises pelos princípios evolucionistas, tampouco deixou de assinalar claramente até que ponto a natureza da crítica era de configuração genética ou formalista, dado que, nele, o exercício da crítica harmoniza as influências do meio e da cultura com ligeiras notações formais no âmbito da retórica e do estilo.

Mas é inegável que se valeu muito do espírito crítico de Sílvio Romero, assim como, a exemplo deste, rechaçou os excessos do subjetivismo e do indianismo românticos em nome de vínculos incontornáveis com o substrato estético-literário de suas fontes. É preciso, no entanto, ressaltar que não reconheceu a força com que Sílvio Romero ampliou a sua interpretação etnológica da nossa cultura, ao concentrar no mestiço — como disse Antonio Candido — o agente transformador por excelência na definição de uma identidade própria para as criações populares em todo o Brasil; do mesmo modo que esteve longe de considerar a contribuição inovadora do negro que, com a obra de Sílvio Romero, se converteu num fator decisivo não apenas do plano da etnia, mas também do plano social e no de suas inserções na cultura, onde se mostrou inferior apenas às influências dos próprios portugueses.

Outra coisa é que, se em Oliveira Lima não mais prevalecem os critérios de análise unicamente voltados para a leitura dos temperamentos e a pesquisa da faculdade dominante, o interesse de sua crítica não excluiu de todo a causalidade dos fatores hereditários e materiais, que mesclava com erudição e paciência aos recursos de imaginação e sensibilidade buscados nos textos. Para Oliveira Lima a sistematização da nossa cultura, mais que a fundamentação teleológica de seus fundamentos, decorre da vinculação histórico-genética da sua natureza e de suas formas de expressão. Contra o pensamento de Sílvio Romero, no geral incisivo quanto à incapacidade científico-cultural em nosso meio, o grande argumento de Oliveira Lima é justamente o da grandeza espiritual das nossas raízes, capazes por si só de lastrear a qualidade e por vezes a mestria dos escritores locais. Assim, se para Romero, por não sermos um povo de alta cultura, nos faltavam condições ideais no plano da arte, da ciência, da filosofia e das letras, para Oliveira Lima a verdadeira expressão dessa cultura — por inerente ao espírito superior da matriz europeia que a formou — será tanto maior e mais expressiva quanto mais estreitos forem os laços que vier a aprimorar no exercício de suas fontes superiores.

Por esse lado é que se confirma em seu espírito a afinidade com o antigo mestre Teófilo Braga, nas aulas longínquas da velha Escola Superior de Letras, de Lisboa, quando conheceu e guardou para si, em toda sua extensão, a certeza de que — como ensinava o mestre em sua *Teoria da história da literatura portuguesa*, de 1872 — eram as virtudes da raça e da tradição que ditavam a grandeza de uma cultura e a superioridade de um povo. Isso explica, na teoria crítica do discípulo, a força do passado e a de suas origens, bem como a certeza de que cada escritor será julgado segundo a intuição que teve das fontes tradicionais de que se nutriu e em que se formou.

É verdade que, por outro lado — mais sensível ao tecido artístico das obras, em geral estudadas a partir do contexto europeu que lhes servia de esquadro —, a crítica de Oliveira Lima está mais próxima do ecletismo de um crítico como Araripe Júnior, por exemplo, tanto pela baliza dos preceitos clássicos (Aristóteles, Horácio ou Quintiliano) quanto pelo contato com a crítica e a arte de seu tempo, critérios que o fazem oscilar entre a ênfase na construção de um perfil literário e o destaque ao espaço material e ideológico que o determina. Desse modo, ao alinhar tais dissonâncias, muitas vezes associa um nacionalismo marcado de fluida brasilidade a um cosmopolitismo fora de contexto que acaba anulando a expectativa nativista de origem, para revesti-la de uma verdade que em geral não emerge da obra, mas da convenção literária de onde o crítico a interpreta.

Daí decorre a imponderabilidade de seus juízos, instáveis e quase sempre incompletos quando se leva em conta a permanência inalterada do foco de análise frente à oscilação dos critérios de leitura. Assim, por exemplo, se em Araripe Júnior, como mostrou Alfredo Bosi, a análise da capacidade de intuição e de invenção vem quase sempre misturada aos *princípios* inspirados em Spencer, Buckle ou Taine, tal atitude não impediu o crítico do *Movimento de 1893* de estudar as questões de estrutura literária quando, comentando por exemplo a tradução de A *divina comédia* pelo Barão da Vila da Barra, Francisco Bonifácio de Abreu, soube reconhecer o valor da substituição da *terza rima* pelo verso solto, revelando-nos ali como os muitos desvios e infidelidades em relação ao texto eram compensados pela clareza e pela frase correntia. Já Oliveira Lima, quando se utiliza da análise formal, o faz em grande parte para sobrepor o modelo europeu aos nossos modelos, como se percebe na análise em que, por exemplo, excluiu a natureza brasileira da obra de um autor como Machado de Assis, por não considerá-lo esteticamente vinculado aos processos literários que por aqui se desenvolviam.

É verdade que a alma do historiador, que em grande parte adensa o núcleo disperso da interpretação literária, muitas vezes contribui para fixar uma espécie de retrato ilustrado cheio de pontos expressivos para uma interpretação original. Isso sobretudo quando estuda as configurações da paisagem arcádica na moldura estética do velho quinhentismo, ou mesmo quando envereda pela interpretação da alma romântica dissociada do indianismo, para não falar aqui dos retratos regionalistas e do vasto painel com que organiza o panteão acadêmico onde se concentra, a seu ver, o *escol* da literatura brasileira.

Essa intenção estético-cultural, ao mesmo tempo em que se pretende próxima da visão humanística de um crítico como José Veríssimo, por exemplo, chega por vezes — como no autor da *História de literatura brasileira* — a considerar como literário apenas o texto escrito com artifícios de invenção e de composição. Com a diferença entretanto de que se, para Veríssimo, o trabalho do crítico é o deslinde dos elementos da obra com vistas a compreender as bases escritas da emoção e do prazer do belo, em Oliveira Lima o objetivo é, em geral, o do comentário descritivo a partir dos critérios convencionais da crítica retórica, temperados pela ilustração histórico-social do quadro mais amplo das referências aos dados materiais que cercam o tema, as causas, a autoria e em particular as influências.

Longe da intenção estética que em Veríssimo parece definir os autores que "integram o melhor das nossas letras", os critérios de Oliveira Lima são determinados pela seleção do prestígio institucional e acadêmico. Mas isso não impede que por vezes se aproximem na abordagem humanística e cultural das análises, em geral subjetivas e sem critérios formais definidos que não sejam os inspirados nas velhas convenções de clareza e objetividade, de construção elegante e temática verossímil.

Medeiros e Albuquerque poeta

Entre os poetas de fins do século XIX há alguns a quem por vezes mais vale esquecer do que considerar. Festejados em geral pela crítica ligeira, quando não pelo aulicismo corporativista dos abnegados pares de redação dos jornais em que pontificavam, muitos deles — mesmo deslembrados pelos manuais de história literária — conheceram a glória, foram fartamente editados e chegaram a figurar como "príncipes" nas estantes empoeiradas dos velhos arquivos, onde hoje descansam em merecido ostracismo.

Ao contrário das grandes vozes da poesia da época — um Olavo Bilac, um Cruz e Sousa, um Augusto dos Anjos, cuja obra a renovação dos temas e dos processos, como é natural, acabou superando —, trata-se de autores que se projetaram para muito além da qualidade de seus próprios versos, gente de produção incaracterística e difusa, mas que desfrutou do poder, exerceu cargos de influência e conheceu o prestígio literário no Brasil e fora dele, não raro amoldando as sociedades acadêmicas e definindo rumos para a política educacional do país.

José Joaquim de Campos da Costa de Medeiros e Albuquerque (1867-1934) é um desses "luminares do espírito" cuja poesia se esgota na exterioridade das circunstâncias que a produziram. Retomá-la hoje, a quase oitenta anos de distância — malgrado as incertezas de um duvidoso desfrute —, é tarefa que pressupõe o cuidado de saber olhar não apenas para os movimentos da crítica que a engendrou, mas sobretudo, e a partir dela, para a fisionomia literária de uma época cheia de artifícios e frivolidades, em que o ofício das letras se confundia com o arcabouço retórico das instituições formadoras dos homens de escol e das grandes reputações da vida social e política brasileira na transição do Império para a República.

O percurso, como se sabe, não destoa da rota comum à maioria dos literatos em busca de oportunidades na capital federal. E ao mesmo tempo não nos desvia do itinerário dos autores *minori* ou *minimi* que, na justa expressão de Andrade Muricy, merecem um lugar na nossa história literária quando menos por terem sido "causa do nascimento e do desenvolvimento de tendências, de modas às quais os maiores não se mostraram refratários".[1]

Nascido no Recife, filho de gente ilustrada, Medeiros e Albuquerque passou pelo Colégio Pedro II antes de seguir com a família para a Europa em 1880, onde permaneceu por quatro anos matriculado na Escola Acadêmica de Lisboa, até retornar ao Rio de Janeiro e travar amizade com um grupo de estudantes de medicina liderados por Tito Lívio de Castro, que então os acompanhava num curso particular de história natural ministrado por Emílio Goeldi. O interesse pelos assuntos da biologia não exclui o gosto cada vez mais acentuado pela poesia, que o leva para as rodas literárias de boêmios como Paula Ney e Pardal Mallet e — logo depois de publicados os primeiros versos — a ingressar no jornalismo. Um futuro promissor não tarda a abrir-lhe as portas: amigo de Sílvio Romero, de quem também foi aluno, quando ingressa em 1888 no jornal *Novidades*, pelas mãos de Alcindo Guanabara, já havia publicado as *Canções da decadência*, de 1887, a que logo se seguiriam o livro *Pecados*, o poemeto *Remorso*, ambos de 1889, além do volume *Poesias*, de 1904, este último enfeixando os dois livros anteriores, acrescidos de uma nova coletânea de poemas com o título de *Últimos versos*.

O jornalista do *Novidades*, entretanto, nem de longe lembrava o tímido professor primário que Franco de Sá, um ministro do Império, havia pouco nomeara para a escola pública. Ao lado de Alcindo Guanabara e de Silva Jardim, é agora uma voz implacável na luta pela derrocada da Monarquia, chegando inclusive a viajar para São Paulo, em missão delegada por Aristides Lobo junto aos confrades republicanos Francisco Glicério e Campos Sales. Deposto o imperador, a quem jamais deixará de combater, a ascensão de Medeiros e Albuquerque foi tão vertiginosa que chegou a ser maliciosamente comparada, por Carlos de Laet, à velocidade das conquistas do próprio César, com a diferença — acutila o birrento Laet — de que se o romano foi, viu e venceu, o nosso Medeiros "nem teria precisado ir, quanto mais de vir"...[2]

À parte os venenos da ironia, os fatos a rigor não parecem tão distantes da suposição do temido polemista. Nomeado em 1889 secretário do ministro Aristides Lobo, titular da pasta do Interior no primeiro governo republicano, Medeiros inicia uma longa travessia pelos cargos da administração pública do novo regime. Vice-diretor do internato do Ginásio Nacional por indicação de Benjamin Constant em 1890, ano em que compõe o "Hino da proclamação da República", é nomeado membro do Conservatório Dramático e vice-reitor do Ginásio, cargos que passa a acumular com a função de professor da Escola de Belas-Artes e de lente das escolas públicas de segundo grau.

Destacando-se no jornalismo republicano à frente de *O Clarim*, dirigiu no período florianista o jornal *O Fígaro*, em cujas páginas denunciava a iminência de um golpe contra o governador de Pernambuco, que — em sinal de reconhecimento — o fez eleger-se deputado federal em 1894, ocasião em que apresentou à Câmara um projeto de lei prevendo a criação do Ministério da Instrução Pública e das Belas-Artes. Dois anos mais, já está entre os fundadores da Academia Brasileira de Letras, na qual ocupará as mais diversas comissões antes de, em 1890, substituir a Joaquim Nabuco no cargo de secretário-geral, que ocupará por três outras gestões, entre os anos de 1910 e 1918, lembrando que, como acadêmico, ocupou em 1899 a cadeira número 22, instituída por ele em homenagem ao patrono José Bonifácio, o moço.

Nem sempre, porém, os fados lhe serão auspiciosos. Diretor-geral da Instrução Pública do Distrito Federal em 1897, Medeiros viu-se ameaçado de desterro por fazer oposição a Prudente de Morais. Ainda na oposição, preferiu sair do país para evitar o quatriênio castrense do marechal Hermes da Fonseca, ocasião em que, exilado na Europa, chegou a pensar em naturalizar-se turco. "Eu nasci para ser turco", teria dito mesmo a João do Rio, que — segundo relata Humberto de Campos — o teria encontrado por acaso em Istambul, "de cócoras, de fez à cabeça, fumando um narguilé na ponte de Galata".[3]

Lenda ou verdade, a atitude bizarra voltará a repetir-se em outros gestos extremos. Já de volta ao Rio de Janeiro, estará à frente da campanha que defendeu a entrada do Brasil na guerra europeia e que lhe valeu inclusive uma condecoração do governo francês. Mais adiante, sem deixar a oposição, abre combate ao governo Epitácio Pessoa à frente do jornal A Folha e alinha-se contra o programa da Aliança Liberal. Com a deposição de Washington Luís em 1930, refugia-se na embaixada do Peru e passa a última quadra da vida colaborando diariamente no jornal A Gazeta, de São Paulo, atividade que divide com as tarefas e comissões da Academia Brasileira de Letras, até que uma síncope o fulmina na tarde de 9 de junho de 1934.

Em 47 anos de produção literária, Medeiros e Albuquerque se dedicará muito mais à prosa do que à poesia, à qual só retornaria a partir de 1922, quando publica o volume *Fim*, seguido dois anos depois dos *Poemas em versos* e da coletânea *Quando eu falava de amor*, publicada um ano antes de sua morte. Sem considerar o prefácio que escreveu para a edição das *Poesias completas de d. Pedro II*, que ele próprio organizou em 1932, serão muitos os gêneros de prosa em que buscou expressão, com destaque para os diversos livros de contos, alguns dos quais selecionados para uma edição única tirada em 1924, além da coautoria em outros dois — um deles em colaboração com Afonso Celso, Afrânio Peixoto, Augusto de Lima, Maurício de Medeiros e Roquette-Pinto, aos quais se junta o romance *Mistérios* (entre os três que compôs), produto de uma parceria com Afrânio Peixoto, Coelho Neto e Viriato Correia.

Mas o que lhe deu celebridade foram as conferências e os discursos, em cujo espólio se contam hoje mais de doze volumes, entre temas literários, orações políticas e saudações acadêmicas. É também de sua autoria uma crônica acerca dos homens e das coisas da Academia Brasileira de Letras, além de cinco ensaios sobre temas de história e crítica literária e de dois livros de doutrina política, que se complementam num volume que encerra o ideário pessoal e noutro que reúne as polêmicas que travou ao longo da vida — o primeiro coligido por Maurício de Medeiros e o segundo por Paulo de Medeiros e Albuquerque, este último de 1941.

Há ainda a produção de trabalhos científicos, desdobrada em quatro volumes publicados na década de 1920, que incluem um ensaio sobre hipnotismo, com prefácio de Miguel Couto e Juliano Moreira; uma separata contendo um estudo publicado no *Journal de Psychologie Normale et Pathologique*, de Paris; e um escrito pedagógico sobre as técnicas de medir a inteligência e a instrução dos estudantes. Medeiros enveredou também pelo memorialismo, deixando dois volumes autobiográficos e um relato de viagens. Sua intensa colaboração na imprensa da época estendeu-se não apenas aos principais jornais e revistas do país, como também do exterior, particularmente da França e da Argentina, onde chegou a escrever para revistas acadêmicas e científicas.

Encoberta na profusão desse conjunto, a produção poética — que, nas palavras de José Veríssimo, o próprio Medeiros e Albuquerque parece ter subestimado, ao considerar-se a si mesmo um poeta de pouca relevância — nos revela desde o início um autor cuja faculdade predominante não é propriamente o canto poético, mas apenas um metódico exercício de metrificação parnasiana, destituído de qualquer intuição criativa e ditado muito mais pelo argumento da razão do que pela sensibilidade.[4] Não que ele desconhecesse o ofício da poesia do seu tempo. Apesar de Veríssimo distinguir na prosa os recursos expressivos que davam consistência à eventual singularidade de seus versos,[5] Medeiros tinha consciência de que a poesia é uma arte autônoma cuja especificidade então consistia em "exprimir os pensamentos debaixo da forma metrificada".

A essa mescla de autotelia e arranjo métrico chega inclusive a agregar outras noções mais abrangentes, como a da repetição estrutural das pausas no tempo; a da musicalidade mais ampla que decorre da abolição do metro antigo em sua repetição uniforme de frases com o mesmo número de sons; a da adoção do *enjambement* e a da quebra de todas as simetrias e regularidades — que vão, todas, culminar na observação de que a base da expressão poética está na variação de metros e de ritmos capaz de produzir efeitos até mesmo nos textos de prosa.[6] Ao trabalhar a prosa, nos diz ele que o ouvido "aprende a discernir melhor as

106

nuances delicadíssimas", recurso que a seu ver explica o fato de os poetas de sua geração também cultivarem a prosa, ao contrário dos prosadores, que muito raramente se dedicam à poesia.

Confirmando as suposições de José Veríssimo, Medeiros e Albuquerque acreditava que o progresso individual do escritor consistia em passar da poesia para a prosa, permitindo-lhe o domínio de várias formas de expressão e assim cumprir a função essencial da literatura que, segundo ele, é a de exprimir o pensamento humano de forma a mais completa possível.[7] Chega por aí a considerar as tarefas do "poeta moderno", sugerindo que, ao invés de se fixar na metrificação ou mesmo partir dela, o que cabe a ele é, antes, "resolver a grande dificuldade de achar para cada pensamento a forma própria, o ritmo adequado — a forma que só a ele convém, o ritmo que melhor o pode traduzir".[8]

Esse salto aparente para a expressão mais fluida de *forma* — livre e aberta tanto ao verso polimétrico como à multiplicidade dos ritmos — é seguido inclusive de uma atitude antidogmática em face da crítica científica do período, da qual Medeiros, pensando em Sílvio Romero, desdenha ao recusar qualquer critério de ciência para medir um produto estético, sustentando que a única modalidade de crítica que se afirmou no contexto literário brasileiro foi a crítica impressionista.

A diferença com Sílvio Romero não será difícil de explicar se pensarmos que o foco da discordância se concentra sobretudo na atitude de Romero em face da obra de Cruz e Sousa. Uma das restrições que Medeiros e Albuquerque fazia ao crítico sergipano é, por exemplo, a de que faltava à sua crítica "um enfoque definido", o que a fazia flutuar — como na maioria dos críticos da época — "ao sabor das simpatias e antipatias". Romero e José Veríssimo, segundo Medeiros, funcionavam para os leitores "como metros feitos de uma estranha substância", ora diminuindo, ora aumentando, conforme as variações do humor e do meio.

Um exemplo dessa oscilação indesejável está, a seu ver, no modo como Sílvio Romero avaliou o poeta dos *Broquéis*, primeiro considerando-o "um metrificador sonoro e oco, quase absolutamente destituído de ideias", para depois — ao sabê-lo "um pobre e excelente rapaz, talentoso, pai de família numerosa [...] sofrendo com o preconceito de cor que pesava sobre ele" — elevá-lo à condição de grande poeta e a datar, a partir dele, "uma época da nossa literatura", quando todos sabemos — arremata — que Cruz e Sousa jamais deixou de ser "o metrificador sonoro e oco" que Romero originalmente apresentara.[9]

O motivo é que Medeiros e Albuquerque jamais deixou de reivindicar para si mesmo (em lugar de Cruz e Sousa) a introdução do simbolismo no Brasil, aspiração mais do que justa se considerarmos — como o próprio Araripe Júnior já o havia feito — que, a par de haver trazido para cá as primeiras obras dos simbolistas franceses, Medeiros não só divulgou a nova estética pela imprensa e escreveu versos inspirados no novo programa, caso do volume *Canções da decadência*, de 1887, como também foi o autor do manifesto "Proclamação decadente", recolhido no volume *Pecados*, de 1889, ambos anteriores ao manifesto "A Arte", de Cruz e Sousa, que, como se sabe, é de 1890.

A verdade, no entanto, é que sua precedência a Cruz e Sousa, a rigor, não vai além da mera inserção cronológica, pois, como notou Andrade Muricy, apesar de inaugurar o simbolismo no Brasil, Medeiros não tinha a menor "afinidade espiritual ou estética" com a nova vertente, conforme ficou demonstrado — ele explica — "quando teve de tomar posição diante das realizações dos nossos simbolistas", em relação às quais sempre manifestou "um espírito de incompreensão e mesmo animosidade".[10]

A propósito de sua atuação poética, pode-se também acrescentar que suas discordâncias com a medida velha deixam claro que a suposta abertura para a autonomia da forma, bem como os experimentos rítmico-sonoros na tessitura do texto, são apenas aparentes. Um simples contato com o universo das suas *Poesias* basta para nos mostrar como, nele, o poeta pouco ou quase nada arrisca para além das soluções convencionais que o parnasianismo estilizara. Mais talvez do que isso, diante dele nos damos conta de que o que predomina é uma hierarquia de temas e metros rigidamente escandidos na escala harmônica dos processos rimáticos convencionais, a circular de um poema para outro, sem jamais comprometer a regularidade da linguagem. Muito ao contrário: se há algo que se projeta nesta última, é a reprodução das marcas inevitáveis da "poesia científica", a que se mescla a figuração retórica do evolucionismo e da filosofia naturalista, que tanto impressionaram o jovem Medeiros no tempo em que frequentara as aulas de Silvio Romero.

Em *Poesias*, de fato, por mais que ele o recuse — como nos comentários acerca dos "milagres formais" que julgou encontrar nos poemas de Hermes Fontes —,[11] a construção do verso está muito longe da consciência técnica e dos artifícios da *inventio*, o que a reduz a uma forma apenas regular de expressão do pensamento em que predominam o encadeamento temático e o arranjo conceitual, expandidos como suportes transparentes do argumento. Através deles, os poemas de Medeiros e Albuquerque o que fazem é insistir na "recapitulação da filogênese poética", tão disseminada pelos mestres de sua geração e sublinhada pelo próprio Medeiros, ao nos revelar as *apropriações* com que Martins Fontes abastecia os versos à custa dos originais de Olavo Bilac.

Nos versos das *Canções da decadência*, por exemplo, o tom predominante é o do poema narrativo de compasso truncado ou quase sempre interrompido pelo corte das inversões radicais que distendem o ritmo e obscurecem o sentido, como naquele terceto do soneto "Aspiração",

Olhei... ouvi na praia o proceloso embate
das ondas no ulular das ânsias do combate
em que a terra do mar a aspiração quebranta,

ou ainda na passagem do segundo quarteto para o primeiro terceto de "Estrelas apagadas", onde o arranjo métrico-silábico interrompe claramente a exposição lírica do tema em foco:

quando, às vezes, te fito em mim se aviva
um pensamento nebuloso e baço
e eu cismo que talvez o último passo
nas órbitas do azul deste, cativa,

e hoje essa luz, a luz que nos envias
— astro apagado no correr dos dias —
teu morto foco nem sequer a tem!

No prosaísmo desse processo, que retorna regularmente em poemas como "Passando", "Osório", "Estátua", "Deus", a intenção é fazer valer os modos de elocução de um poeta que pensa e se interroga sobre a verdade do que vê e a descrença do que não pode explicar. Nele a voz que busca a Deus e só constata a amplidão da matéria é a mesma que se nutre das epígrafes, sempre renovadas, do ceticismo de um Jean Richepin que se consola, nos versos de La Mer, ante a morte esperada e inexorável ("Terriènne") ou que, no soneto v "En Guise de Préface", não perde jamais o sentimento de autossuficiência para sustentar, mesmo diante de um legado como o de Michelet, o nada que significam os homens em face das forças da natureza.

Na verdade, é o Richepin de Caresses ou dos versos de Floréal, por exemplo, que alenta o amor carnal estuante das Canções da decadência, de onde verte a poesia "vasqueira e sensualona" que Alfredo Bosi bem distinguiu em Pecados, cuja volúpia transfiguradora se integra aos reclamos da "poesia realista", mais diretamente voltada para uma visão crua do corpo, do amor e do sexo. Sob esse aspecto, basta atentar para os volteios cobiçosos das "Canções báquicas" ou para o desfilar das ânsias doidas de um poema como "Ouvindo música" para perceber como neles está inevitavelmente contido o padrão viscoso que recortará depois as imagens de "Noite de inverno" ou de "Pudica", enfeixadas nos poemas de Últimos versos.

É ler em Richepin a "Déclaration" que abre Les caresses ou percorrer ao acaso alguns poemas como "Sérénade", "La Voix des Choses" e "Le Bateau Rose" para perceber de onde brotam, nos versos de Medeiros e Albuquerque, as metáforas que fundem as virtudes da mulher aos atributos da natureza, transformando seios e lábios em acordes de liras e de beijos ou convertendo flocos de morangos em bocas palpitantes que fundem o sonho e o paraíso, a mulher e o pecado, o poeta e o náufrago hedonista que joga a última cartada no desfrute do amor sem peias como dádiva efêmera num mundo sem deus, só desfrutável pela consciência que se reconhece na banalidade intangível das coisas. Tudo isso, é verdade, num mostruário de segunda mão, que reduplica, na articulação dos temas e no desenho das formas, os modelos consagrados da época, dos quais por vezes subtrai feixes inteiros de imagens, de estratos sonoros e rítmicos, quando não de esquemas sintáticos fechados que passam a valer muito mais como interpolações textuais do que propriamente como criação literária.

Um leitor obstinado que se impusesse a tarefa não deixaria de encontrar nos escaninhos destas Poesias um vasto repertório de formas desgastadas, reproduzidas de modo latente ou ostensivo. Na chave da figuração carnal, por exemplo, é inconfundível a sugestão, inspirada em Teófilo Dias, do "olhar ávido que se enleia" no corpo da mulher e nele por vezes se enrosca "como serpente arquejante". Na materialização do "nada a que se reduz a vida", soam igualmente fortes as imprecações de um poeta como Fontoura Xavier, que pouco antes, nos versos de Opalas, recuava para a desistência na certeza de que nada mais valia a pena neste mundo: "Tudo é baldado, tudo, inteiramente tudo!/ Apostrofo, interrogo, exaspero-me, grito,/ Vou da areia ao abismo e da vaga ao granito,/ Tudo é silêncio e paz, tudo é sinistro e mudo!".

Isto para não referir o apego ao preciosismo dos hipérbatos que irradiam das citações de Alberto de Oliveira ("e ele no seu de faia/ De ao pé de Alfeu tarro esculptado, bebe") e em particular de suas descrições naturais, com detalhes de precisão que se impunham quase como retratos ("Estala o rio. Estronda espedaçada a frágua/ dos trovões. O Universo é mudo espanto e assombro") que Medeiros vai repolindo de outros tons em poemas como "Tempestade", por exemplo, onde igualmente chove e "Desabam catadupas brutas/ no dorso negro e funeral da terra.../ Chispas rebrilham de medonhas lutas / de mil titãs em temerosa guerra...".

Mas há ainda o antiteísmo ornamental de Raimundo Correia ("Homem da vida as sombras inclementes/ Interrogas em vão: — Que céus habita/ Deus? Onde essa região de luz bendita,/ Paraíso dos justos e dos crentes?") ecoando em poemas como "Último remédio", "Ante um crucifixo" e "Nirvana", a confirmar que o decadentismo de Pecados e mesmo da "Proclamação decadente" — como aliás notara Andrade Muricy — não ia além de uma expansão convencional de época a cujo repertório não podiam faltar, além da morte de Deus, *o desengano das mortas crenças, o grito ardente das turbas loucas, um corvo funéreo crocitando entre os escombros da alma, a mão fria da Desgraça semeando o presente maldito, o tredo aborto do sorriso repelido pelo Escárnio...*

O tema parnasiano da mulher como expansão da beleza natural pouco avança em relação aos contidos fragmentos que

Luís Delfino traçou em "Nuda puella" ("Soltas de leve as roupas, uma a uma/ Caem-lhe: assim a camélia se esfolha;/ E quando n'água o belo corpo molha,/ A água soluça, e o enleia, e geme, e espuma") e Medeiros e Albuquerque ensaia nos dois últimos tercetos de "Estranho mar", ao dirigir-se à mulher amada que, "desprendendo-se do oceano do amor" lhe surgisse nua, em deslumbrante alvura: "– bem certamente nos anéis dos soltos,/ longos cabelos negros e revoltos,/ onde brinca ditoso o meu desejo,/ tu não terias d'água leves bagas.../ — Surgirias trazendo d'essas vagas/ em cada fio pendurado um beijo!".

De Olavo Bilac, no entanto, é que vêm as ressonâncias (apropriações?) mais expressivas, seja na transcrição de versos quase inteiros ("Quando a floresta remalhar sombria", em "Nas ruínas de um mosteiro"; "A luz estende pelo ar funéreas/ as mortalhas brancas de esmaiada tinta", em "Tempestade"; "e o Pranto — se o pranto ardente/ banha uma face sombria –/ vem do excesso do pungente/ riso mordaz da Ironia", em "Proclamação decadente", por exemplo), seja na reprodução dos temas e das imagens poéticas, de que são exemplos, entre tantos, as "deidades a cantar, esplêndidas", as "carícias e gozos girando em turbilhões", os "harpejos cálidos do Perfume", as "velas fugindo pelo mar em fora" à vista de amantes inebriados que colhem "juntos nos caminhos as borboletas infantis" entre tantos lamentos provocados pelo amor desfeito: "não terás — eu te juro –/ como os meus — outros afetos!"; "não sentirás tão ardentes,/ como os meus — outros abraços!"; "ninguém te verá sentido/ como os meus — outros carinhos!".

Nada disso impediu que certa crítica o visse como um grande poeta. Valentim Magalhães o inclui, em 1896, entre os vates "emancipados", homem de "verdadeiro talento poético, imaginação vivaz e pronta", além de uma "audácia de concepção e um nobre amor da forma" que poderiam fazer dele "um dos primeiros poetas brasileiros, se quisesse".[12] Tito Lívio de Castro, autor certamente das páginas mais empenhadas no estudo da obra de Medeiros e Albuquerque, apesar de aludir "à pobreza de sua estesia" e à uniformidade das impressões que o submetem à monotonia das sensações e à dimensão imponderável da excentricidade, considera-o um temperamento em constante transformação e sobretudo um poeta que moderniza o passado e o atualiza criticamente em face da "crise de relativismo" que anuncia o aniquilamento como um bem supremo.[13] Sílvio Romero, pouco depois, mesmo lamentando a dispersão espiritual que fez com que Medeiros trilhasse um "sem-número de caminhos sem se deter longamente num ponto dado", reconhece-lhe "a índole e o talento" e o inclui, ao lado de José Veríssimo, entre "os homens progressistas do Brasil".[14]

Outros levaram ainda mais longe as suas virtudes. Roquette-Pinto, apoiado numa observação de Agripino Grieco, lembra o "instrumento cerebral de incomparável agilidade" a que se resumia a reconhecida vocação do poeta para "a concisão e a clareza cartesiana" em tudo o que escrevia.[15] Afrânio Peixoto, citado por Humberto de Campos, considerava que Medeiros era "o cinema da literatura", por ser capaz de nos mostrar em uma hora "o que o mestre Rui [Barbosa] não nos mostraria em dois dias" — elogio que o próprio Humberto se apressa em ampliar, ao definir o poeta de *Pecados* como "o mais completo que possuímos".[16]

Ao leitor destas *Poesias* não será difícil, porém, avaliar a recorrência das formas e dos temas na chave fixa do parnasianismo parasitário que, como vimos, reduplica imagens e processos retóricos para diluí-los no preciosismo acadêmico das soluções prosaicas em que os versos, quase sempre despojados de lirismo, parecem converter-se em proposições. Em relação ao peso que eventualmente tiveram no contexto de seu tempo, mesmo valendo o pioneirismo da "Proclamação decadente", decisivo — como notou Araripe Júnior — para a renovação de ideias no conjunto do movimento de 1893, não há como atribuir-lhes o domínio da "fórmula nova" com a qual os decadentistas europeus suprimiram a monotonia da versificação parnasiana, substituindo-a, na expressão de Valentina Fortichiari, por uma poesia vibrante e sonora que faz tábula rasa de todos os preconceitos, animada pelo progresso e a civilização.

A verdade é que o entusiasmo dos críticos da época chega ao poeta impregnado muito mais pelas qualidades que o distinguiam como prosador erudito, polemista e homem de ideias. É deste Medeiros que provêm, por certo, os primeiros germes de ação republicana esboçados nas *Canções da decadência* com os versos dedicados ao general Osório (o destemido semideus da guerra que "tinha no olhar a luz da Glória", seguido pela deusa das pelejas, sempre "a suplicar-lhe amor"), depois ampliados nos poemas dos *Últimos versos*, que nos mostram o poeta detrator de Pedro II ("alma podre de rei, que [...]/ as outras almas ias corrompendo/ pela baixeza, pelo servilismo"), e cantor do homem livre que surgia, o novo arauto da Liberdade da Comuna ("À mão da liberdade brilha acesa/ a espada do triunfo altivo e forte") e paladino da insurreição de Palmares ("A vitória,/ pingou de lodo as páginas da História/ naquele triste dia").

Longe dos "poetas poetantes", um Olavo Bilac, um Alberto de Oliveira, que segundo Medeiros viviam exclusivamente para a sua arte, o entusiasmo dessa poesia vive, ao contrário, de pequenas fórmulas que só raramente chegam — como ele próprio assinala — "à síntese de um grande pensamento". Por trás dela está mais a admiração pelo espírito militante elogiado por Sílvio Romero, pelo estilo cosmopolita que João Ribeiro saudou em artigo e Araripe Júnior vislumbrou à frente do movimento de renovação literária que se seguiu ao simbolismo. Mais do que a do poeta, assim, o que certamente impressionou a crítica da época foi a imagem do homem civilizado de que Medeiros sempre desfrutou e que um cronista como Ramalho Ortigão pôde ouvir certa vez na Sorbonne "impondo-se como representante de um novo tipo de brasileiro", o *brasileiro do século XX*, "de pele branca, o cabelo liso e a cara nitidamente rapada" que ninguém até então imaginava pudesse existir. Um tipo, segundo Ortigão, em tudo diferente do brasileiro comum,

> suspeitosamente escuro de pele, cabelo crespo, negro bigode retorcido, vestido quanto possível de todas as cores do íris, resplandecente de brilhantes desde os dedos até o peito da camisa, desfrechando as mais comedidas gorjetas para cima de toda a gente, rebolando etiopicamente os olhos à passagem de mulheres bonitas, e falando espanhol, digo espanhol familiar aos parisienses e sabiamente composto de dois vocábulos únicos: *bolero* e *caramba*.[17]

Acrescentemos que, para esse brasileiro branco e civilizado que falava na França sobre a nossa cultura, de pouco ou quase nada valiam agora os versos calorosos em louvor de Zumbi ou dos insurretos mestiços de Pernambuco, que ele tanto exalta em algumas estrofes de suas *Poesias*. Segundo relata Ortigão, esse novo brasileiro ilustrado e culto garantia então aos acadêmicos franceses que o negro "dentro de muito breve" desapareceria inteiramente do Brasil pelo simples fato de que "a emancipação, excluindo-o da intimidade da raça branca, desenraizou-o da disciplina da família e entregou-o a si mesmo". E isso, conforme Medeiros e Albuquerque, para o mais vivo desencanto dos brasileiros brancos que, como ele próprio afirma, só vieram a saber o que os negros queriam da liberdade "depois que lha deram. Queriam-na apenas — é o que ele conclui — para dormir e para beber cachaça".[18]

Elísio de Carvalho anarquista

Apesar de pouquíssimo conhecida, a revista *Kultur* é das mais expressivas para quem se interesse pela trajetória dos periódicos anarquistas no Brasil. Dirigida por Elísio de Carvalho, que a fundou em 1904 no Rio de Janeiro com a finalidade de recolher a produção de poetas, escritores, artistas e críticos brasileiros e estrangeiros, sempre deu bons roteiros e resenhas da produção intelectual libertária (mas não só) da época.

Falando do *Ideólogo*, de Fábio Luz, e do *Regeneração*, de Curvelo de Mendonça, por exemplo, define o romance anarquista (ela chama de novela anarquista) como um "formoso método de propaganda que deleita, educa e ensina", reunindo ao seu redor nomes de escritores notáveis como Mackay, Mirbeau, Zola, Lemonnier, Camila Pert, Adrián del Valle, Lucien Descaves, Paul Adam etc.

Como revista, conforme se lê no editorial de seu número 2, não tem um programa fixo. Trata-se de uma publicação "inteiramente livre, independente e tolerante, não sendo órgão de nenhuma escola e de nenhum grupo". Além disso, "não aceitará nenhuma fórmula e não rejeitará nenhuma opinião" que lhe for apresentada, garantindo a seus colaboradores um espaço ideal: o de uma "reunião, uma associação ideal de escritores, pensadores, sociólogos e cientistas de opiniões diversas, onde, sob uma forma cortês, cada um exporá livremente as suas ideias e cada um respeitará as ideias alheias…".

Enquanto revista, seu alvo é o de se constituir num "magnífico instrumento educador da razão e da sensibilidade", com o objetivo único de

> produzir por meio duma linguagem varonil uma indomável corrente de opinião, formar homens conscientes autônomos e afirmativos, fortificar as vontades ativas, renovar o objetivo da mocidade completamente transviada por uma corja de charlatães, destruir todos os dogmas, todos os ídolos, todos os prejuízos que embaraçam a cultura positiva, fortificar o espírito de rebeldia individual, aniquilar esta improdutividade da vida brasileira, criar um ambiente próprio dos homens livres, estabelecer laços de solidariedade entre todos os anarquistas, inaugurar uma época inteiramente nova na história do movimento revolucionário no Brasil.

A crer no manifesto, todas as matérias lhe interessam: "Filosofia, sociologia, antropologia, psicologia, biologia, ética, crítica literária, arte etc.". No campo da "tática [revolucionária] e do método experimental", o seu interesse recai em alguns tópicos básicos, como "sindicalismo, neomaltusianismo, vegetarianismo, livre acordo, greve geral, ortografia simplificada, esperanto (língua internacional), iniciativa individual, ação direta, resistência passiva etc.".

Suas seções não incluem apenas artigos doutrinários e de caráter geral: abrangem também uma "crônica internacional", um "resumo do movimento social" do mês no Brasil, uma "seção especial onde se inserirão os melhores trabalhos sobre *tática revolucionária* etc.".

Eclética como ela só, a *Kultur* propõe-se a reunir anarquistas comunistas, individualistas, revolucionários, selvagistas, naturistas, tolstoianos etc., entre eles escritores de valor como Reclus, Malato, Malatesta, Taillade, Hamon, Robin, Mirbeau, Urales, Faure, Zo d'Axa, Gori, Fabri, Tucker, Gener.

É uma revista que nasceu dependente do apoio moral e material dos companheiros que a escrevem, já que todos eles devem ser anarquistas não dos dentes para fora, mas através de seus próprios atos, a melhor propaganda do movimento.

Saiu publicada através de subscrição voluntária, mas teve vida muito efêmera.

Um de seus temas importantes aparece nas notas sobre a fundação da Universidade Popular do Rio de Janeiro (*Kultur*, n. 4), "criada exclusivamente para empreender a instrução superior e a educação social do proletariado, pela difusão do saber e da beleza sob todas as suas formas, principalmente pela instituição de cursos e de conferências", como no modelo da UP italiana, estudada entre outros por Maria Rosada.

A criação da UP do Rio de Janeiro — como se depreende do artigo de Carlos de Miranda ("A universidade popular — para instrução superior e educação social do proletariado") — envolvia inicialmente um Comitê de Proteção que, segundo o articulista, contou "com o apoio moral de várias notabilidades do nosso meio", entre as quais gente como Sílvio Romero, José Veríssimo, Rocha Pombo e Araújo Viana, a que acabaram aderindo depois "artistas, pintores e poetas".

Segundo a *Kultur*, "o proletariado concorreu em massa às conferências preparatórias", atendendo a um chamado do Conselho de Administração, composto dos seguintes conselheiros: Elísio de Carvalho (diretor), dr. Manuel Curvelo de Mendonça (secretário) e Tito de Miranda (tesoureiro), assessorados por Mota Assunção, Manuel Moscoso, Caralampio Trilhas, Victor Schubnel, A. Paes, Amarante Júnior, Pereira da Silva e o poeta Martins Fontes.

A UP responde, segundo ele, aos desejos de todos quantos amam o progresso, mas principalmente ao proletariado, apresentado no artigo como "o ornamento das democracias futuras, a fim de que ele seja digno da liberdade e do labor que lhe estão reservados numa sociedade melhor e mais bem constituída".

Outro aspecto de destaque de *Kultur* é a seção de bibliografia e resenhas, onde aparecem muitos comentários sobre obras, autores e episódios expressivos da vida cultural não apenas do anarquismo no Brasil e no mundo, mas também da produção intelectual importante da época. Afora os comentários sobre livros libertários (de ficção e não ficção) brasileiros, *Kultur* apresenta autores e obras importantes publicadas no período, no Brasil e no exterior, além de registrar o movimento editorial do período, incluindo notas acerca de ensaios, revistas, jornais brasileiros e estrangeiros.

O número 2, por exemplo, refere-se à Universidade Popular do Porto, "criada por iniciativa do comitê central de acadêmicos e operários, mediante subscrição do proletariado local".

Igualmente importante é a resenha dos jornais estrangeiros — que em geral apareciam na coluna "A Internacional (notas, fatos & comentários)" —, cheios de notícias ruins e de "narrações espantosas" acerca das incríveis torturas a que têm sido submetidos os trabalhadores presos em Alcalá del Valle, onde, segundo nota de um periódico de Madri, "impera o jesuitismo".

No conjunto das informações, há notas sobre diferentes aspectos da vida cultural, editorial e literária. *Kultur* informa que o jornal anarquista *La Protesta*, de Buenos Aires, passa a ser diário. Divulga a "Lettre ouverte d'un tolstoien à un antitolstoien", publicada por *L'Ère Nouvelle* (*Kultur*, n. 4).

Do mesmo modo informa (*Kultur*, n. 3) a publicação de uma série de outros livros, desde *A mecânica celeste*, de um tal Platão de Albuquerque, até obras de expressão, como *Um crítico e um poeta (José Veríssimo e Machado de Assis)*, de Laudelino Freire, *La raza de Caín*, do uruguaio Carlos Reyes, *La Responsabilité et la solidarité dans la lutte ouvrière*, de M. Nettlau, *Cuentos de la pampa*, de Manuel Ugarte, *El crepúsculo de los gauchos*, de Felix Basterra, entre outros.

As indicações no campo do anarquismo remetem ora a notas sobre publicações ou organizações de séries interessadas na vida militante (um exemplo é o informe da publicação do segundo volume da *Biblioteca Documentária* concernente ao *Patriotismo-Colonização*, que é o complemento do primeiro, publicado no ano anterior, *Guerra-Militarismo*), ora a livros de doutrinadores do movimento ou que interessam ao movimento, autores como Piotr Kropotkin (*A filosofia de Spencer*), Laurent Tailhade (*Maternidade*), P. Pareto (*A conduta anarquista*), Juan Mas y Pi (*La canalla*), Máximo Gorki (*Diante da vida*) etc.

Há igualmente notas isoladas sobre livros importantes em outras áreas de interesse, como a da crítica literária, por exemplo, a respeito da qual *Kultur* divulga uma nota sobre Fran Paxeco, escritor português radicado no Brasil, autor de *O sr. Sílvio Romero e a literatura portuguesa* e de *O Maranhão e os seus recursos*. Publicada no número 4 (set. 1904), a nota, que aparece na seção "Bibliografia", vem acompanhada de vários informes ilustrativos do interesse editorial da revista. Um deles dá conta dos diversos folhetos concernentes à propaganda naturista enviados por Henry Zisly (entre outros, "Rapport sur le mouvement naturien", "Réflections sur le naturel et l'artificiel", ambos de autoria do próprio Zisly, e "La Conception libertaire naturienne: Exposé du naturisme", de Zisly e Beylie) e que "pregam o regresso ao estado natural, aos tempos primitivos da indústria rudimentar etc.".

A eles se soma um informe sobre o manifesto "Ao povo", que "um grupo de homens livres em Ponta Grossa (Paraná) publicou para explicar a sua origem, o seu ideal e o seu martirológio", em meio a outras notas que comunicam os leitores de uma conferência ("Le Problème de la population") do "nosso denodado camarada" Sébastien Faure, lida na Salle des Sociétés Savantes, de Paris, em 16 de novembro de 1903; de um opúsculo de propaganda intitulado *A anarquia perante os tribunais*, de autoria de Pietro Gori, referente ao processo dos anarquistas de Gênova, que então aparecia em português na tradução de Bento Faria, editado pela Biblioteca de Estudos Sociais de Lisboa.

Há também a crônica das revistas libertárias, com informes sobre a já citada *La Protesta Humana* em sua missão de "pregar a rebeldia das massas, profligando os erros e as ambições da plutocracia platina, combatendo os desvarios do caciquismo crioulo" e que vinha de publicar as *Cartas do Brasil* "do nosso camarada Elísio de Carvalho", além de traduzir para o castelhano o texto deste último, publicado antes em *Kultur*, "O anarquismo no Brasil". E também sobre o diário recém-lançado *Nuevo Rumbo*, dirigido por Félix Basterra, um jornal uruguaio "de dimensão fora do comum, antipolítico, noticioso, crítico, com serviço telegráfico completo e correspondentes científicos, literários e artísticos em todo o mundo", entre os quais Carlos Malato e A. Hamon (França), Miguel de Unamuno (Espanha), Élisée Reclus (Bélgica), Elísio de Carvalho e Benjamim Mota (Brasil).

O número 5 de *Kultur* dá um bom roteiro do intercâmbio de relações e divulgação com outras revistas da América Latina e da Europa, colocando os escritos dos diretores de *Kultur* nas páginas dessas revistas. Entre elas, *La Protesta* e *Libre Examen* (Buenos Aires), *El Rebelde* (Madri), *El Productor* (Barcelona), *Revista Amarela* (Lisboa), *Despertar* (Porto), *Germinal* (Setúbal), *Les Temps Nouveaux*, *L'Avenir du Peuple* e *L'Ère Nouvelle* (Paris), *La Rebelión* (Montevidéu). *La Protesta*, por exemplo, publicou em seu número 418 um estudo de Elísio de Carvalho sobre Max Stirner, que havia saído anteriormente no número 3 da revista uruguaia *Futuro*, de Montevidéu. Há ainda transcrições de cartas dos diretores de revistas libertárias estrangeiras a Elísio de Carvalho, cumprimentando, dando notícias de traduções de artigos brasileiros e agradecendo por inserções de matérias de fora nas revistas locais. Assim, por exemplo, divulga-se o aparecimento de *Ni Dios ni patria*, de Benjamim Mota, traduzido para o castelhano por J. Guiraldes, bem como a versão brasileira de "Às mulheres", conferência de J. Prat, traduzida por Adelino Tavares de Pinho — ex-operário e nome de grande presença como professor das escolas modernas em Minas Gerais e no interior de São Paulo.[1]

As resenhas das revistas estrangeiras são muito detalhadas quando se trata de anotar as referências aos intelectuais e escritores anarquistas brasileiros. Assim, por exemplo, ao lado da resenha da revista *Natura* (dirigida por P. Lorenzo), de Montevidéu — "revista mensal de naturalismo, hidropatia, vegetarianismo, higiene etc." —, aparece a seguinte resenha da revista *Futuro*, também de Montevidéu:

> Revista mensal de ciência, sociologia e letras, nitidamente impressa, com dezesseis páginas, inteligentemente dirigida por Edmundo Bianchi, nosso colaborador. Apenas com três meses de vida, *Futuro* tomou, por sua bem cuidada parte intelectual, um lugar bem saliente entre as primeiras publicações congêneres. Não pode, no

gênero, ser melhor nem mais completa. O número 1, além do eloquente artigo-programa do seu diretor, traz colaboração inédita de Tarrida, Auffret [...] Durán, Ugarte, Ingenieros, uma crítica muito lisonjeira sobre *Regeneração*, de M. Curvelo de Mendonça. No número 2 nota-se um formoso estudo de Tarrida sobre "Um problema de sociologia", um outro sobre "La decadencia del cesarismo en Rusia", de J. Auffret, "Algo sobre el Japón", curioso artigo de Bianchi etc. Na "Bibliografia" Bianchi faz uma sucinta análise de obra de Elísio de Carvalho.

Interessantíssimo [prossegue *Kultur*, ainda em sua quinta edição] é o último número, correspondente a setembro, conteúdo: os primeiros capítulos dum longo estudo sobre Max Stirner por Elísio de Carvalho.

Há referência, a seguir, a um artigo de Reguera sobre "a nossa tentativa de Universidade Popular,[2] e Lorenzo analisa *Regeneração*, de Curvelo de Mendonça". E adiante: "O número 2 é elaborado por Malato, Tarrida, Elísio de Carvalho, Bianchi e outros".

Por fim, no terreno do ideário propriamente dito, há uma pista viva do que a arte e a política significam de fato para os anarquistas. No texto "A questão social" (*Kultur*, n. 3), o crítico José Veríssimo, depois de chamar a atenção para o fato de que, mesmo com os progressos e as melhorias do novo século, "que só paradoxalmente podem ser contestados", a humanidade "nunca sentiu tão intimamente o seu mal-estar e a necessidade de mudar e melhorar, de reformar este seu mundo...".

Segundo ele, tais avanços materiais não impediram que crescessem "as queixas, as condenações, as críticas severas e acerbas, as próprias maldições da sociedade presente e com elas as reivindicações de um futuro melhor". Junto com estas últimas, no entanto — e aqui está o ponto que nos interessa —, eclodem também "as revoltas da inteligência e do sentimento contra a existência atual, as pregações não só das massas sofredoras, dos homens de ação, *mas ainda dos pensadores, dos filósofos, dos poetas, dos artistas*".

Mesmo concordando em que estes últimos sempre foram *reformadores sociais*, Veríssimo adianta que "a Verdade, buscada por uns, e a Beleza, procurada por outros, como tantas vezes mostrou Ruskin na sua obra maravilhosa, são dois elementos da vida social perfeita e, portanto, por si mesmo, dois fatores de progresso". E enfatiza que nunca antes a filosofia e a arte, que são a síntese "desse conjunto de noções positivas, concretas do mundo e das coisas que é a ciência" (aqui Veríssimo não poderia deixar de render homenagem ao positivismo reinante em seu tempo), nunca a filosofia e arte — nos diz ele — "fizeram tão consciente e tão determinada e intencionalmente o papel de construtoras de uma sociedade nova, de operárias de uma vida aperfeiçoada".

E então passa a enumerar os nomes de artistas e intelectuais que lhe parecem os mais expressivos desse momento da vida intelectual. Apesar de crítico literário (e de crítico literário conservador), Veríssimo mergulha na maré montante de nomes libertários, alguns, literariamente, menos específicos: Saint-Simon, Fourier, Auguste Comte, Spencer, Kropotkin, Karl Marx, Le Play, Bakunin, Lassale... Só depois entra em autores de peso, como Tolstói, Ruskin, Nietzsche, que de algum modo relaciona com a linha dos "diretores" das ideias políticas que vinham de 1848 em toda a Europa e depois com a obra de Victor Hugo, na França, Swinburne, na Inglaterra, e Carducci (da primeira fase), na Itália.

Embora considerando as divergências possíveis e concretas entre todos, Veríssimo aponta para um aspecto comum entre eles: o da "condenação da sociedade atual, a convicção da necessidade de reformá-la". Para ele, isto significa, entre outras coisas, não apenas a "falência da nossa organização social", mas também a necessidade, a urgência de reformas radicais de ordem social, de ordem intelectual, de ordem sentimental que transformem o nosso mundo no mundo melhor que, desde o mito bíblico do primeiro homem, "é a eterna, jamais esquecida, nunca abandonada aspiração humana".

De um modo nada mal para ele — Veríssimo, afinal tão conservador se pensarmos nas opiniões sobre a crítica, as condições intelectuais da cultura no Brasil e as condições sociais do negro americano —, ele encerra dizendo que a novidade dessa realidade em conflito é que, "mesmo os que se têm por mais conservadores, os que vivem da sociedade atual e a prezam e defendem", mesmo esses, "arrastados pela força das coisas, [...] servem a obra de destruição" da ordem vigente.

Ele próprio, Veríssimo, entre eles?

Lima Barreto entre histórias e sonhos

Tão mal editado quando veio a público pela primeira vez em 1920, quase às vésperas da morte do romancista, *Histórias e sonhos* é certamente o mais sinóptico dos livros de Lima Barreto. E isto não apenas por seus relatos trazerem, cada um a seu modo, um flagrante ampliado da obra maior em que estão inseridos, mas sobretudo por confirmarem, naquele momento de incertezas que cercavam a vida do escritor, os temas centrais de uma revelação do Brasil que só viria a ser compreendida algumas décadas depois.

Singular para a época, grande parte destes *contos* não se restringem à acepção estrita de argumentos ficcionais acabados. Trata-se antes, como o leitor verá, de relatos de escrita solta, por vezes desconexa, entrecortados por suspensões constantes, recheados de desvios irresolúveis que desfiguram o sentido e o remetem aos contextos menos esperados entre a literatura e o saber popular, a sociologia dos povos e o folclore das religiões, as tropelias políticas e o esnobismo acadêmico, as frustrações pessoais e as impressões mais vivas do cotidiano das ruas.

À margem das cenas, o narrador é e não é parte desse universo, vive e não vive o fluxo das coisas que relata com desdém e quase sempre com os olhos da decepção e da ironia. O sentimento desse exílio pessoal inconciliável parece dar ritmo à busca da harmonia perdida e dos afetos que morreram na *alma nativa que a colonização destruiu.*

Um Lima Barreto em tom ensaístico, cheio de reflexões culturais é o que nos revelam, num primeiro plano, estas páginas de *Histórias e sonhos.* Na meditação sobre a eloquência original da toponímia tupi, que tão bem recobria em seus substratos semânticos a fascinação da natureza e a força poética das palavras, o autor vai à *Geografia universal* de Reclus para ilustrar a necessidade de conservarmos a clareza e a poesia dos nomes originais dos lugares, dos fatos da natureza, da cor das águas, da vegetação, das rochas e da conformação milenar da terra. E põe nessas divagações uma espécie de ênfase da redescoberta do país, que se desfigurava, frente à nossa inexplicável necessidade de apagar — nos diz ele — "as impressões das sucessivas camadas de vida cujo desenvolvimento e desaparecimento elas presenciaram".

É no viés dessa fatalidade que o livro por vezes se converte num quase estudo antropológico, muito vivo e expressivo na avaliação do que para nós significava, em termos humanos e sociais, a destruição dessa "pequena antiguidade de quatro séculos que desaparecia para sempre". Vale como exemplo de sua intensidade a digressão sobre o valor histórico do termo *Inhaúma*, dos poucos nomes caboclos que ainda resistem e que Lima Barreto, em compasso melancólico, vai ampliando num extenso feixe de correlações geográficas e humanas, para chegar à realidade do seu abandono — subúrbio da gente pobre, cheio de velhas mangueiras, lugar de macumbas e feitiçarias com que "a teologia da polícia implica por não poder admitir, nas nossas almas, depósitos de crenças ancestrais".

Aqui entram as observações mais livres sobre a verdade documental de seu significado. Inhaúma é o lugar onde as religiões se misturam, onde a Igreja católica deixou de ser unanimidade, porque "por si só não satisfaz os pobres", dado que o padre, segundo o escritor, não os livra dos males, ao contrário dos médiuns, que curam "e merecem mais veneração e respeito". Mergulhados, por necessidade, no ritual de crenças diversas, os pobres de Inhaúma pouco valem perante os civilizados, engolfados pela verdade social de que o Brasil não se interessa pelo destino que lhes coube.

É sob o nome poético do lugar em que vivem que o narrador se aproxima de sua verdade. Com a diferença de que, o que parece uma digressão sobre as deformações culturais da nossa memória, de repente ganha um outro sentido e se converte no espaço de um episódio ficcional como o de "O moleque", cujo núcleo se desenvolve justamente numa das ruas do humilde arrabalde de Inhaúma, "antes trilho do que rua, cavado pelo sulco das águas", onde ficava o barracão de dona Felismina, "uma preta de meia-idade, mas já sem atrativo algum" — espírita, mas contrária à bruxaria e ao feitiço.

Esse primeiro movimento do livro, que se revela na busca da identificação da gente com a terra, ao mesmo tempo em que se interessa por restaurar o saber difuso e ainda latente nas dobras de sua alma, retira — do conjunto da obra maior — a contra-face do sarcasmo que marca sua conhecida aversão pelo espírito dos *nossos gregos de Academia*, insistindo sempre em que o que resta deles não passa *de modelos descarnados e insuficientes*.

O fato é que em *Histórias e sonhos* damos com um Lima Barreto que, sem ser euclidiano, desce fundo em busca da "rocha viva da pátria", muitas vezes — como em "Agaricus auditae" ou em "A biblioteca", por exemplo — valendo-se de um excurso preliminar acerca do homem e de seu meio para configurar as razões dos nossos desvios, que ele integra aos descaminhos dos costumes e às vicissitudes da nossa formação histórica.

Não há como ignorar que um tema como esse religa o projeto do livro aos sonhos de Gonzaga de Sá, em sua verdadeira escavação da fisionomia perdida de um Rio de Janeiro que apenas ele podia recordar. Em *Histórias e sonhos*, essa busca retorna com outro timbre, movida pelo sentimento de revolta em face dessa fatalidade que nos acomete e que nos impõe uma injustificável necessidade de não conservar os vestígios do que fomos e do que tivemos "na grandeza da nossa antiguidade". É como se a terra não desejasse que ficassem nela — ele observa — "outras criações, outras vidas, senão as florestas que ela gera, e os animais que nestas vivem".

Se em parte é essa aura do passado que ele traz para a atmosfera do livro, isso não quer dizer que em *Histórias e sonhos* o interesse pelas imagens ancestrais anule as imposições do presente do escritor. "Amplius! Amplius! Sim, sempre mais longe" é a epígrafe do livro, que se quer dinâmico, avesso às expansões passadistas justificáveis por si mesmas, presas a ideias mortas como carcaças que se fazem pó. E mesmo aqui, quando alude ao "esplendor de mestres modernos" como Balzac, Tolstói ou Dostoiévski, o escritor desvia-se das influências nefastas do academicismo e reafirma o que já havia escrito em obras anteriores.

O intento, que agora se renova, é

> deixar de lado todas as velhas regras, toda a disciplina exterior dos gêneros, e aproveitar de cada um deles o que puder, para reformar certas usanças, sugerir dúvidas, levantar julgamentos adormecidos, difundir as nossas grandes e altas emoções em face do mundo e do sofrimento dos homens,

como agora registra nas páginas de "O moleque", mas que já havia anunciado na célebre conferência "O destino da literatura", que escreveu e acabou não lendo na cidade paulista de Mirassol.

É no curso desse projeto militante que se delineiam as duas vertentes que recortam a expressão dos seres e do tempo nesse primeiro movimento do livro. O vigor da resistência do Lima Barreto da fase anarcomaximalista, aqui como nos escritos da fase final de sua vida, parece contaminar-se de uma certa resignação melancólica que, ao mesmo tempo em que sonha *ligar a humanidade* aos sentimentos que a redimam, projeta-se num solidarismo tocado pelo *mistério*, pela *compreensão da dor infinita de sermos humanos*, com vistas a atingir a *glória e a perfeição da humanidade*.

Ora, este é um registro de *O cemitério dos vivos*, como sabemos; e é para ele que convergem os núcleos temáticos desse primeiro enquadramento de *Histórias e sonhos*, cujo foco é a descrição do cenário humilde da gente apartada do progresso. Diante do "espetáculo de sua penúria" — como o narrador assinala em "O moleque" —, o que vem à tona são as "lembranças históricas" que o fazem perguntar se o país continuará a destruir "os traços das vidas e das almas" que por ele têm passado, impedindo que fiquem vestígios, pegadas, impressões dos que nele sofrem "e mergulham a seu modo, no Mistério que nos cerca, para esquecê-los soturnamente".

A resposta a essa pergunta, que bem poderia ser a de Vicente Mascarenhas como a de Gonzaga de Sá, sempre enredados em sua *mania introspectiva*, está na falsa liberdade do menino Zeca, fascinado pela novidade do cinema, mas impedido de frequentá-lo pela necessidade de ajudar a mãe, a pobre negra Felismina, a manter o barracão a que se apegava com aquela "espécie de protesto de posse contra a dependência da escravidão" que por tanto tempo submeteu a sua gente. Ainda aqui, a máscara vermelha do diabo com que o menino procura se vingar dos garotos que o vaiavam ("Ó moleque! Ó negro! Ó gibi!") parece verberar na aparência diabólica dos dentes negros e dos cabelos azuis com que o estranho anacoreta Gabriel, também ele um deslocado dos subúrbios, acaba provocando pavor e piedade num miserável assaltante de estradas.

Igualmente interessantes na construção do livro são as transformações sofridas pelo tema da peregrinação quase picaresca, tão caro ao Lima Barreto d'*O Homem que sabia javanês*, onde é possível encontrar — mais densamente organizada — a chave de tantos outros episódios farsescos que remetem a lugares esdrúxulos por onde circulam personagens bizarras com nomes estranhos.

É essa a tópica do segundo movimento do livro, e este, entre outros, é o universo dos Flamel, dos Gregoróvitch, dos Kotelniji, dos Wolpuk, dos Tuque-Tuque da Bruzundanga, que aqui se desdobram nas aventuras de Harakashy pela cidade de Batávia, na ilha de Java, ou nas fábulas mirabolantes de Hussein Ben-Áli Al-Bálec e Miqueias Habacuc.

A paródia rascante de quão bárbaro lhe parecia o Brasil é o que sugerem esses relatos singulares que em *Histórias e sonhos* trazem como novidade, além de certo efeito ensaístico, um tom de moralidade à maneira das histórias exemplares.

Assim é que, em "Harakashy e as escolas de Java", encontramos uma espécie de análise do panorama cultural favorável aos "homens que sabem javanês". Pelo saber arrevesado do protagonista, em peregrinação pela cidade "em que Dubois achou partes do esqueleto do *Pithecantropus erectus* e o doido do Nietzsche tinha admiração por certas trepadeiras", retornamos aos velhos critérios da Escola Samoieda, originariamente divulgados pela revista *Floreal* em 1907, em burlesca imitação das filigranas da arte acadêmica e dos preconceitos da sociedade bem-posta, regida pelos bacharéis, pelos falsos literatos e os cavadores de toda ordem.

De tudo isso resulta que lá (como cá) a literatura não seja uma atividade intelectual autônoma, mas — segundo indica — "um jogo de prendas, uma sorte de sala, podendo esta ser cara ou barata", como o demonstram os escritores medíocres em busca não do lavor literário ou científico, mas da reputação social e das facilidades que a academia costumava oferecer aos que se lançavam às sinecuras que ela proporcionava.

Muito do ressentimento que Lima Barreto expressou na solidão do *Diário íntimo* e que depois migrou para o espaço de seus romances reaparece em *Histórias e sonhos* ataviado com o falso remoque das coisas oficiais que, naquela altura da vida, mais do que mera paródia, reconstruíam o próprio estilo das instâncias convencionais do saber que o excluíam. É o que se dá quando, por exemplo, descreve o jargão enfadonho da escrita dos "doutores cirurgiões", recorrendo ao pot-pourri dos estilos alambicados e dos modismos envelhecidos com o léxico medieval. Aqui já não estamos mais frente à bulha antiacadêmica com que o jovem Lima Barreto escarnecia, nas *Recordações do escrivão Isaías Caminha*, da mania do gramático Lobo em falar como os cronistas portugueses da primeira fase da era clássica. Trata-se agora de mostrar como, através da linguagem, os falsos eruditos escondem a própria ignorância, ao afastar do entendimento as pessoas mais simples e iletradas. "Polho cozido ou caldo dele", eis como um dr. Lhovehy, celebridade da escola de Java, receita com altivez a dieta do marido enfermo a uma esposa aturdida com o sentido incomum daquelas palavras.

Mas trata-se também de pôr em evidência os "cientistas sem obra e sem pesquisa", como o próprio Harakashy ou o doutor Degni-Hatdy, grande *gênio* na história da Universidade da Batávia, sobre cuja obra jamais se ouviu uma notícia: sabia-se apenas que o seu nome aparecia na lista dos alunos mais célebres da escola, ironicamente ao lado de Newton, Descartes, Kant, Pasteur, Darwin e Aristóteles, entre outros que a escola tomou para si.

O tema retorna em "Agaricus auditae", onde se desenvolve a ideia de que "a nossa mentecapta inteligência nacional [...] não admite que tratem de botânica senão os médicos; e de matemática os engenheiros; quando, em geral, nem uns nem outros se preocupam em tais coisas". Ao tratar do círculo restrito das castas sem formação específica, apenas com "receitas de formulários na cabeça", o conto nos fala das pretensões do desembargador Monteiro, que se julgava um estudioso da cristalografia, mas, em lugar dos aparelhos científicos indispensáveis, contentava-se em gabar a sua vasta biblioteca sobre o assunto, exibindo cultura sem produzir ciência.

Era tal a obsessão do pretenso cientista que ele acaba por obrigar o futuro genro, um jovem estudante de medicina, a submeter uma "memória" erudita à inconcebível Academia dos Esquecidos — da qual se dizia presidente —, sem o que não lhe concederia a mão de sua filha. Do mesmo modo que, ao longo da trama, convivemos com a *boutade* de ver a longínqua Academia recebendo, no Brasil do século XX, a "Memória" desastrada de um espertalhão mais interessado no patrimônio da noiva do que na descrição científica dos "tortulhos diletantes" — que ele constrói plagiando e inventando fontes estrangeiras —, percebemos na outra ponta do episódio que a intenção de aproximar a ignorância das elites ao braço forte da aristocracia é a chave que harmoniza o conto.

Outra coisa é que, no universo mais amplo das camadas do povo, os motivos são narrados de uma perspectiva em que parece entrar um estranhamento difuso, por vezes inaplicável ao corte dinâmico das personagens. Ao contrário da burla infrene que desarranja o cenário e a própria direção dos episódios num livro como *Os Bruzundangas*, há relatos em *Histórias e sonhos* que, se não respondem à descrença e ao pessimismo de temas essenciais à nossa realidade, tampouco lhes servem de espelho crítico, pois que se limitam a misturar os contextos, sem revelar uma consciência efetiva dos próprios objetivos.

Não parece plausível, por exemplo, no longo episódio de "Mágoa que rala", a extensa digressão histórico-literária sobre a figura de d. João VI e sua identificação com a gente humilde do Rio de Janeiro; tampouco os comentários, inspirados nos melhores estudiosos do monarca, apenas para ilustrar que, depois da partida da Corte, a decadência do Jardim Botânico transformou aquele logradouro num cenário propício ao crime em que afinal se concentra o relato.

Diferentemente do que ocorre na composição de "O moleque", onde, como vimos, a divagação quase ensaística da primeira parte vai desvelando os núcleos temáticos indispensáveis à configuração dinâmica do episódio, em "Mágoa que rala", a descrição dos motivos não se articula com a natureza da ação e nem faz pressupor, na trajetória policialesca de seu andamento, que a imagem colhida no tempo histórico, simbolizada pelas reminiscências do rei, tivesse uma função essencial na transfiguração literária do espaço.

Sob esse aspecto, é possível dizer que a morte misteriosa da senhorita Graüben no Jardim Botânico, rasgada por uma estranha lâmina em cuja face se lia o mote espanhol "Soy yo!", está tão distante dos méritos paisagísticos do monarca português quanto os brados dos jornais da época da auréola de martírio que passa a desfigurar o velho jardim, frente à "ingratidão de toda uma população a cujos pais e avós, sem nada lhes pedir, ele [d. João VI] soubera dar tantos instantes de alegria e amor".

Caso idêntico ocorre na estrutura narrativa de "Adélia", um texto aparentemente linear que põe a perder o rico tema literário do *olhar indecifrável*, "sempre fora do corpo e das coisas reais e palpáveis", por alinhá-lo apenas aos motivos livres de origem, que o reduzem a uma disfunção social no quadro das virtudes filantrópicas do assistencialismo burguês. Diante dele, os percalços do "turco" ambulante de "A barganha", oferecendo sem êxito quadros e efígies de santos à gente pobre da periferia; ou mesmo a ladinice inescrupulosa de Miqueias Habacuc, quando leva à miséria o sobrinho Hussein Ben-Áli Al-Balec no comércio das tâmaras, soam como flagrantes desvinculados do espírito do livro. Isso porque deixam escapar, no primeiro caso, os vivos contrastes da imigração, e, no segundo, a elocução anárquica com que Lima Barreto — em peripécias dessa ordem — se tornou um mestre da paródia carnavalizada das nossas mazelas.

Ainda nesse segundo movimento, quatro relatos desiguais alternam os temas do impressionismo ingênuo da percepção popular, da expressão manhosa de seu oportunismo velhaco e da inversão dos artifícios de classe no âmbito da convivência urbana. No argumento de "O feiticeiro", por exemplo, voltamos ao tema da "mentecapta inteligência nacional", incapaz, segundo o narrador, até mesmo nas esferas menos letradas, de perceber que os que se isolam no trabalho da natureza e da terra podem produzir um conhecimento socialmente mais eficaz que o dos doutores e bacharéis.

No caso do estranho solitário de "O feiticeiro e o deputado", o conto mergulha nas manifestações espontâneas do estranhamento popular, muitas vezes inexplicáveis. Frente à instabilidade dos juízos — assassino para uns, assaltante para outros, falsificador, feiticeiro, curandeiro, Messias —, é dessa mistura de defeitos e virtudes que as aspirações coletivas se alimentam e a imaginação vê resolvidos muitos dos males que projeta, para o bem e para o mal.

No centro da mesma indefinição visionária, "Um músico

extraordinário" nos põe diante de uma deformação isolada de caráter, para a qual nem sempre a vocação revelada na infância, como no caso do menino Ezequiel — protagonista do relato —, por mais promissora que pareça, garante a realização ou a dignidade do adulto.

Para o leitor, que se vê tentado a encontrar no percurso do menino tímido e generoso uma alusão irônica ao percurso intelectual do próprio Lima Barreto, a instabilidade e a mania ambulatória, que desdenham da disciplina e do saber convencional, soam como motivos determinantes. Pois também ele, como Ezequiel, "ansiava estar só, com a alma mergulhada, como o capitão Nemo do romance vernesco, no seio do mais misterioso dos elementos da nossa misteriosa Terra". Ele também, como o menino, desviou-se do rumo iluminado da vida, lamentando, em diversos lugares de seus escritos, o abandono a que se viu relegado depois de tanto incentivo, material e humano, que conheceu na infância.

Daí a propensão para acutilar os privilégios de classe e o desfrute a que só tinham acesso os bem-postos na vida. Em "Uma noite no Lírico", vemos um flagrante dessa atitude no momento em que Frederico Bastos, o narrador, que nunca havia frequentado teatros, é levado pelo jovem Cardoso para uma noitada de gala.

Bastos — que não era rico, mas sempre fora seduzido pelo exibicionismo dos elegantes — tinha mais atração pela frivolidade dos camarotes que pelo espetáculo do palco. Cardoso, que só frequentava o *grand monde* porque o pai enriquecera com a indústria da indenização pela época do Governo Provisório, tratava de apresentar o amigo à grã-finagem das cocotes e dos comendadores.

Mas é Alfredo Costa que, apesar de rico, era o "mais feroz inimigo daquela gente toda", quem, de casaco e cartola, "para melhor zombar, satirizar e estudar aquele meio", vai descrever em detalhes o "barracão imundo, feio, pechisbeque, que faz todo o Brasil roubar, matar, prevaricar, adulterar".

Desfila então, aos olhos do leitor, uma coluna de *notáveis* que causam ao narrador a impressão de estar frente "a uma vitrine de museu de casos de patologia social": viscondessas ventrudas, de traços empastados e *pince-nez* de ouro; mundanas cobertas de joias; mulheres exploradas pelos maridos; viciados; exibicionistas; almirantes que não conhecem o mar... Lima Barreto, sob certo aspecto, parece vingar-se daquele mundo que, à época de *Histórias e sonhos*, lhe parecia — a ele que por duas vezes fora recolhido ao hospício — um obstáculo definitivamente intransponível.

Não surpreende, assim, que esse segundo movimento do livro se feche com um outro espetáculo — o da ridícula autoestima daquele ministro cheio de altivez e arrogância que, saindo do baile da embaixada, envaidecido pelas condecorações que trazia ao peito, acaba entrando no *coupê* errado e é levado por um estranho cocheiro a uma carreira fantástica, ao término da qual perde os sentidos e se vê miseravelmente vestido de *libré* e cartola, "cochilando à porta do palácio em que estivera ainda há pouco e de onde saíra triunfalmente".

A vertigem de grandeza, marcada pelos contornos fantásticos da narrativa, só faz aumentar o sentimento de impotência do narrador ante "as qualidades extraordinárias e excepcionais" daquela representação metafórica do poder, em face da qual "a respeitosa atitude de todos e a deferência universal" só vinham confirmar a convicção de que ela era "o resumo do país, a encarnação de todos os seus anseios".

Pois é justamente uma entremescla desses dois extremos, o do inconformismo frente à expansão das elites e o da submissão irremissível dos despossuídos, que abre o terceiro movimento do livro, decisivo por integrar a matéria às intervenções mais fundas de um Lima Barreto libertário e mais humano, rebelde e ao mesmo tempo melancólico, que se revela nos últimos anos da vida, a partir sobretudo da experiência dolorosa que conheceu no hospício.

Nos relatos de *Histórias e sonhos*, ela se manifesta na humilhação de Clara dos Anjos e no abandono do mulatinho Ernesto; na voragem sentimental da jovem Lívia, que, a exemplo de Ismênia, no *Policarpo Quaresma*, se deixa levar pela "galopada de sonhos" que a conduz para as indefinições do abismo; mas também — e de forma bastante amarga — na decadência moral do doutor Maximiliano, que pouco representa no seio da família a que chefia; no desengano do velho Fausto Fernandes Carregal, ao ver-se compelido a destruir o bem que mais estimava; e, por último, na generosidade da vagabunda Alzira, que um dia tivera dinheiro e agora distraía, embriagada, os frequentadores do "Guaco".

No episódio "Clara dos Anjos", em que se esboça o argumento da novela de mesmo nome, publicada entre 1923 e 24 em folhetins pela revista Souza Cruz, do Rio de Janeiro, com praticamente as mesmas personagens sob nomes diferentes, a mulata Clara é deflorada pelo galã Júlio Costa, que a engravida e se livra dela com os aplausos da família, de gente branca, incapaz de tolerar que o filho, um cantor de sucesso, pudesse um dia se casar com *gente daquela laia*.

O preconceito de cor, tema amplamente difuso na ficção, no diário íntimo e nos escritos circunstanciais de Lima Barreto, havia determinado, como sabemos, o destino do escrivão Isaías Caminha, que no entanto se redimiu e, por obra do destino, acabou vencendo no jornal e mais tarde na política. O que há novo é que em *Histórias e sonhos* o estigma é irreversível. Tanto Clara quanto o mulato Ernesto, de "Uma conversa vulgar", não escapam às consequências de não serem brancos, este último —

como agravante — vivendo a injustiça de ter sido abandonado pelo pai, branco, que enriqueceu, virou visconde de Castanhal e repudiou a negra, mãe de Ernesto, com a qual se juntara e que o ajudou a fazer fortuna nos tempos em que eram pobres.

Paralelo ao deles, o destino de "Lívia" é sonhar com vida improvável de um casamento rico que a livrasse da rotina enfadonha daquele trabalho miúdo de limpar e varrer, lavar e passar. Namorados, carros, vestidos, viagens, a Europa... afinal, o que era mesmo o amor? Para ela e para o velho doutor Maximiliano, do relato "Cló", Lima Barreto parece haver destinado o que, para ele próprio, sempre se constituiu num verdadeiro inferno: a sobrevivência difícil na família sem posses, a mediocridade de um cotidiano sem horizontes, arruinado pela insanidade do pai.

No caso do velho Maximiliano, que se consolava nos cafés e no jogo do bicho das tristes condições em que vivia, incapaz, pelo que ganhava, de continuar sustentando os luxos descabidos da família, o desfecho traz a gradativa corrosão da dignidade, que ele vai trocando aos poucos pelo dinheiro do doutor André. Este, um homem casado, porém rico, que, apesar de "bacharel vulgar e deputado obscuro", vai aos poucos tomando assento em sua mesa, interessado no amor de sua filha, a Clódia sensual e sibilina que, na dança da cena final, "cheia de dengues, sacudindo as ancas", murmura lascivamente para ele: "Mi compra ioiô! Mi compra ioiô!".

Moralmente decepcionado com a família, faz par com o doutor Maximiliano o velho Fausto Fernandes Carregal, do conto "A biblioteca", em cujo argumento Lima Barreto transfunde ficcionalmente muitos dos temas intercorrentes nos registros confidenciais de seu *Diário*. Além das reflexões sobre a importância decisiva dos livros na expressão e nos fundamentos da vida, o narrador alterna no conto diversas impressões sobre a contribuição deles na formação de uma família. A emoção de conviver com eles, o prazer de compreendê-los, os excessos da tentação erudita ante as deformações do bacharelismo, que os via como deuses, mas os admirava apenas exteriormente — tudo isso revolve amargamente o espírito de um Fernandes Carregal solitário que, já velho, não consegue transferir para os filhos o amor pela preciosa biblioteca da família e decide queimar, volume por volume, aquela herança que vinha do pai e do avô, gente ilustre da Academia Real Militar fundada no Rio de Janeiro em 1810 pelo conde de Linhares, ministro de d. João VI.

No conjunto diversificado desses episódios, a que se junta o da rameira Alzira, capaz de se compadecer, em "A vagabunda", do narrador que havia pouco a humilhara, é preciso atentar para o equilíbrio de suas diferenças, pois, se de um lado eles se impõem pela singularidade do estilo, de outro registram uma fecunda estranheza no contista que surgia. Sob este aspecto *Histórias e sonhos* junta-se à prosa maior do romancista Lima Barreto para confirmá-la em arranjos mínimos, distanciados do projeto literário que a organiza, mas cheios da expressão radical e humana de sua ambiguidade.

Na fanfarra de Almáquio Dinis

Caso talvez único na crítica brasileira de inícios do século passado, o baiano Almáquio Dinis (1880-1937) é o tipo do crítico que escapa a qualquer juízo que se arrisque a explicá-lo. Não que os seus livros se afastem muito dos rígidos padrões da mentalidade "cientificista" que irradiou da chamada Escola do Recife, responsável, como se sabe, pelo dogmatismo extremo que cristalizou a vida intelectual brasileira de Tobias Barreto e Sílvio Romero para diante. É que em seus escritos são praticamente indiscerníveis os argumentos de que se vale para chegar a uma relação propriamente crítica com o objeto literário.

Filho de um farmacêutico, Almáquio foi professor de filosofia jurídica na Faculdade Livre de Direito da Bahia e um dos fundadores da Faculdade Teixeira de Freitas, de Niterói, chegando depois a catedrático de direito civil na Universidade do Rio de Janeiro. Mas não foi apenas como jurista que marcou a sua trajetória intelectual, apesar da prolixidade de seus escritos na área do direito, bem como do gosto pessoal pelo ensaio filosófico e pelos estudos sociológicos e de criminologia, como revela sua extensa bibliografia.

Um de seus críticos nos lembra inclusive que ficou conhecido como "Almanaque Dinis", dada a imensa variedade dos temas em que se metia, vasculhando ângulos comuns a objetos inconciliáveis, que costumava desdobrar em livros simultâneos, como ocorreu com os esboços sobre a *Preparação socialista do Brasil* e com o ensaio sobre a *Sociologia soviética*, em 1934. Através deles, aderiu ao marxismo e demonstrou afinidades com o ideário da Aliança Nacional Libertadora, em favor de cujos revoltosos teria interposto um recurso de habeas corpus, que o levou a ser preso por mais de uma vez — uma delas em sua própria casa, de onde teria saído de pijamas para um dos quartéis da cidade por se ter recusado a trocar de roupa.

Referindo-se ao episódio, um de seus bisnetos lembrou recentemente que, posto em liberdade, Almáquio fez questão de voltar a pé para casa, caminhando de pijamas pelas ruas do centro da cidade e levando atrás de si uma enorme multidão de ativistas, a quem ia detalhando a truculência de que fora vítima.

Foi assim que incomodou muita gente e ocupou largo espaço na imprensa de seu tempo, sendo quase sempre lembrada a "obsessão biológica e materialista" que teria inclusive levado o padre Leonel Franca a excluí-lo de sua *História da filosofia*, fazendo aumentar a fama de um Almáquio "pensador monista", entusiasmado com a filosofia de Haeckel, apesar de estar em Kant a sua confessada preferência.

O fato é que essa vocação desgovernada enveredou desde cedo para o jornalismo e as letras. Aos quinze anos, dirigia o jornal *Tribuna Acadêmica*, de apenas três números; aos dezessete já estava na secretaria de redação do *Jornal de Notícias*, da Bahia, no qual ficaria célebre por haver publicado, em francês, uma resenha sobre *Les sept femmes de la Barbe Bleue et autres contes merveilleux*, de Anatole France, por ocasião da visita do ilustre escritor ao Brasil em agosto de 1909.

"Era um imberbe ainda, rosto escanifrado, arredio, por temperamento, de rodas e *côteríes*" — nos diz Américo de Oliveira, para informar que, aos catorze anos, fazia versos românticos, aos dezoito compunha "artigos de ciência" e, aos vinte, "já havia lançado uma revista escolástica, a *Mercúrio*, "com a qual chamou todas as atenções da contemporaneidade, que logo descobriu em Almáquio Dinis o escritor que se assinava Aquiles Donato", pseudônimo que alternava com os de Antônio Lupus, Gelis Dongalves e Zinido, entre outros.[1]

Foi nas páginas da *Mercúrio*, cuja tinta de impressão ele mudava de número para número, que surgiram suas primeiras poesias simbolistas, com destaque para o poemeto "Dona Urânia", uma espécie de "congraçamento de quatro mulheres vagas, para a criação de uma forma concreta".[2] E com o mesmo ritmo vertiginoso chegou, em 1911, a presidente de honra e um dos fundadores da malograda Academia Baiana de Letras, proferindo inclusive o discurso de abertura. E, mais tarde, com o desaparecimento desta, assumiria a cadeira 37 da Academia da Bahia, fundada em 1917 para substituir a primeira, sem esquecer que depois se transferiu para a Academia Carioca, da qual seria, em 1934, o titular da cadeira de número 3, já com olhos voltados para "a glória suprema" de chegar um dia à Academia Brasileira de Letras.

Candidato à vaga de Euclides da Cunha, sabemos que acabou derrotado por Afrânio Peixoto, em rumoroso pleito que o levou inclusive a pedir a impugnação de Afrânio sob a alegação de que este se inscrevera fora de prazo. Quem viveu o episódio sabe que não foi fácil aos imortais do Trianon livrar-se da presença de um Almáquio enfurecido pelos arredores da Academia,

144

vociferando dias seguidos contra "o escândalo da derrocada moral lastimável", com todas as consequências que a decisão implicava.[3]

A verdade é que, se não logrou "transpor os umbrais do silogeu", como ele mesmo lamentou certa vez a um de seus entusiasmados admiradores, jamais deixou de se portar como um legítimo acadêmico. Basta lembrar a pose com que exibia algumas das pragas mais visíveis da retórica afetada dos silogeus: a pretensão científica, o polemismo civilizador à Sílvio Romero e a argumentação enciclopédica.[4]

O leitor de A relatividade na crítica, por exemplo — e este é talvez um de seus livros menos tumultuados do ponto de vista metodológico — há de se surpreender com o despropósito de suas suposições. Em primeiro lugar, pela complexidade dos temas a que se atira, em especial dos estudos que pretendeu inaugurar no terreno da crítica, da teoria literária, da literatura comparada, da teoria dos gêneros, além da própria criação ficcional que inclui, além de romances, dramas, contos e crônicas. E depois pela veemência dos princípios que se propõe adotar, ao dizer que seu livro pretende ser "um grito forte de alarme contra a inanidade e a inscícia nacional", incapaz, segundo ele, de reagir aos argumentos cansativos da crítica prolixa "dos Sainte-Beuve e dos Faguet", a quem sempre faltou — assegura — a objetividade que ele, Dinis, "lutava para introduzir na crítica", com a finalidade de mostrar que "um bom livro se evidencia pelo menor tempo exigido para causar a maior emoção".[5]

Assinale-se que tal pretensão científica vinha já de uns quinze, vinte anos passados, no âmbito de suas primeiras incursões literárias, se não quisermos remontar aos tempos da própria adolescência, quando, antes mesmo dos dezesseis anos, ensinava aos alunos do ginásio os fundamentos da história natural, tema de que se valeu para uma conferência sobre "Teoria da formação da Terra", que ficaria na memória dos estudantes do Grêmio Evolução, um dos mais conceituados da Bahia daquela época. Por outro lado, não escapou a Afrânio Peixoto o ímpeto materialista com que Almáquio, nas páginas de *Eterno incesto* (1902), por exemplo, investia contra os que ainda insistiam em doutrinar sob "o evangelismo casto de Tolstói". Nas palavras de Afrânio, uma "aguçada curiosidade multiplicou os leitores do livro de Almáquio: a onda selvagem refluía vertiginosa e o livro ficaria, isolado como o rochedo que as águas teimosas não derrubam".[6]

Mesmo os que conhecem aquela "voragem de verdades científicas" que Antonio Candido pôde desbastar, perplexo, em meio aos excessos com que Sílvio Romero se propunha a assumir "a reorganização do processo integral de crítica à cultura brasileira", mesmo esses não deixarão de se espantar com as bazófias de Almáquio, ao citar Daniel Berthelot, Henri Bergson e Paul Painlevé para chegar a Albert Einstein e então concluir que a melhor crítica "é a que estabelece, com segurança, aquele minuto mínimo de tempo gasto para ser produzida a máxima emoção possível".[7]

Claro que, para o leitor, nada aparece dos experimentos de Berthelot, assim como das teorias matemáticas de Painlevé, muito à deriva ao lado das figurações abstratas do tempo desenvolvidas por Bergson, igualmente citado sem qualquer referência pontual. Mas ir a Einstein para nos dizer, por exemplo, que este seria um grande crítico se a sua teoria da relatividade "não tivesse limitado a sua compreensão ao sentido visual dos homens", como afirma Almáquio às páginas 12 e 13, soa como atrevimento de adivinho, particularmente se pensarmos no *nonsense* da conclusão, em que pretende demonstrar nada menos que a diferença entre o livro escrito e o livro lido corresponde à "diferença de tempo entre dois comboios paralelos, dotados de semelhante velocidade e que demandam ao mesmo ponto".[8]

Não, leitor, não se trata de galhofa ou trapaça: ler os livros de Almáquio Dinis é arriscar-se a conviver com alguém disposto a garantir que a imaginação literária pode ser pesada, medida, descrita e meticulosamente classificada como experimento demonstrável no âmbito das "ciências exatas", cujas teorias, nele, predominam sobre os estudos de texto e de estilo.[9] É mergulhar na experiência de alguém que — a crer nas indicações de seus contemporâneos — se correspondia regularmente com vários entendidos na teoria de Einstein, gente como Carlo Bocelli, Jean Villey, Leon Block, Ernest Seillière, Émile Magne, Tullio Levi Civita, entre outros.

Basta dizer que, bem ao contrário de Sílvio Romero e dos críticos naturalistas, por exemplo, que, antes de ingressar no texto literário, faziam longas e doutas digressões sobre sociologia, climatologia, antropologia, biologia, jurisprudência e etnologia, bem ao contrário deles, Almáquio dilui o texto na colagem das citações científicas em alemão, em inglês, em francês e até mesmo em latim, sem qualquer interesse em valer-se da fortuna crítica dos autores que "analisa", nem tampouco dos estudos sobre as tendências estéticas do período ou mesmo sobre os avanços da crítica e da historiografia.

Uma amostra dessa extravagância intelectual está na forma como ele, partindo de um verbete de D'Alambert na *Enciclopédie* — que ajusta a seu modo às conclusões da teoria da relatividade de Einstein —, chega por exemplo aos fundamentos literários dos contos que Coelho Neto reuniu em *Vesperal!* Dito assim, parece troça, coisa de vidente ou maluco, mas também coisa que poderia ser de um leitor "inspirado" — possivelmente "um gênio" para alguns resenhistas do nosso tempo —, alguém que, ao invés de propor esse malabarismo crítico, escolhesse o ângulo da ficção ou do relato-flagrante para, de algum modo, aludir ao incerto da alegoria e do fragmento, tão abertos às mutações do século que então se abria.

Mas não é assim para Almáquio. Ao contrário: "em *Vesperal*", nos diz ele, "encontra-se uma razão plausível com que se demonstra a quarta dimensão, verdadeiramente composta do espaço-tempo", categoria que ele procura explicar valendo-se da concepção de "tempo local" (1904), do físico Hendrik Lorentz, decisiva — segundo os especialistas — para a teoria da relatividade de Einstein (1905), que o matemático Hermann Minkowski, citado por Almáquio (*Raum und Zeit*, 1908), afirmaria "ser melhor entendida (sic) num espaço-tempo de quatro dimensões", onde tempo e espaço deixam de ser categorias separadas.

Pois é desse labirinto abstrato das formulações físico-matemáticas ["ninguém jamais viu um lugar de outro modo, senão em um certo tempo, nem um tempo de outro modo, senão em um certo lugar"],[10] que Almáquio, louvado em Minkowski, transporta mecanicamente para a prosa de Coelho Neto a observação de que *Vesperal* é um índice

> não do tempo em si, mas do tempo em combinação com o espaço, porque o tempo em si e o espaço em si desapareceram do domínio das realidades objetivas, sendo única realidade objetiva a combinação espaço-tempo, que é o meio em que sucedem os fenômenos.

O que pretende nos dizer é que a "certeza" teórica do discurso científico citado em alemão se converte em juízo crítico com o qual o estilo retórico de Coelho Neto parece enfim haver encontrado um leitor à sua altura. Tudo como gostavam os intelectuais da época. A diferença é que, na apreciação do texto, a verdade propriamente literária não aparece, as palavras, as frases e os períodos não se articulam com a sensibilidade empolada da *inventio*, sem qualquer interesse em chegar às imagens, aos ritmos e pulsões da escrita encaroçada do velho literato de *A conquista*.

Tudo porque, nas mãos de Almáquio, juízo crítico é transcrição mecânica de conceitos bem ou mal copiados aos manuais de ciência aplicada, como o atesta o trecho em que ele afirma que "a demonstração que se encontra no livro de Neto é o testemunho da verdade de que a duração, como queria D'Alambert, é uma quarta dimensão, porque o tempo situado em *Vesperal*, por exemplo, possui as mesmas propriedades que as coordenadas espaciais: a continuidade, a infinidade nos dois sentidos e a variação uniforme".[11]

Longe de nós a intenção de prosseguir nos "princípios" dessa vertigem intelectual com que Almáquio investe contra o ofício da crítica, mas apenas a de confirmar que eles de fato existem. Primeiro no modo como concebe a diferença entre o crítico e o leitor, reduzindo-os a "dois comboios que investem paralelamente sobre um dado ponto", constituindo-se a crítica na diferença mínima entre ambos. E depois na maneira como qualifica a positividade da análise, para ele tanto mais arguta quanto mais "assentada nos princípios verdadeiros da relatividade do tempo".

O estranho nisso tudo é que, em meio à abstração desmedida, às vezes despontam alguns lampejos que parecem induzir à concatenação do argumento, como no caso da advertência de que "não é dado que se critique aquilo que se não sabe enunciar"; ou ainda da distinção de que a crítica "é uma arte de conhecer mais complexa do que a arte de representar".[12]

Mas são apenas lampejos, pois os juízos não se complementam, toldados pelo destempero. Para Almáquio, a maioria dos críticos não é capaz de exercer a crítica justamente por ignorar "a obra monumental de Albert Einstein", sem a qual não estão preparados para enunciar o objeto que pretendem criticar.

Porém há mais. Um terceiro princípio sustenta que a crítica é "a diferença que sobressai entre o livro escrito e o livro lido", com a ressalva metodológica de que "onde essa diferença não se verifica, a crítica é irrealizável". Não que a perfeição da obra transcenda o alcance da crítica. É que, para Almáquio — como no exemplo da diferença de tempo entre os dois comboios paralelos —, "a crítica e a obra de arte não se ajustam senão efemeramente; e se é nesse ponto que uma se pronuncia sobre a outra, nada há que se sinta diferentemente".[13] Quer dizer: se um bom livro se impõe pelo menor tempo exigido para causar a maior emoção, a crítica só se realiza quando o tempo da emoção do artista e o da emoção do crítico se mostrarem autônomos e complementares nessa convergência.

É inútil pretender saber que elementos da análise lhe permitem expressar tamanha convicção. Antes mesmo que pensemos nos recursos de teoria e hermenêutica literária, Almáquio fecha a incursão estética — se concedermos que existe uma — para voltar ao labirinto das relatividades. Para ele, os elementos que permitem esse grau de certeza assentam, todos, "sobre fórmulas novas de gravitação", que transcreve "a partir da equação de Albert Einstein", incorporada com a maior naturalidade, sem a menor hesitação: $ds2=dt2 \ (1\text{-}a/r) — dth2+sin \ th \ df2 — dr2/I\text{-}a/r,$

> onde ds [garante ele] é o elemento de geodesia percorrido no Universo por um ponto gravitante r e designa o raio vetor desse ponto gravitante r em relação com o centro maciço, sendo o a um comprimento proporcional a essa massa, que, no caso do Sol, é igual a pouco mais ou menos três quilômetros.[14]

O leitor por certo haverá de perguntar, intrigado: e a prosa de Coelho Neto, o que ganha com isso tudo? Almáquio é implacável: se um bom livro se revela no menor tempo exigido para causar a maior emoção, é claro que, não havendo essa diferença, a crítica não se realizou, tendo coincidido a emoção do autor com a do crítico. "Em aparência isto é possível", nos diz ele. Mas adverte que isso representa um dos maiores absurdos pelo princípio de que dois fatos não podem, ao mesmo tempo, ocupar o mesmo lugar no espaço [...] Se assim é, que se registre essa coincidência, no momento mesmo em que ela aparentemente se revela, antes, pois, que as diferenças comecem a revelar-se e cheguem a um extremo tal que os dois comboios de marchas paralelas se percam totalmente de vista.[15]

Não haveria mais o que dizer desse pacote de certezas concebido em 1923, não fossem os pressupostos críticos do ensaio *Da estética na literatura comparada*, publicado no Rio de Janeiro, em 1911, pela casa Garnier, em cuja "Prefação" Almáquio — já então presidente honorário da Academia Baiana de Letras — se propõe justamente a elucidar a cientificidade do método que utilizou para explicar a natureza da literatura comparada".

O dado interessante é que, na "Prefação", que ele confessa haver composto "em meio a outros volumes" — mais de dez, escritos simultaneamente —, delineia-se um verdadeiro "programa científico" voltado, entre outros, para os estudos sobre a *Gênesis e evolução do sentimento estético*, sobre *As teorias do belo originadas em Ruskin*, bem como sobre *Os clássicos na literatura moderna* e *O princípio do belo na evolução do romance brasileiro*.

Em todos eles, segundo Almáquio, a grande meta é a de chegar a três objetivos específicos: "O conhecimento pleno dos gêneros e processos literários dos tempos modernos", que ele chama de *aspectos extrínsecos*; "o estudo da colocação definitiva da estética no quadro dos valores científicos", segundo ele, os *aspectos intrínsecos*; e a afirmação da existência e das causas de uma "fase literária de transição" para um período individualista, na qual "a estética faça arte por seu próprio esforço, sem o prestígio dos códigos escolásticos".[16]

Por acreditar que o país atravessava "um período de grande confusão escolástica", Almáquio alertava para a urgência de nos prepararmos para a fase do "futuro individualista da arte", paralela à nova etapa do que considerava "o futuro individualista das sociedades humanas", previsto por John Ruskin quando se referiu — nos diz ele — a uma "vida social perfeita" em que a beleza e a verdade caminhariam juntas.[17]

Ao descartar de saída influências como as de Max Nordau, Maurice Le Blond ou Saint-Georges de Bouhélier, teóricos — como sabemos — interessados em exaltar "o advento de uma humanidade superior em força, em grandeza e em beleza", Almáquio justamente se propõe a afastar-se desse ideário "de desilusões movidas pela pompa do escândalo".

Para ele, a estética devia ser tratada como "uma ciência de método próprio, que recebe os influxos das ciências naturais como ciência social que é" e que transcende aos próprios ideais de John Ruskin, à medida que enfeixa em sua própria essência tudo aquilo que "no menor prazo de tempo possível desperte o maior número de ideias".

Na verdade, o que ele pretende, ao enfatizar na beleza a única fonte dos valores estéticos, é deslocar esses valores para a arte e a crítica que os determinam como "dois raios luminosos da grande estrela" que se chama estética.[18] Ou seja, de um lado, a beleza a serviço da arte; e, de outro, a verdade a serviço da crítica. Daí que, para Almáquio, só há sentido em falar de estética, levando em conta que "a arte é o aproveitamento da beleza sob um dado critério psíquico"; e que a crítica "é um reconhecimento da verdade no aproveitamento da beleza".[19]

Com isso, intenta rechaçar as teses dos "diversos credos" de seu tempo, de Zola a Arno Holz (tão caro a João Ribeiro), passando por Taine, Sainte-Beuve, Sílvio Romero, José Veríssimo e o próprio João Ribeiro, entre outros. Ao contrário de todos eles, sustenta que a crítica "não é a cultura apaixonada de um ideal aparecido numa época de desilusões" de um momento crítico da literatura francesa, e sim "a produção literária que visa a um fim e o preenche" e cujo valor precisa ser determinado "em relação com o tempo e o meio em que ele se formou".

Mas a partir daqui o que parecia apontar para um sinal de ruptura com o naturalismo positivista — que impregnava toda a crítica do período — logo muda de curso para recair em cheio num "cientismo" descritivo dos mais desbragados, que chega inclusive a registrar "o sentimento do belo se formando no fronema humano por informações partidas do *sensorium*", cujo mecanismo Almáquio faz remontar aos "nervos fronetais" encarregados de produzir as condições físico-químicas indispensáveis à fruição do fato belo.[20]

Por esse caminho, não apenas reincorpora a perspectiva retórica dos critérios que tanto censurou no "psicologismo" de Taine e no "sociologismo" de Sílvio Romero, por exemplo, como também recompõe o horizonte crítico destes últimos, ao rearticular a emoção humana com "o estado de cultura do momento", para em seguida afirmar que "o sentimento estético não é apenas uma função psíquica do homem", e sim "uma ordem de sensações despertadas pelo convívio social".[21]

Como ler de outro modo a sua explicação de que a estética, enquanto ciência especial, se vale dos processos das ciências naturais com a finalidade de estimular "o progresso do belo nas ações humanas" e assim aprimorar o seu "espelhamento nas artes respectivas"?[22]

O diabo é que, novamente, o balaio transborda, e o argumento do crítico, até então meticuloso e carregado de erudição disciplinar, perde equilíbrio e se desintegra ao tentar ingressar nas águas mais fundas da criação literária.

Não que o mergulho comece mal. "O mundo", nos diz ele de repente, do coração para a pena, como quem fosse afinal aprofundar a leitura, "o mundo é o repositório calmo da maior poesia, porque é o acervo inédito de todas as belezas. Em cada trecho há um poema ou um canto de arte". E emenda:

> Nos seus movimentos mais sutis lega ao homem a razão de uma longa produção estética. A noite é negra, o céu sem luzes, o mar proceloso: o raio desce e inspira miríades de criações sobre a simples beleza nua que desvendou. O dia é brilhante, o sol triunfador, a seara alegre e povoada de asas multicores: a nuvem pesada encobre o grande astro e desperta o coração do triste para a compreensão da grande beleza que é a sombra num dia de grande luz.[23]

A notação vai num crescendo até o momento em que Almáquio se lembra do salto vertiginoso com que Mallarmé define a poesia "num mundo dentro do próprio mundo", para em seguida retomar os "achados" de Edgar Allan Poe no ensaio sobre "O princípio poético", que ele estende para os experimentos literários de Gabriele d'Annunzio — tudo para enfatizar que a primeira qualidade da poesia é "a emoção do leitor", ficando para o poeta não mais a tarefa "de alongar a beleza natural", mas de "concentrá-la em um grupo reduzido de versos, de forma que a maior beleza do universo fique contida num acervo mínimo de imagens",[24] argumenta.

Mas o anúncio fica por aí, sem qualquer referência mais concreta à obra dos autores citados, tampouco à análise dos pontos interessantes que o argumento parecia conter. As observações outra vez mudam o seu curso e obscurecem, para cair de novo nas virtudes da "policromia" do *Fabulário* de Coelho Neto como fator enriquecedor da tradição moderna do estilo clássico.[25] Isto quando não recuam para o recorte realista da função da personagem, como faz Almáquio ao defender um argumento de Eça de Queirós descartando — em carta a Ramalho Ortigão — a necessidade de aprofundar a individualidade de seus personagens num país, como Portugal, em que, diferentemente de Paris ou Londres, nos termos de Eça, só havia um tipo de homem, "que é sempre o mesmo ou sob a forma de *dandy*, ou de padre, ou d'amanuense ou de capitão: é o homem indeciso, débil, sentimental, bondoso, palrador, *deixa-te ir*, sem mola de caráter ou de inteligência que resista contra as circunstâncias".[26]

Dá-se o mesmo em relação às observações inovadoras que o autor acrescenta ao conceito de conto, já então para ele "uma página de arte em que colaboram, por síntese, a imaginação, a fluência da linguagem e a observação, por igual, do mundo real".[27] E mais: num contexto que aponta inclusive para a necessidade de uma teoria do conto estabelecida em "função sintética da arte", Almáquio alude à urgência de levar em conta a condensação das imagens "ao menor número possível", de modo a fazer crescer a singularidade do gênero "na razão direta de sua diminuição". Ou seja: além de propor o que denomina de "morfologia intrínseca" do conto, Almáquio parece adiantar os pressupostos de uma análise inovadora, ao vincular a estrutura do gênero ao processo do que ele chama de "redução de um assunto à continência numérica das expressões, das palavras e das frases".[28]

Daí a razão de haver discordado de Araripe Júnior, quando este, ao distinguir o conto do romance, afirmou que no primeiro "os fatos filiam-se e percorrem uma direção linear", ao passo que no segundo eles se apresentam "no tempo e no espaço, reagindo uns sobre os outros e constituindo uma trama mais ou menos complicada". É que, para Almáquio, não havia sentido em propor para o conto, como faz Araripe, uma perspectiva do "pretérito" em contraposição à "atualidade" do romance com base na separação dos dois gêneros a partir da oposição entre o narrativo e o figurativo. Quer dizer: "não bastam, a seu ver, as qualidades de síntese e monocronia para uma obra ser classificada de conto", dado que "sintético e monocrônico é também o argumento de um poema, para não ir mais longe", conclui ele, ao afirmar que "nem o conto é linear, nem o romance tem a especificidade de restringir-se ao tempo e ao espaço".[29]

São ideias interessantes que poderiam apontar para um encaminhamento crítico construtivo, não fossem as descaídas de praxe: além de complicar a linguagem, Almáquio parece esgotar o gênero do conto nas soluções de O *jardim das confidências*, de Coelho Neto, e pior: acaba enleado no critério das classificações mais esquemáticas, resumindo o universo do gênero a cinco tipos fundamentais (o conto *provinciano*, o *nacionalista*, o *atualista*, o *rememorativo* e o *lendário*), que ele exemplifica a partir de autores tão inexpressivos quanto Nelson de Sena, Portugal da Silva, Lindolfo Rocha, Carmen Dolores, esta por sinal "superior ao contista Sílvio Romero", autores sobre os quais paira, no centro de suas preferências, a figura isolada de Coelho Neto, a quem atribui "algumas produções dignas de comparação com as mais belas do sr. Anatole France".[30]

É assim que porá a perder a conquista dos três objetivos específicos que definiu como meta principal de sua "Prefação", pois, a rigor, nem logrou revelar conhecimento pleno dos gêneros e processos literários dos tempos modernos, nem desenvolveu o prometido "estudo da colocação definitiva da estética no quadro dos valores científicos", nem demonstrou a existência de uma "fase literária de transição para um período individualista", do qual a estética fizesse parte "por seu próprio esforço, sem o prestígio dos códigos escolásticos".

É verdade que deixou pelo caminho algumas aberturas que destoam do contrassenso, entre elas a de que a crítica, quando exercida para definir belezas, é uma atividade estética que não exclui a função social do crítico, cujo trabalho — segundo Almáquio — não pertence ao campo da filosofia da arte, e sim ao da "avaliação racional e erudita dos valores concretizados nas obras humanas", sempre levando em conta que "os meios da arte correspondem aos seus processos". Assim entendia, por considerar que à arte "simbólica" devesse corresponder uma "crítica simbólica", do mesmo modo que a uma arte "de expressão direta" corresponderia uma crítica "de expressão direta", daí resultando, para o núcleo da análise, a importância das relações entre "o gosto e as fantasias" do escritor e a "forma" com que esses sentimentos, ao se converterem em arte, a um tempo influem e sofrem influência dos "sentimentos e qualidades individuais" do crítico.[31]

Mas — ainda aqui —, como não poderia deixar de ser, os conceitos se embaralham e logo nos vemos frente às classificações generalizantes dos passos anteriores. E o crítico, que parecia estar sendo visto no interior de um processo hermenêutico, de repente se vê repartido em brigadas voluntariosas de intérpretes dos sentimentos, dividindo-se em "hedonistas", "otimistas", "pessimistas", ao lado dos críticos "de sentimento" e "de ficção".

O que vem depois — como o leitor pode imaginar — é uma avaliação meramente classificatória desses intérpretes aleatórios. José Veríssimo, por exemplo, chamado por ele de "o crítico pessimista das nossas letras",[32] sendo um "crítico de sentimento", é também um crítico "eminentemente social", que teria tudo para se igualar ao pessimismo de Giacomo Leopardi, não fosse — nos diz Almáquio — "aquele *modus judicandi* próprio do estágio cultural dos brasileiros".[33]

Mas, se é assim em relação a Leopardi, o pessimismo de Veríssimo é, a seu ver, superior ao de Sílvio Romero, cujo cientificismo crítico, segundo ele, "modela a crítica pelo fim, que é o da ciência arranjada ao sabor dos tempos da prioridade dos seus estudos e de Tobias Barreto", que faz de Sílvio "um pessimista de ficção, se não de ocasião".[34]

O fato, no entanto, é que a partir daqui o fecho do livro se converte numa espécie de acerto de contas com o próprio José Veríssimo, cuja crítica representa para Almáquio (tão maltratado por ele) a definição dos valores estéticos "pela necessidade de maior ou menor exaltação da pessoa do próprio crítico", já que para ele, em Veríssimo, o julgamento de uma obra partia invariavelmente de um único termo de comparação, dado por sua própria obra.[35] Daí a razão para que Veríssimo, na opinião de Almáquio, devesse ser incluído entre aqueles críticos que — na expressão de um autor francês desconhecido — "não deixarão de encher os hospitais e os gabinetes dos alienistas" por tudo o que representam, nos diz ele, "as suas avaliações críticas odientas, misantrópicas, niilistas e equívocas".[36]

O próprio João Ribeiro não ficaria sem resposta. Tanto assim que, no final dessas observações, Almáquio aproveita para retomar algumas "verdades" da crítica da época, como, por exemplo, as que João Ribeiro sustenta em suas *Páginas de estética* (1905), ao afirmar que não tínhamos uma literatura nacional porque justamente nos faltava um caráter nacional, herdeiros que somos da civilização portuguesa. Em Almáquio, a ideia retorna, mas de outra perspectiva, muito mais abrangente. Diz-nos ele que, se não temos uma literatura nacional, temos em compensação uma época de transição "em que a literatura que herdamos de Portugal entra em gestação para, por meio de um renovamento, ser a literatura de nosso país", abrindo-se, aqui, para "o estudo da evolução estética do Brasil". Para ele, enquanto não se concretizarem as bases desse estudo, "será impossível escrever a história da literatura nacional", a despeito de todos os esforços de Sílvio Romero, de cuja *História* Almáquio discorda, "muito embora servida por um método sociológico".[37] Ou seja: não havia ainda uma história da literatura brasileira, porque o sentimento estético brasileiro não tinha uma história, "apenas uma evolução ontogenética", nos diz ele. O dado novo, aqui, está na crença — inovadora para a época — de que, mesmo em fase embrionária, a evolução estética do Brasil já era "uma evolução que se gerava demoradamente", feito um organismo distinto, a partir do qual "a literatura brasileira iniciará a sua história".[38]

A par dessas reflexões positivas, registre-se ainda, no final do livro, a obsessão pelo desagravo que marca os brios ofendidos do nosso crítico. Um exemplo é a transcrição, nos "Apêndices", de um trecho da carta com que José Veríssimo agradece ao autor a remessa do volume *Da estética na literatura comparada*. Nela, o crítico paraense discorda da generosidade de Almáquio ao incluir o seu nome ao lado de Teófilo Braga e Max Nordau na dedicatória. "Uma generosidade", escreve Veríssimo, "que me parece excessiva". O que entretanto está em jogo é a afirmação subsequente, em que Veríssimo considera o trabalho de Dinis "um livro sério, meditado, e de certo modo interessante [...] com unidade, inspiração, estudo".[39]

A trégua, contudo, é apenas aparente, se nos lembrarmos da autêntica opção pelo confronto que Almáquio acabara de definir poucos meses antes, ao dar a público os depoimentos enfeixados em *Meus ódios e meus afetos*, onde faz uma espécie de arranjo entre as "virtudes" de suas convicções críticas e os "equívocos" da crítica de seu tempo, no Brasil e fora dele.[40]

Impressionante, pelo traço corrosivo das imagens, é o breve panorama com que traça, ali, um diagnóstico dos males que a seu ver "infestavam o ambiente da nossa crítica". O capítulo que dedica a João Ribeiro, por exemplo, serve-lhe de pretexto para demolir o contexto inteiro, que se abre com a referência a uns "seis ou oito interessantíssimos casos de gabolice e enfezamento psíquico". Deles, "uns por incompetentes, querem flanar em alturas vertiginosas, de onde vivem a cair em esborrachamentos consecutivos", como José Veríssimo e Mário de Alencar, por exemplo; "outros, verdadeiramente nulos, não se compreendem em sua própria nulidade, e fingem-se de imortalizados, quando não são mais do que pedaços de carne, balofos e estúpidos, em vias de putrefação, como Felinto de Almeida";

> e terceiros, [acrescenta] estultos, parvos, ridículos, envoltos em capas de prodígios, são espectros de racionais, com o infortúnio de nunca se terem visto antes num espelho. São os Joões Ribeiros [arremata] escritores de cangalhas, em cujos açafates, como punhados de gramíneas, carregam pacotes empoeirados de *Fabordões*, de *Páginas de estética* e de *Crepúsculos dos deuses*.[41]

Aqui, a rudeza da observação tem uma origem conhecida: os comentários que João Ribeiro publicou no *Almanaque Garnier* (uma "publicação para vadios", nos termos de Almáquio) sobre os poemas de Jackson de Figueiredo (*Zíngaros*, 1910), destacando a certa altura que o livro era prefaciado

> pelo impagável crítico Almáquio Dinis, que só tem uma razão para apadrinhá-lo [nos diz Ribeiro] e é ser um homem de jornal e de espantar meninos com as suas pachouchadas folhetinescas de crítica científica, orientação nova e outras baboseiras, já de cabelos brancos, a estas horas talvez mesmo carecas de todo.[42]

A resposta de Almáquio é algo mais que apenas retaliação. Referindo-se aos livros de João Ribeiro, ele afirma que irá "bater de rijo sobre o costado mestiço do pregoeiro acadêmico, até desancar a alimária que vive a apodrecer sobre a poltrona de Pedro Luís". Mais ainda: depois de afirmar que *Crepúsculo dos deuses* não passava de "um livro de autores alemães defraudados por João Ribeiro", diz Almáquio que *Páginas de estética* é recheado da "linguagem complicada, o emaranhado dos argumentos, a sutileza dos conceitos de filosofia, a indigesta saxomania (sic) das citações", produto de um espírito inconsciente que, segundo ele,

> não mede o seu senso, nem pesa os seus conceitos, [de tal modo que] escrevendo no seu *Almanaque*, fê-lo para poder criticar-me. Não conseguiu fazê-lo como queria, porque nem jeito, nem arte lhe deu a natureza para trabalho de tanta monta.[43]

Na avaliação desse contexto, uma de suas afirmações mais pontuais é a de que a crítica, como parte da estética, só raramente se manifesta sobre o *belo natural*. Ao contrário: cabe a ela julgar o belo artístico, "dentro das condições científicas desse fato esplêndido, que é a correspondência exata entre a emotividade e a compreensão sensorial do artista". Se, em relação a esta, a função da análise é, para Almáquio, "proceder para chegar a um fim [e assim] caracterizar o fato diferenciado", o que agora lhe interessa sublinhar é a ideia de que o crítico só será reconhecido funcionalmente como um *averiguador dos valores estéticos* quando, "diferenciados os fatos do belo, lograr situá-los no quadro dos valores respectivos".

Ressalta, no entanto, duas formas de crítica a partir das quais pretende avaliar o panorama da crítica brasileira. A primeira é a *descritiva* — para ele, um sintoma negativo que localiza sobretudo dentro dos limites estreitos do nosso jornalismo —, pródiga, a seu ver, em "ajuizar pelo lado mau" tudo quanto lhe cabe avaliar. A segunda é o que chama de *integral*, manifestação intelectual construtiva que "descobre as formas sutis da beleza em todas as obras de arte, elevando [...] valores que não eram tachados como tais, e situando-os, com os seus verdadeiros expoentes, nos pontos certos do quadro que lhes é próprio".[44]

Diante de tais recursos, caem por terra, segundo ele, teses de críticos como Hennequin, Taine, Brunetière e La Harpe, todos eles — nos termos de Almáquio — "derrubados pelas teorias das integrações estéticas", que vieram para substituir, entre outros, as ideias de um Sílvio Romero, um Miguel Mello, um Alcides Maia e até mesmo o humor crítico de Machado de Assis.

A grande questão que se colocava para ele era a de não haver ainda "nomes definitivos" que se houvessem imposto ao novo panorama que então se desenhava, principalmente em razão do nosso atraso. "O desconhecimento da ciência alemã", afirmava, "tem sido a causa imediata do retardamento dos nossos processos críticos", muito distantes ainda, a seu ver, das intervenções de um Charles Lalo na França, para ele um dos raros críticos que "quebravam a monotonia dos julgamentos aposteorísticos (sic) até então vitoriosos". Curioso é que ele inclui seu próprio nome ao lado de Lalo, ao nos explicar que

> este autor — como fiz eu no *Da estética na literatura comparada* em 1911 —, deduzindo da filosofia estética dos alemães a diferença capital da crítica, fê-la grandiosamente diversa, como um processo de verdadeira ciência abstrata, que é, das mais poderosas no poder de abstração, quando se incumbe de diferenciar e de integrar valores estéticos.[45]

Na essência, Almáquio quer dizer que o alvo do crítico é a "delimitação do belo nos fatos que caem sob sua apreciação", mas acredita que essa tarefa só se completa quando, reconhecida "a espécie valiosa" dos fatos estéticos, ele conseguir integrá-los no "sítio próprio do quadro correspondente, seja qual for a transformação dos valores que neles se perpetre". Distante do pessimismo dos "tamanqueiros da crítica" e dos "mercadores de apodos", que é como denomina a crítica de José Veríssimo e seus seguidores, a verdadeira "função sociológica" do crítico moderno só será exercida, a seu ver, quando este souber "apreçar, avaliar e mostrar a relação entre a beleza objetivamente sentida e o interesse atual dos homens", visto que o "regime das obras-primas", enquanto "privilégio das genialidades", foi há muito tempo destronado pelo "sentimentalismo humano", ele explica.[46]

Essa tarefa — acrescenta — nem de longe pode ser confundida com a crítica produzida nos jornais, em cujo espírito maldizente e superficial a análise nem "diferencia" nem "integraliza".[47] "Todo livro", nos diz Almáquio, "tem um valor, e não é para o negar que o leio. É para destacar que exerço, como posso e entendo, a função da crítica." E emenda: na leitura de um livro, "há sempre uma página, se não um trecho ou, pelo menos, uma pequena frase a representar um dos valores apreçados pela cultura humana". Frente a eles, não cabe fazer como o leigo, que tende a passar ao largo: só o bom crítico é capaz, segundo ele, de perceber que neles pode estar escondido um "cristal luminoso". Daí o caráter filosófico que atribui à crítica, inspirado em Souriau, Lalo e Chevreuil: "A crítica não cria desalentos, não promove desânimos, [mas] estimula para as grandes obras artísticas", ao contrário — nos diz ele — de um Veríssimo, um Araripe Júnior, por exemplo. Da obra "insistente de combate e de negação" de José Veríssimo, Almáquio afirma que "resta uma pálida memória, a apagar-se dentro em pouco, pois a sua crítica, se não criou individualidades, não as desfez", do mesmo modo que Araripe, de quem (afirma) jamais "proveio um nome nacional".[48]

Na opinião de Almáquio Dinis, os críticos brasileiros, "os que têm passado pela função de julgar nas letras brasileiras", não têm cumprido esses requisitos. José Veríssimo — nos diz ele — "submetia os seus julgamentos a um método inteiramente invariável"; Sílvio Romero "fala apenas dos livros que o agradam, [revelando] um extremo cuidado pelas classificações e as doutrinas, de sorte que um conceito é sempre um dogma, a favor ou a contrário, para sempre".

Isso, entretanto, não o impede de reconhecer que em Romero se concentrava o melhor legado crítico do período, fruto de um trabalho "verdadeiramente erudito", assinala, de alguém que, "compreendendo o valor social da crítica, tornou em astros figuras que perdurarão luminosas, tanto quanto a sua própria, na constelação das nossas letras".

Pena que logo adiante desfigure o que parecia uma resenha sensata, para alinhar na mesma escala de valores nomes como o de um Artur Orlando, um Tobias Barreto ou um Clóvis Beviláqua. E pior, para incluir-se a si mesmo, sem o menor constrangimento, na tribuna dos melhores críticos de seu tempo. É o que nos diz quando afirma que

> de uma feita, Vinício da Veiga [...] colocou-nos, a mim, a Miguel Melo e a Alcides Maia, sob o pontificado de Sílvio Romero, à testa dos nossos melhores críticos. E não há muito [ajunta] Cursino Silva, que começava a criticar, dizia, num de seus apreciáveis escritos, ser eu, dentro em breve, o crítico de maior valor no Brasil.[49]

Com tudo isso, é preciso levar em conta que, no conjunto exacerbado de tais excessos, Almáquio não deixa de, por vezes, apaziguar-se consigo mesmo para refletir em aspectos ponderáveis da atividade crítica. Estão nesse caso algumas observações isoladas que, entretanto, não deixam de repercutir na contramão de suas suposições delirantes. Uma delas é a de que o crítico não deve transformar o seu trabalho na "arte de gozar os livros e de enriquecer", mas na tarefa de "aguçar", através deles, as suas próprias sensações de leitura, coisa que, a seu ver, ele só consegue, em primeiro lugar, sentindo a realidade da vida, antes de sentir-se a si mesmo; e, em seguida, ajustando a ela as sensações mais fundas que o belo nos oferece "quando objetivado em uma obra de arte".[50] Isso o impedirá — argumenta — de reduzir as suas análises a "uma preferência pessoal imobilizada" e fora de contexto, como ocorreu algumas vezes com Araripe Júnior, em particular no caso do ensaio sobre Ibsen, citado por Almáquio.

Outra coisa é que, tendo recusado a crítica naturalista, de quem, como vimos, sempre reclamou "o legado de uma filosofia", não chegou a fechar inteiramente as portas às "promessas atuais" de críticos como Ronald de Carvalho e Tristão de Athayde em suas tentativas para construí-lo. É bem verdade que, ao falar de Afonso Celso, lembrou que apenas duas obras se firmaram a partir de sua influência positiva: "a *Rosa mística*, de Júlio Afrânio, e o *Sê bendita!* (1905), de minha lavra".[51] Isso para não mencionar o modo definitivo como afirmou a sua "contribuição pessoal" ("indiquei-lhe a rota melhor a seguir") em auxílio ao escritor Coelho Neto na preparação dos seus *Contos escolhidos*; e a imodéstia com que elegeu a si mesmo para figurar ao lado de Gonzaga Duque na vanguarda da prosa finissecular, ao reconhecer em *Mocidade morta* "um dos raros romances simbolistas da crise nacional", para em seguida acrescentar: "Cremos que, além dele, só viçou o nosso *Raio de sol*" (1903).[52]

Mesmo assim, andou perto de ser um crítico quando soube distinguir, ainda que em livros de poetas inexpressivos, como Magalhães de Azeredo (*Quase parábola*, *Horas sagradas*) e o próprio Coelho Neto (*Procelárias*), a originalidade "nos versos de treze e quinze sílabas, não rimados, ao gosto de Carducci, D'Annunzio e Tommaseo", um gosto que, segundo Almáquio, nos revelava a importância dos versos brancos, contra o preconceito de que os versos sem rima eram como incompletos ou um meio-termo entre a poesia e a prosa.[53] Ou mesmo quando soube aplicar a figura aristotélica da catarse à "literatura defensiva" de Monteiro Lobato, em livros como *Urupês* e sobretudo *Negrinha*, nos quais "os desdobramentos dos perigosos dados da realidade mais crua", como observa, "se transformam em motivos literários,

[...] alertando os homens para o conhecimento dos males que possam aniquilá-lo".[54]

De igual modo, soube ver na extração decadentista dos contos e crônicas de João do Rio um decalque quase linear do mundo parisiense, relativizando o seu alcance no âmbito da "cultura formativa da nossa vida social".[55] Além disso, ao reconhecer "a simultaneidade dos estilos literários", soube estender aos decadentistas de seu tempo a impressão estilística de que "Paul Bourget cruza com Stendhal e Pompeyo Gener" três tendências distintas que, vinculadas ao medanismo de Zola, dariam origem ao que chamava "o vulgarismo, o criminalismo e o pseudodarwinismo".[56]

Com esse espírito, aproximou a poesia de Augusto de Lima à dos parnasianos mais reconhecidos (Olavo Bilac e Alberto de Oliveira) sem deixar de insistir junto aos novos, na esteira de Théodore de Banville, para que lessem

> o mais que lhes fosse possível, dicionários, enciclopédias, obras técnicas que tratem de todos os ofícios e de todas as ciências especiais; catálogos de bibliotecas e de livrarias, livrinhos de museus, enfim, todos os livros que possam aumentar o repertório das palavras que sabeis.

Tudo isso, sem esquecer a advertência de Guyau, de que "levada ao extremo, a pesquisa da rima tende a fazer perder ao poeta o hábito de ligar logicamente as ideias, isto é, de pensar, porque *pensar* (sic), como disse Kant, é unir e ligar".[57]

Surpreendentemente, num tópico dedicado a Goulart de Andrade, Almáquio faz uma referência à "função teatral belicosa", segundo ele "cheia de tendências novas e propensões estéticas" reveladoras, nomeando entre os seus principais representantes o dramaturgo alemão Frank Wedekind, que — conforme assinala — "antecedeu com as suas criações o futurismo de F. T.

Marinetti, na parte relativa ao aproveitamento da velocidade universal como fonte de energias estéticas". A indicação é importante porque, através dela, Almáquio estabelece uma comparação entre a dramaturgia de Wedekind e a estética futurista de Marinetti, de que foi um dos primeiros, senão o primeiro, como mostrou Annateresa Fabris,[58] a divulgar no Brasil. Diz Almáquio que,

> enquanto o futurismo é o anarquismo das literaturas, sendo, também, a arte do amor ao perigo, ao hábito da energia e da temeridade, da audácia e da revolta, a dramaturgia de Wedekind, no seu aspecto neoenergético, nas suas capacidades físicas, é a criação de uma reforma social, batendo-se contra a mania da verdade do naturalismo, mas em favor da verdade estética da alma humana.[59]

Outro de seus *insights* iluminadores foi ter percebido, na prosa de Mário Sette (*Senhora de engenho*), "em cujos cenários há sempre um raio de sol ou um foco de luz", que os estados de alma das personagens, "numa continuidade célere de emoções, lembram a indistinção dos estados sucessivos que caracterizam a mobilidade da consciência, na teoria de Bergson", mais precisamente em *Matière et memoire*, que ele cita com todos os protocolos: Paris, 8ª ed., 1902, pp. 37 ss. A notação é curiosa porque sublinha, no romance, que ao contraste entre o excesso de tempo consumido e a exiguidade do espaço figurado corresponde uma espécie de impasse "para a percepção nítida da vertigem do tempo", fazendo com que a continuidade das cenas se dissolva na "ilusão de que pode haver uma realidade em que nada começa", inutilizando assim, em esferas contrapostas, a integração entre a "corrente da consciência" (mobilidade do eu) e a força da "natureza real".[60]

O mesmo ocorre quando, escrevendo sobre a prosa de *Depois da meia-noite*, de Benjamim Costallat, Almáquio observa que "o estilo não compete com a concepção", de onde lhe vem a impressão de que, nesse autor, por mais esforços que ele faça, a obra sempre ficará parecendo inferior a seu talento. Nas palavras do próprio crítico, haverá "verdadeiramente um páreo, [em que] o fulgor das ideias é sacrificado pela enunciação, porque não é dado à escrita acompanhar a intensidade com que Costallat tem as suas visões intelectivas da arte".[61] O resultado, segundo ele, é que a "descontinuidade" atropela o ritmo do livro, tornando irrealizável a simultaneidade da ideia com a sua expressão escrita, "criando a sensação de um tempo díspar".[62]

É verdade que há descaídas. Como a da leitura do poema "Era uma vez", de Guilherme de Almeida,[63] em que Almáquio nos traz de volta a antiga obtusidade do "esteta científico" ainda obcecado — como nos mostra a nota de pé de página em que cita o matemático Sellien em alemão, em demonstrar o fato de que "a relatividade do começo é equipolente à relatividade do fim", o que a seu ver confirmaria "a noção einsteiniana do universo finito, mas não limitado, contra o universo finito da teoria newtoniana".[64] "É assim", conclui ele, "com conhecimento *a posteriori* que se tornou, por hereditariedade natural, *a priori*, [que] Guilherme de Almeida compreendeu aquela vez especial de seus amores".

Mas há coisas curiosas, como, por exemplo, o artigo em que as hipóteses de Tristão de Athayde sobre Afonso Arinos são comparadas às especulações de um "astrônomo que desse explicações do brilho das estrelas com as intuições de Tycho-Brahe"; ou como a observação de que, nos versos do poema "Música de câmara", de Ronald de Carvalho (*Epigramas irônicos e sentimentais*),[65] "não há uma unidade lógica" de relação entre o pingo de água e a andorinha, e a folha e a chuva. Todavia, tem-se uma visão intuitiva da unidade, "pela sucessão rítmica dos múltiplos planos da criação", que a intuição do artista reelabora verbalmente "sem levar em conta que o pensamento verbal só se nutre dos convencionalismos".[66] Isso explica, segundo Almáquio, que Ronald de Carvalho pode ser considerado um escritor, mas nunca será um grande poeta.[67]

E que dizer de seu diálogo com o narrador de *Os condenados*, de Oswald de Andrade, ao interrogar-lhe sobre a hipótese do refúgio schopenhaueriano da meditação contemplativa, para aderir ao "exercício condicionado da liberdade, na resistência oposta pelos instintos do homem ao constrangimento das brutalidades da luta pela vida"? Para Almáquio, estaria aí a grande contribuição do romance — uma obra em que, a seu ver, está enfeixada a demonstração de que, "embora a metafísica não o queira, o êxtase dos sexos, separando as criaturas e dividindo almas, traça a origem dos mundos [...] como norma de ação, tanto na vida como na arte". É dela — a sexualidade enquanto poder que "resiste à serenidade das contemplações, para imprimir à obra de arte o cunho de sua própria personalidade" — que vem, segundo Almáquio, a grandeza do livro de Oswald de Andrade.[68]

Mas afinal, diante de tanta controvérsia nesse imenso cipoal de contradições, a verdade é que concluímos por não haver distinguido — por mais que o tentássemos — uma direção de leitura para a obra crítica de Almáquio Dinis. Ele mesmo parece não haver se encontrado em meio a tantas "influências" que afirma ter recebido: D'Annunzio, Maeterlinck, Nietzsche, Baudelaire, Edgar Poe, Villiers de L'Isle Adam, Barbey d'Aurevilly, Huysmans, Barrès, Wilde, Ruskin, Zola, Eugênio de Castro, sem falar nos "prógronos" dos clássicos, dos românticos, da crítica naturalista (Sílvio Romero à frente), e mais Taine, e Bourget, e Anatole France, e Verhaeren, e Bouhélier, e Le Blond, e Einstein, e Minkowski, e Newton, mas também Brunetière, Lanson — todos, sem exceção, nos diz ele, responsáveis pelo "meu evolucionismo na carreira das letras, [fazendo] palpitar em mim o desejo de renovar-me sempre".[69]

Não esqueçamos, a propósito, que ele mesmo se encarregou de anotar e divulgar em seu livro os elogios, que sempre cultivou, ao aproximar-se dos escritores famosos do seu tempo. Max Nordau, por exemplo, agradecendo a remessa do ensaio *Da estética na literatura comparada*, comparece nos registros do escritor para dizer de Almáquio que este se movia "sur le terrain le plus solide en rattachant les lois de la esthétique aux lois générales de la nature" [em terreno sólido, embaralhando as leis da estética às leis gerais da natureza]; Philéas Lebesgue também aparece prometendo a um Almáquio embevecido analisar proximamente "le curieux livre de critique portugaise d'Almachio Diniz, *A perpétua metrópole*" [o livro curioso do crítico português Almachio Diniz, *A perpétua metrópole*], pelas páginas do *Mercure de France*; e o próprio Anatole France, para a glória suprema do nosso crítico, depois de ler a resenha de Almáquio sobre as mulheres do Barba Azul, escreveu-lhe do próprio punho para dizer-lhe que "l'article, que je viens de lire, me flatte et me touche profondement" [o artigo, que acabei de ler, me lisonjeia e me toca profundamente].[70]

Isto tudo sem esquecer que Sílvio Romero o chamou de "notável polígrafo nacional", e o próprio José Veríssimo, tantas vezes descomposto por ele, reconheceu, por carta, haver nele "um autor cheio de talento". Tudo, aliás, conforme os protocolos da convivência intelectual civilizada em que o elogio quase nunca significa o que parece expressar. Mas Almáquio precisava acreditar nos encômios que lhe faziam e, por certo, morreu convicto de ter sido um grande crítico.

Oswald de Andrade versus José Lins do Rego?

Quando Oswald de Andrade, num artigo de 1943, chamou José Lins do Rego de "o coronel Lula do romance nacional", mexia sem querer em duas feridas expostas no panorama ideológico do nosso modernismo. Uma, mais antiga, velha pendenga provinciana, vinha dos tempos do "Manifesto regionalista" do grupo de Gilberto Freyre, que chamou para si a precedência no projeto da autêntica pesquisa da identidade nosso passado cultural através da literatura, do pensamento e das artes em geral, em oposição aos manifestos da vanguarda paulista. A outra, mais ligada aos desdobramentos desse confronto, leva ao cerne da briga pela releitura do passado brasileiro.

No artigo, "Carta a uma torcida" — curiosamente motivado por uma discussão de Lins do Rego com um cronista esportivo sobre um zagueiro do Corinthians, debicada por Oswald num de seus Telefonemas, o que provocou a fúria de Zé Lins —, temos um reconhecimento espontâneo que, além da crítica azeda no terreno pessoal, como era próprio de Oswald, contém um juízo importante para a avaliação da obra literária do autor de *Fogo morto*. De fato, na "Carta", depois de escarnecer das "suadas condecorações de violeiro", de lembrar o passado integralista e de glosar a decadência da "alma tosca e primária" de Lins do Rego, Oswald reconhece a força de seus romances, que ele no entanto interpreta como "a homeopatia gatafunhada de *Casa-grande & senzala*".

A ideia, mesmo que temperada com o ritmo da troça, indica aquela que, sem dúvida, parece ser ainda hoje a melhor entrada para compreender o universo imaginário do romancista paraibano. E não será apenas através da trajetória pessoal de Lins do Rego que se configura esse caminho. Tido por alguns como filho espiritual de Gilberto Freyre, o seu regionalismo tem ainda vínculos expressivos com o grupo de José Américo de Almeida e Olívio Montenegro, sem contar o peso das influências de sua fase de formação em Maceió, quando convive com Graciliano Ramos e Jorge de Lima. Mas o universo que o identifica, como narrador e como cronista, é o do mundo em que nasceu, e a sua literatura — incentivada pelo próprio Gilberto Freyre — é a contraparte imaginária do fluxo histórico e social magistralmente plasmado pela prosa deste último, que ainda permanece inigualável como produto intelectual entre a ficção e o documento, a escrita ensaística e a dicção romanesca.

Sob esse aspecto, pode-se dizer — ampliando o palpite de Oswald de Andrade — que a obra de Lins do Rego é a face literária do universo da *Casa-grande*. Planejada em parte como um ciclo, o seu tempo é o tempo coroado pelo mando da aristocracia rural no espaço indevassável de seus engenhos, descritos em seu esplendor, mas narrados até à decadência. A grande vantagem que os seus romances levam sobre o clássico de Gilberto Freyre é a de eles servirem como um painel animado do verdadeiro maciço socioantropológico que o mestre de Apipucos construiu com raro talento e vigor analítico. Ela faz com que as relações se alterem e a perspectiva se desloque para o olho precário da condição humana, como é natural no domínio da arte, onde os planos se invertem e as coisas trocam de lugar.

Sobre o alcance dessa construção da memória frente à realidade da história é que a crítica vem discutindo o legado de Lins do Rego. Foi aí que a coisa ferveu no bate-boca com Oswald de Andrade. Isso porque nos relatos de Lins do Rego nem sempre a decadência da propriedade rural significa o declínio de seus valores. Por isso nos lembrarmos de suas personagens muito mais pela força lírica com que se inscrevem na plenitude de um mundo perdido do que propriamente pela consciência com que reagem aos fatores que as ameaçam, como se no curso de seus romances ainda perdurassem, mesmo que diluídos, os diferentes planos harmônicos que por vezes fazem da casa-grande de Gilberto Freyre um lugar de convivência e fraternidade.

É verdade que não são poucos os temas que fundam a modernidade de sua prosa. Descendente de senhores de engenho, os romances de Lins do Rego fundem na memória e na oralidade as etapas decisivas que marcaram no Nordeste a transição do engenho para a usina. *Menino de engenho* (1932), *Doidinho* (1933), *Banguê* (1934), *Moleque Ricardo* (1935) e *Usina* (1936), mesmo que na maioria centrados no alter ego Carlos de Melo, não dissolvem o horizonte de crenças e ideais que, a partir do avô José Paulino, definiu as metas de seu destino sob a permanência de seus domínios, e com ela a supremacia da família. Lá permanecem, irretorquíveis, a vadiagem oportunista do tio Juca, a intolerância no mando do avô, o reflexo da decadência do mestre Lula — pobre mas cônscio do significado de sua classe. Lá está a subserviência das mucamas, o medo dos meeiros, o privilégio e as diferenças frente aos meninos pobres do eito, os descaminhos do moleque Ricardo, a submissão das negras — tudo num mundo que apodrece e rui aos poucos, mas que nem de longe expulsa do coração dos que mandam a vocação de continuar mandando.

Alfredo Bosi viu nessa nostalgia do ciclo um primeiro estágio de observação afetiva, que se completa num momento posterior em que os "lugares-comuns e o neorromantismo" afetado são superados, para dar lugar ao aprofundamento dessa tensão do eu em face da realidade. É quando Zé Lins escreve *Fogo morto* (1943), o seu maior romance, enriquecido pela transfiguração dramática dos valores, que deixam o plano afetivo da memória para pulsar na vida das contradições mais fundas daqueles mundos perdidos do sertão. Nele, o coronel Lula de Holanda deixa de ser uma sombra que se debate na lembrança para encarnar a dor humana da superação; ao seu lado, o capitão Vitorino Carneiro da Cunha, mesmo sem perder os grotescos rompantes da classe acostumada a falar grosso, investe contra a ordem injusta que ignora a gente do povo, no centro da qual se destaca a figura do mestre Zé Amaro, cujo sofrimento ficará para sempre como uma espécie de síntese da resistência àquele universo em franca decadência.

O romance é de 1943, o mesmo ano em que Oswald publicou a sua carta contra José Lins do Rego. Mesmo com a irreverência que o caracterizava, ele sabia do que estava falando. Sabia, por exemplo, que o autor do *Fogo morto* era um escritor de peso, e que a fome revolucionária do romance de 30 levara a crítica a pô-lo de lado durante um bom tempo. Afinal, como nos mostra o crítico Luís Bueno em sua magnífica *Uma história do romance de 30*, ele próprio havia sido lido na chave socialista, ao ver o *Serafim Ponte Grande* reduzido pelo *Boletim de Ariel* a uma simples caricatura da futilidade burguesa.

Talvez brigassem para saber qual dos dois era o mais moderno.

Um diálogo que volta: Mário de Andrade e Sérgio Buarque

O fato de não haver participado da Semana de Arte Moderna, em São Paulo, não tira de Sérgio Buarque de Holanda a condição de haver sido um modernista *avant la lettre*. Não que haja se antecipado a Mário e Oswald de Andrade na sedimentação mais funda dos inconformismos de origem que já se manifestavam havia algum tempo na irreverência do jornalismo de Oswald ou na busca da escrita livre que Mário teve clareza de não haver encontrado nos versos indefinidos de *Há uma gota de sangue em cada poema*.

Mas, se não abriu caminhos nem figurou na linha de frente da ação futurista que alvoroçou os jovens da Pauliceia, Sérgio — mesmo antes da Semana, a exemplo de Mário e Oswald —, ainda que muito jovem, não deixou de captar de modo precoce aquela mudança dos ventos, que ele soube registrar em pelo menos três posições inovadoras: a necessidade do contato com outras "tradições" de cultura, que nos livrassem do peso excessivo da matriz portuguesa; a urgência em pesquisar a nossa originalidade artístico-literária; e a abertura para a renovação das formas que chegavam com o novo século.

Isso explica que, com apenas dezoito anos, Sérgio não só se interessava pela inserção latino-americana da cultura brasileira — que ele já então imaginava articulada com as aspirações autonômicas do continente —, como também se recusava a aceitar o velho impasse gestado na Colônia, segundo o qual a emancipação da nossa vida intelectual só viria como "um corolário fatal da emancipação política".[1] E não será preciso reafirmar aqui o quanto a decisão de avivar esse debate contribuiu para que firmasse, no espírito do jovem Sérgio, a percepção das antinomias e das correlações entre a decadência e a construção do novo, aqui implícita a busca de outras fontes de cultura e de autoria, a descrença na representação institucional da literatura, a ampliação radical do espaço literário, rompendo limites entre os gêneros e misturando as instâncias do fato literário, que ele próprio exercitou em experimentos-relâmpago pela ficção e a criação artística.

Foi passando por essas etapas que Sérgio acabou confluindo para o projeto dos chamados "futuristas de São Paulo", numa trajetória que foi aos poucos transformando a convergência dos pontos de vista, primeiro numa forma de participação espontânea, que virou militância de trabalho, para logo se converter em instância crítica do movimento, que é quando ele — em momentos diferentes, é verdade — não apenas divulga as teses modernistas e apresenta os seus principais representantes, como também discute, como crítico que substitui a Mário de Andrade no *Diário de Notícias*, o legado do modernismo frente às novas gerações.

Claro que, entre o crítico militante dos anos 1940 e o jovem de dezoito anos que estreava nas páginas do *Correio Paulistano* com um artigo sobre "Originalidade literária", muitas vezes o entusiasmo deformou as coisas, como foi o caso dos primeiros textos de compromisso espontâneo com os primeiros modernistas, onde Menotti del Picchia chegou a aparecer como chefe de escola, ao lado de nomes como Moacyr Deabreu, Agenor Barbosa e Afonso Schmidt — todos em princípio muito mais modernos que Marinetti, de quem se afastavam para aderir ao movimento de libertação "das convenções sem valor" que Sérgio situava na França, "desde os passadistas Romain Rolland, Barbusse e Marcel Proust até os esquisitos [Max] Jacob, Apollinaire, Picabia e Tzara".[2]

O Oswald de Andrade então citado por ele era apenas o autor "de três romances inéditos" que iriam constituir a Trilogia do exílio [*Os condenados*, *A estrela de absinto* e *A escada*]. Mário era ainda o rapaz "do Conservatório de São Paulo que havia escrito há tempos uma série de artigos de sensação sobre 'Os mestres do passado'". É certo que nem tudo contagia o ânimo do jovem crítico, pois, se Menotti aí aparece como um dos chefes de fila, responsável pelo "lindo poema *Juca mulato*", também não fica sem a dura reprimenda de haver cometido, nas palavras de Sérgio, "a horrível palhaçada de *Laís*", não se livrando de ser visto por esse primeiro Sérgio com os olhos com que o veria depois o Sérgio crítico da revista *Estética*, por exemplo. Restrição, aliás, que se estende ao próprio Guilherme de Almeida, visto já nesses primeiros esboços como "um autor um pouco fora do movimento", apesar da "visão estética originalíssima" e da refinada "alma de artista".

Mas, se nesses primeiros escritos, digamos entusiasmados e quase livres de contenção, o que se nota é a descoberta de um "caminho crítico" (para aqui retomar a velha denominação de Northrop Frye), o que é preciso dizer é que, neles, já se definem alguns marcos que permanecerão como focos iluminadores da crítica madura de Sérgio Buarque de Holanda. Para dar um único exemplo, podemos ficar com a avaliação do papel da poesia de Manuel Bandeira no conjunto do movimento. Segundo Sérgio, foi com Bandeira (*Carnaval*, *A cinza das horas*) que pela primeira vez surgiu (na esteira de Palazzeschi, segundo Soffici, citado por ele) "uma poesia compreendida como simples capricho, como mera efusão de um estado lírico qualquer que ele seja", de modo a definir, entre nós, o aparecimento de um verbo poético desligado de qualquer plataforma que não fossem simplesmente a emoção e as palavras.

Daí que, para Sérgio, a posição de Manuel Bandeira na poesia nacional o legitime como "o iniciador do movimento modernista", avaliação que não mudará nem mesmo quando Sérgio amadurece as suas convicções estético-literárias e crescem muito, em seu universo crítico, as figuras de Mário e Oswald de Andrade. Ocorre que esse primeiro momento de adesão espontânea logo se converte em ação de trabalho, e então as coisas mudam de figura. Menotti aos poucos vai deixando de ser um chefe de fila para ser lembrado apenas como o autor de "Moisés", um poema visto agora como "talvez moderno", e assim mesmo apenas para São Paulo, mas não para o espírito das grandes mutações que sacudiam a época.

No sismógrafo das reações imediatas, o crítico já não se comove diante dele, como no tempo em que desdenhava dos parnasianos medíocres, um Moacir das Chagas, um Francisco Lagreca, "defensores da Arte com A maiúsculo", que davam tudo para fazer nome à custa do futurismo de Menotti ou Guilherme, e assim aparecer nos jornais. O próprio Guilherme de Almeida já não representava para o crítico mais que um descompasso petrificado do artificialismo lírico-romântico em que se debatiam autores como Galeão Coutinho, Paulo Gonçalves, Ângelo Guido, Martins Fontes, Tácito de Almeida, antes celebrados com a mesma ênfase utilizada para festejar a presença de um Ribeiro Couto e um Luís Aranha, por exemplo.

É que o Sérgio desse segundo momento já é o leitor consciente do rebaixamento do homem à condição de "gramofone do mundo", que tão bem soube ver no expressionismo de Hermann Bahr, e que o levou à antirrepresentação de Chagall e Kandinsky e ao espírito sintético de Edschmid, permitindo aos poetas e artistas fugir ao realismo da vida sem dar as costas ao próprio mundo. Ou seja: quem fala agora já não é mais o crítico apenas interessado em dizer que São Paulo não tinha mais tempo de olhar para trás, como fez antes com entusiasmo, ao anunciar, para o ano de 1923, por exemplo — em lugar da "poesia idiota do sr. Amadeu Amaral, o poeta indigesto dos comendadores ventrudos e burros" —,[3] os versos de *Pauliceia desvairada*, as *Memórias sentimentais de João Miramar*, o *Poema giratório* ou o novo livro de Rubens Borba de Moraes.

Para o Sérgio de agora, não era mais hora de combater o que já tinha envelhecido. Urgente mesmo era mostrar que o academismo de Graça Aranha, de Ronald de Carvalho, de Renato Almeida, como o de Guilherme e Menotti del Picchia, deixara de ser o inimigo a vencer, porque caíra no vazio e sobrevivia à custa de heranças. A tal ponto que se tornara impossível aos seus representantes seguir fingindo de vanguarda para fazer supor que respondiam aos anseios da modernidade que os acossava, exigindo cada vez mais o compromisso das transformações radicais.

No centro do argumento, estava o repúdio à cristalização das formas e, ao lado dela, a inanidade da paisagem humana, como se a pura imaginação estética se convertesse numa instância desvinculada da imaginação histórica, uma espécie de negação das negações como obstáculo irredutível a uma afirmação maior. É esse o instante em que se descortinam, na percepção de Sérgio, intenções mais fundas em direção à função da poesia e à configuração formal dos motivos do poeta moderno, que ele vê rompendo com os moldes fixos do velho lirismo, ao abrir — já a partir da *Cidade do vício e da graça*, de Ribeiro Couto, em 1924 — para a junção entre a "poesia do prosaico" e a "poesia do cotidiano", em lugar do apuro do motivo poético como mera extensão do "belo elevado", e assim vasculhar a beleza "onde os outros só encontravam um divertimento aborrecido".

A partir daí, começam a aparecer novidades na paleta do crítico. Sérgio nos fala da "poesia de contenção", de um Paul Valéry cada vez mais interessado na colaboração do leitor; e mais: resenha os críticos da *Nouvelle Revue Française* para mostrar que, mesmo no grande poeta francês, o pedantismo não escapa de ser visto como foco de cristalização estilística.[4] Por isso registra o retrocesso da exaltação lírica do pós-guerra, o esvaziamento do exotismo, agora atacado pelo objetivismo poético dos "vates da ruína", Blaise Cendrars à frente, mostrando que a velocidade da vida moderna cada vez mais obrigava o artista a realizar depressa o que ele sentia depressa, antes de a inteligência intervir (Rubens Borba de Moraes).

Mas há algo que muda no centro do panorama de 22. Para Sérgio, Oswald agora deixa de ser figurante para ser medido com as lentes de *João Miramar*, um romance em que ele vê a construção se fazendo no espírito do leitor e cuja modernidade é pela primeira vez explicitada: segundo Sérgio, *Miramar* é o primeiro "a escrever brasileiro", uma sintaxe da destruição, que "acabou com o erro de português". Para ele, o *Miramar* é um livro mais que moderno, "é modernista, sua frase procura ser verdadeira, mais que bonita. E explica: Oswald escreve mal, escreve feio, escreve errado. É grande, porque inverte tudo, "faz transposições de planos, de imagens, de lembranças [...] confunde para esclarecer melhor. Brinca com as palavras. Brinca com as ideias, com as pessoas". Ou seja: "*Miramar* é o burguês brasileiro que pela primeira vez aparece tratado brasileiramente, um tipo que não desdenha do seu meio: aceita-o como ele é, reservando o direito de ser diferente".

Para a nossa surpresa, o mesmo não ocorre com Mário de

Andrade, que Sérgio — apesar da grande admiração que lhe devotava, "até mesmo em seus equívocos" — lamenta encontrar agora muito próximo das posições construtivistas de um Tristão de Athayde,[5] ou mesmo do ideário do grupo mineiro de *A revista*, que, segundo ele, teimavam em seguir deplorando que não fôssemos um país de tradições assentadas, onde se pudesse "criar uma arte sujeita a regras e a ideais prefixados". "Neste ponto", nos diz Sérgio, "prefiro homens como Oswald de Andrade, que é um dos sujeitos mais extraordinários do modernismo brasileiro; como Prudente de Morais Neto; Couto de Barros e Antônio de Alcântara Machado", por representarem "sobretudo o ponto de resistência indispensável contra as ideologias do construtivismo".[6]

Alcântara Machado, mesmo o de *Pathé-Baby*, que traduziu com ingenuidade de coió o "*Sur le pont d'Avignon* dos emboabas no nosso delicioso e brasileiríssimo 'Surupango da vingança'", Alcântara Machado — nos diz Sérgio — construiu um objetivismo de caricaturista que pela primeira vez funciona como "excelente correlativo a quanto alguns estrangeiros cultos e irritados têm escrito da nossa civilização desajeitada", afirmando-se positivamente no que considera "um tipo de brasileiro que Nabuco não previu". Por esse gosto do pitoresco é que Sérgio o aproxima de Oswald, justamente para insistir em que o papel do escritor modernista (na senda de Jean Cocteau) não era outro senão o de "esconder a poesia por debaixo do objeto", compondo "livros secos, quase todos de frases incisivas e cortantes que nem tiririca", banhado de uma "lucidez quase perversa".[7]

Oswald e Alcântara Machado são frutos da mesma atmosfera de onde Ribeiro Couto acabara de retirar seu *Um homem na multidão*, um livro, segundo Sérgio, "que se compraz no vulgar, no pequenino, no cotidiano e não suporta o epíteto poético". A vantagem é que, com a prosa dos dois, a banalização do epíteto se transforma em signo de ruptura, fazendo crescer desmesuradamente a face grotesco-anedótica dos personagens, a ponto quase de transformá-los "de homens, em bonecos, para melhor se rir e fazer rir à custa deles".

É ao longo desse caminho que Sérgio chegará à etapa madura da sua crítica. Não é o caso de refazer aqui a trajetória inteira, mas apenas de registrar — antes de vê-lo propriamente como uma das vozes críticas do movimento — a ruptura com os modernistas da ordem, a saída de cena depois da revista *Estética*, a viagem obscura para o Espírito Santo, a ida para a Alemanha, o aprimoramento intelectual na Europa e depois o retorno com os apontamentos que, pouco depois, em 1936, conformariam o universo de *Raízes do Brasil*.

Se é possível resumir tanta coisa, podemos talvez apontar, em relação ao crítico que retorna, três direções fundamentais. No âmbito da primeira — através do *núcleo Bandeira e Oswald de Andrade*, sobretudo —, a *presença* do gosto crítico pelas vanguardas e pela convivência com os mecanismos e artifícios formais de ruptura, que Sérgio jamais parou de pesquisar pela vida afora. O percurso é longo e vem desde as primeiras impressões dos futuristas nos anos 1920, passado por Panaït Istrati, as fontes de Léon-Paul Fargue, Cendrars, as vanguardas francesas, Pound, Eliot, Joyce, Kafka, Saint-John Perse, até chegar ao diálogo com a chamada Geração de 45, passando pela resenha dos poetas concretistas de São Paulo, que então surgiam. Trata-se de uma direção fecunda e ao mesmo tempo complexa, pelo tanto de dedicação e persistência que exigiu do crítico, conforme ele mesmo registra no prefácio de *Tentativas de mitologia* (1978).

O fascínio pelos versos de Manuel Bandeira e pela estrutura culta de seus ritmos e compassos, que Sérgio vai conferir nas fontes europeias; assim como a admiração pelos processos narrativos do par Oswald—Alcântara Machado, como que dão a essa primeira direção crítica digamos que uma primeira chave de leitura com que ele divulga, resenha e critica a produção do modernismo. Grande parte dessa abordagem técnica serviu inclusive para os exercícios do "escritor de vanguarda" que ele foi ou procurou ser durante um tempo; grande parte dela vem justamente desse empenho de elucidação que ia aos poucos embasando o crítico.

Se tivéssemos de escolher uma imagem que registrasse esse "momento" do crítico, ficaríamos com o retrato com que o descreve Rodrigo Melo Franco de Andrade, nas comemorações dos cinquenta anos da Semana de Arte Moderna, quando nos mostra um Sérgio de *pince-nez*, irreverente, provocador, andando pelas ruas do Rio de Janeiro à caça de parnasianos, sempre com um galo branco debaixo do braço. Mas há um dado interessante: é que, passado o choque renovador da prosa de *Serafim Ponte Grande* e *Miramar*, Oswald vai aos poucos deixando a cena e desaparecendo do radar do crítico, e um fator novo então se verifica: o da presença cada vez mais forte de Mário de Andrade.

Aqui, é preciso dizer que, mesmo na fase em que pendeu mais para o lado de Oswald (com extensão para Alcântara Machado e Raul Bopp), Sérgio, mesmo ali, nunca deixou de se referir à presença decisiva de Mário, seja pela mordacidade e a força da expressão de *Pauliceia desvairada* ("aquele livro tremendo"), seja pelo entusiasmo com *A escrava que não é Isaura*, que Sérgio anuncia em resenha de 1923 pelo *Mundo Literário*. E mesmo no célebre artigo divisor "O lado oposto e outros lados", quando pende para Oswald, antes de silenciar sobre Mário, mesmo ali, não é sem motivo que Sérgio escreve:

> Eu gostaria de falar mais longamente sobre a personalidade do poeta que escreveu "Noturno de Belo Horizonte", só assim teria jeito pra dizer o indispensável: que os pontos fracos em suas teo-

rias estão quase todos onde elas coincidem com as ideias de Tristão de Athayde.

Mas não deixa de registrar que, como já foi dito, embora fosse uma "atitude intelectualista" que o desagradava, essa "falha de Mário" era compensada "nas estupendas tentativas para a reabilitação da fala brasileira".

Pois é nessa direção que a presença de Mário passa a crescer no espírito e na formação crítica de Sérgio Buarque de Holanda, convertendo-se na sua grande referência. Quer dizer: a reflexão sobre a necessidade de fazer convergir a pesquisa da expressão de vanguarda, que lera no apuro técnico da genialidade de Oswald — essa reflexão toda, é a partir de Mário que ele vai deslocar, das matrizes revolucionárias da Europa, que tanto o fascinavam, para a originalidade da nossa verdadeira expressão literária e artística, que ele próprio — como vimos — perseguia desde muito jovem.

É nessa segunda direção que se define propriamente o perfil crítico de Sérgio, dele que já se enredara até mesmo pelo mito de Macunaíma, em busca de compreender o espírito de Mário de Andrade, um talento em relação ao qual, a seu ver, não bastava apenas o bom senso e o equilíbrio da análise para poder compreender. Era preciso alguma coisa mais do que isso, nos diz Sérgio: para chegar à sua complexidade de autor, era preciso, "mais do que simpatia", algo como aquele "amor consciente e exato" que o próprio Mário exprimira no final do "Noturno de Belo Horizonte".[8]

Foi harmonizando essa estratégia de leitura que Sérgio incorporou ao seu projeto crítico o interesse efetivo pelo caminho aberto por Mário[9] "por entre a selva confusa dos preconceitos, das rotinas, das convenções falsas que entorpeciam nossa vida intelectual", nas palavras de Sérgio. E vai mais longe, ao declarar — dois meses apenas da morte de Mário — que, se faltava em sua obra "a ditosa harmonia das construções" que vieram após ele, sempre haverá "grandeza e beleza na obstinação" com que Mário, jamais satisfeito, enfrentou e venceu "obstáculos sem conta à sua tarefa de autêntico pioneiro".

Basta lembrar que foi a partir daí que se reconciliam os destinos de ambos. O de Sérgio quando, desapontado com a descaracterização do movimento de 22, decide, em 1928, deixar tudo para trás e ir viver outra vida, despachando os representantes da falsa vanguarda "para o lado oposto" do modernismo, eles que faziam "todo o possível para sentirem um pouco a inquietação da revolta", com seus esquemas premeditados e toda aquela ausência de abandono", que denunciavam em seus livros. E o de Mário quando, em 1942, na célebre conferência sobre o modernismo, nos lembra da "caducidade de combate" com a qual os jovens representantes da Semana, segundo ele, se iludiram na perseguição aos "lençóis superficiais de fantasmas", em lugar de criticar a "caducidade utilitária" e combater a vida como ela se apresentava, transformando-se, assim, em "abstencionistas abstêmios e transcendentes".[10] Quer dizer: apesar do alarme da renovação estética, da senda aberta em favor da nacionalização, o de que Mário mais se ressente é da omissão em favor do "amilhoramento político-social do homem", justamente "o lado morto" do projeto de vanguarda com que Sérgio rompeu no final dos 1920 para refundir a experiência vivida no projeto de 1922 na chave mais ampla da sociologia e da história, da antropologia e da cultura, a partir dos primeiros esboços de *Raízes do Brasil*.

Mário é certamente o farol dessa "passagem", e, se houvesse que indicar uma epígrafe para ela, eu não hesitaria em situá-la nas palavras proferidas por Sérgio na Associação Brasileira de Escritores, dois meses após a morte de Mário, e publicadas sob o título de "O líder morto" na revista *Sombra*. Está claro que uma questão como esta exigiria um tempo muito mais largo, num outro tipo de intervenção que não fosse apenas — como é o caso de hoje — uma fala de circunstância num simpósio de homenagem.

Mas isso não impede de vermos um pouco nos textos como as coisas se passaram. E aqui chego à terceira direção que assume a crítica de Sérgio depois de seu retorno da Europa, e que ganha expressão definida a partir de 1940, justamente quando ele assume o lugar de Mário de Andrade como crítico do jornal O *Diário de Notícias*, do Rio de Janeiro, atividade que, interrompida, é depois retomada no final da década. A primeira coisa a notar é como Sérgio define uma nova estratégia para a atividade crítica.

Para ele, agora, a primeira exigência em relação ao trabalho do crítico é a de que este tenha, em si, a verdadeira consciência da dimensão poética. E o faz justamente a partir do trabalho de Mário, para quem — nos diz Sérgio — a crítica não se desvinculava da poética, coisa que lhe permitiu exprimir "a rara capacidade de interessar-se suficientemente nos problemas mais vários e de poder abordá-los com conhecimento de causa".[11] Mesmo sem pretender equiparar-se à representatividade de Mário (em cuja obra diz Sérgio que "o crítico sempre esteve à altura do poeta"), é possível verificar como, logo no primeiro rodapé, Sérgio agrega a esse princípio de Mário uma notação inovadora que vem como uma espécie de complemento à carência de participação histórica, tão lamentada por Mário na conferência da de 1945.

É que, para Sérgio, se o primeiro passo da operação crítica está no esclarecimento da configuração literária do texto (onde pulsam os motivos da dimensão poética), "os passos seguintes estarão nos reflexos que o produto de semelhante elaboração vai encontrar no público". Com isso, vencida a etapa dos discernimentos formais, o que fica para o crítico, segundo Sérgio, é auscultar a receptividade da obra e nesta, fundamentalmente, o processo da recriação, já que, para ele, "cada indivíduo, cada época recria as obras de arte segundo sistemas de gosto que lhe são próprios e familiares". Sérgio entende que graças a essa recriação renovada no tempo é que Homero e Cervantes, por exemplo, "podem ser e são nossos contemporâneos", compondo o que ele chama de "uma ordem simultânea com todos os outros autores do passado e do presente, embora signifiquem para nós qualquer coisa de bem diverso daquilo que significaram para os homens de seu século".[12]

Quais são os vínculos em relação a Mário?

Em primeiro lugar, a confirmação — para a legitimidade do ato crítico — da tese pioneira de Mário, quando atribui à modernidade da crítica mais que o direito, a investigação permanente da pesquisa estética, uma das conquistas do modernismo de 22, que ele explicita já desde o "Prefácio interessantíssimo", alargando-a nos textos da *Escrava que não é Isaura* e exercitando-a de modo incansável nos artigos e estudos dos *Aspectos da literatura brasileira* e depois no *Empalhador de passarinho*. Ou seja: em Mário — como depois em Sérgio — a tarefa de compreender o lirismo absoluto significa compreender de que modo ele é atingido primeiro em virtude do aprimoramento técnico do artista, levando em conta — na lição de Mário, absorvida por Sérgio — que "todas as leis técnicas e intelectuais só apareçam pelas próprias razões da libertação, e nunca como normas preestabelecidas".[13]

E mais: na proposta de Mário — que é um verdadeiro mergulho na pesquisa do processo de criação —, invenção e técnica literária funcionam "no polo oposto à associação de ideias". Quer dizer: literatura é resultado de pesquisa livre, produto do olhar inalcançável da sensibilidade artística pronta para renunciar às preocupações puramente estéticas, e ao mesmo tempo aberta para criar "sem programas nem exclusivismos pelo caminho".[14] Mas se na crítica de Mário, muito mais que o apuro da codificação, o que marca no poeta é a superação que o leva a "uma consciência penosa da sua inutilidade pessoal e da inutilidade social e humana da *vida besta*", o dado novo é que ele se vinga, reduzindo-a a um simples maquinismo material de gestos e sinais, como na figuração tradicional de um Augusto Frederico Schmidt; como na tradução dos temas genéricos pelos ritmos impessoais de Murilo Mendes, por exemplo, ou mesmo do segundo Drummond.

Se é assim em Mário, para Sérgio a tarefa da crítica está "na parcela decisiva com que pode colaborar para a recriação" da linguagem desses gestos e sinais, dilatando no tempo do horizonte histórico a expressão latente das diferentes faces assumidas pela inutilidade social e humana do poeta em face do seu talento literário. Se fosse possível traçar um percurso dos pontos-chave da crítica de Sérgio a partir de um contraponto com o princípio da "atualização da inteligência artística brasileira", que Mário reivindicou para o modernismo, caberia indicar os seguintes aspectos:

O de que a crítica só será fecunda (a) quando considerar a obra literária não pela exterioridade de suas formas, e nem como produto estanque e acabado, mas tomando como objetivo central "o seu processo de formação"; (b) quando se der conta da importância dos elementos extraídos da história e da biografia do autor, da psicologia e da sociologia, sem jamais "precisar confundir-se forçosamente com qualquer dessas disciplinas"; (c) quando considerar a literatura num sentido mais amplo que meramente o de "belas letras", mas admitindo sob a chave da criação literária a mais diversificada configuração dos gêneros; (d) quando considerar a análise cerrada da obra um elemento indispensável ao seu entendimento, sem no entanto convertê-la na única forma eficaz para o exercício da crítica; (e) quando se mostrar preparada, além desse trabalho de análise, para apreender com discernimento os modos pelos quais os temas literários que examina se relacionam com o resto da atividade humana, como nos lembra Sérgio apoiado em Clement Greenberg; (f) quando souber evitar a cilada de julgar o todo pela minúcia (em vez de fazer o contrário), bem como a de trocar os meios pelos fins e a técnica pelo valor; (g) quando, enfim, souber reconhecer que a convergência entre a crítica e a história é decorrência inevitável do fato de que "as expressões de cultura são essencialmente mutáveis e não se convertem sem violência em normas adequadas para todos e para sempre".[15]

É certo que muitos aspectos ficaram de fora, mas creio que essas poucas referências poderiam entrar como uma espécie de segundo complemento à terceira conquista anunciada, por Mário, ao analisar o legado de 1922: a da "estabilização de uma consciência criadora nacional". Digo segundo complemento porque o primeiro foi certamente o capítulo sobre a "Nossa revolução", que enfeixa o volume de *Raízes do Brasil*, e que, de certo modo, preenche a desilusão de Mário em relação à omissão político-social dos modernistas.

Nota breve sobre Sérgio crítico

As primeiras notícias do jovem Sérgio Buarque de Holanda nos trazem a imagem de um leitor irreverente e algo excêntrico, diziam alguns que excessivamente erudito para os padrões da época — os primeiros meses do ano de 1920, que é quando os seus artigos começaram a circular pelas páginas do *Correio Paulistano*.

Apesar de não serem muitos os testemunhos sobre o crítico que então surgia, um deles, pelo menos, nos dá conta de que ali pelos dezoito, vinte anos, Sérgio não era um rapaz levado a sério pelos companheiros. "De monóculo, ingerindo misteriosamente uns tabletes homeopáticos que insinuava conterem misteriosos entorpecentes, consta que apreciava deixar correr em torno de seu nome uma série de anedotas de mau gosto", como aquela segundo a qual, já vivendo no Rio de Janeiro, ele costumava cruzar as avenidas do centro com um galo branco debaixo do braço, não raro comendo maçãs, e pronto a fazer troça com o primeiro que aparecesse.[1]

Recordando-o numa dessas incursões, que em geral termi-

190

navam nas mesas do Café Papagaio em companhia de Prudente de Moraes Neto, Alberto Faria ou mesmo de Graça Aranha, o amigo Rodrigo Melo Franco de Andrade dirá mais tarde que essas extravagâncias da juventude não se resumiam — como a princípio se poderia pensar — a meras bravatas no quadro das irreverências do modernismo, mas revelavam, bem ao contrário, a singularidade de um talento cuja principal característica era o imprevisto no arranjo das ideias,[2] traço que, como veremos, imprimirá à obra madura de Sérgio duas de suas principais virtudes: o espírito inovador e a originalidade no golpe de vista.

Vendo da perspectiva de hoje, não é difícil imaginar, dois anos antes da Semana de 22, como repercutiriam no contexto da velha crítica alguns dos juízos que esse primeiro Sérgio costumava enxertar aos seus primeiros estudos literários, entre eles a ridicularização do discurso retórico, as restrições à hesitação localista dos árcades, a superficialidade do indianismo de Alencar e de Gonçalves Dias, por não compreender a insistência que buscaram "poetizar uma raça cuja vida não tem poesia". Isto para não falar das limitações dos nossos homens de letras, com destaque para a inabilidade poética de Gonçalves de Magalhães, que então lhe parecia tão obscura quanto o veio gongórico de Rocha Pita.[3]

No entanto, se não parece lícito, a esta altura, indagar da coerência dos temas que abrem a trajetória crítica de alguém que apenas se lançava às aventuras do espírito, o que se pode destacar é que, nesse primeiro momento, os seus interesses estão voltados para as relações entre o processo de emancipação intelectual do país e os mecanismos da emancipação política do continente, tema a que Sérgio associava a busca da nossa identidade como única forma capaz de vencer os obstáculos do nosso isolamento em relação à vida cultural da América Latina.

Ressalte-se que, se não há propriamente um projeto crítico nesse leitor interessado nos sinais ocultos da nossa autonomia intelectual, é inegável que já aí despontava a lucidez com que ele distinguiria mais tarde, em *Raízes do Brasil*, por exemplo, as diferenças na atitude colonizadora de espanhóis e de portugueses, com a desvantagem, para nós, de que também na área da cultura eram consideráveis os fatores que nos separavam. E, se há muito de sonho e de conjectura nesse jovem que lia García Calderón pensando em Frédéric Mistral; que repassava com inacreditável desenvoltura, para um leitor da sua idade, os áridos metros da *Araucana* de Ercilla ou da *Rusticatio Mexicana* do padre Landívar, nada impediu que vislumbrasse na obra de um Santos Chocano ou de um García Calderón as sementes de um americanismo, que ele então situava na linha de frente da integração hispano-americana. Coisa bem diversa — como pôde então perceber — do que sucedera no Brasil, onde o peso do chauvinismo de matriz francesa nos empurrava para um estilo cada vez mais ruidoso e gongórico, que pretendia alçar a produção literária da América portuguesa ao mesmo nível das grandes literaturas da Europa.

Ocorre que essa consciência de que até então a literatura no Brasil sempre tendera para o artifício e o palavrório, quando não para o rebuscamento que a afastava da natureza e do espírito da terra, prenunciava em Sérgio um claro desejo de ação efetiva, que vai encontrar no modernismo o ponto máximo de sua convergência. Compreender esse ritual de passagem é compreender as circunstâncias que irão gradualmente transformar o comentador diletante num ativista à disposição da vanguarda. Isso explica que, já nas páginas de *A Cigarra*, de *Fon-Fon* e do *Correio Paulistano* — antes mesmo das conferências do Municipal, e de um ângulo inteiramente novo —, Sérgio comece a identificar na voga *art nouveau* de certa crítica pós-simbolista uma atitude afinada com as mudanças que sacudiriam o período.

Discordando, por exemplo, dos preceitos de um Max Nordau ou mesmo de um Pompeyo Gener, que então imantavam a imaginação de autores tão diferentes quanto Graça Aranha, João do Rio e Elísio de Carvalho, ele muda logo de tom e traz ao debate uma outra leitura do legado de Mallarmé, de Huysmans e de Maeterlinck, nomes então em alta junto a algumas correntes finisseculares posteriores ao simbolismo. É quando, ao interpretar em nova chave a rebeldia dos "decadistas", a presença de Sérgio começa a funcionar como uma espécie de radar da consciência estética que mudava, constituindo-se numa síntese hoje indispensável para compreender as relações entre a modernização da linguagem e as transformações radicais que marcaram a fisionomia da época.

É esse o momento em que projeta escrever *Os novecentistas*, nunca publicado; em que vê a necessidade de definir novas tarefas para o moderno escritor do continente; em que vislumbra nos delírios de um Vargas Vila, por exemplo, o humor corrosivo que Taine só admitia de fato nos ingleses, mas que Sérgio amoldava aos impasses de uma geração exilada em sua própria terra e cada vez mais ameaçada pela maré montante do *ianquismo*, um mal capaz, a seu ver, de transformar a literatura numa espécie de *press release* de consumo imediato para a sociedade burguesa que se renovava.

Ao mesmo tempo, interessado nas vozes que brotavam da terra, ele descobre a força expansiva da arte primitiva, combinando a informalidade de leitor sem compromisso a um senso histórico de síntese, o que dá a alguns dos comentários dessa primeira fase uma feição singular de texto já sem o acento ilustrado de origem e aberto aos riscos da intervenção à margem, ao modo da crônica de época. A novidade, aqui, vem da integração entre a linguagem do crítico e as impressões originais do cronista, vazadas num estilo cada vez mais próximo da crescente agitação literária. Basta ver como o cronista que registra os primeiros sinais da prosa instantânea, querendo por exemplo transformar em literatura "as charlas que por aí se ouvem a rodo nos bondes", convive com o leitor que escuta os poemas primitivos de Catulo da Paixão Cearense pensando nas correspondências sonoras ora com o "Lesbos" de Baudelaire, ora com os pantos malaios de Leconte de Lisle. É dele que partem os primeiros sinais de cumplicidade com os temas "futuristas" dos rapazes que preparavam a Semana, ao apontar para a novidade de alguns poemas *tocados* pelo ritmo forte dos taxis e do jazz-band, do foxtrote e dos telefones, e celebrar, num tom francamente inédito, "a luz violeta das estrelas artificiais" que os nossos "futuristas" redescobriam a geografia da cidade sob o delírio da luz elétrica.[4]

Do conjunto dessas impressões nascem as primeiras tentativas de ligar o chamado futurismo paulista a suas fontes europeias, o que àquela altura servia não apenas para abrir o caminho dos novos, como também para estabelecer uma primeira medida crítica que passaria a funcionar como uma espécie de referência estética aos propósitos modernistas de romper com os processos, os temas e os próprios limites da obra literária. Estão nesse caso as observações sobre a adesão de alguns poetas modernistas à ampliação do metro à maneira de Paul Fort e de Apollinaire, cujos versos Sérgio é o primeiro a comparar aos de Mário, Oswald e Guilherme de Almeida.[5] Aliás, é de Sérgio aquele que talvez seja o primeiro informe crítico acerca dos modernistas de São Paulo. Saiu publicado na revista *Fon-Fon* de 10 de dezembro de 1921 e trazia como epígrafe uma passagem de Goethe que antecipava o barulho do Municipal, a dois meses de acontecer. Dizia: "Se eu fosse assaz ousado, violaria todas as regras da fantasia de aliterações, de assonâncias, de tudo que me parecesse cômodo…". No corpo da nota, a chamada para as diferenças que se radicalizavam na Pauliceia entre os que Sérgio chamava de *beletristas* e os seus adversários *futuristas*, estes últimos — segundo ele mais próximos de Tristan Tzara que Marinetti — prontos a desencadear o que Sérgio antevia como "um movimento de libertação dos velhos preconceitos e das convenções sem valor, único no Brasil e na América Latina".

O fato é que os acontecimentos da Semana acabaram acirrando as convicções antipassadistas do jovem Sérgio. Depois das contendas do Municipal, o tom com que ele passa a avaliar o alcance do movimento, longe da imparcialidade que se esperava de um crítico, é já o de um parceiro de agitação mais interessado na vitória das suas teses do que propriamente nos méritos intelectuais da empreitada, o que é visível, por exemplo, nas notas e comentários com que, em *Klaxon*, no *Mundo Literário* ou mesmo em *Terra Roxa*, fez a propaganda da *troupe* de 22, destacando em cada um de seus membros uma centelha nova a inflamar a chama do Brasil moderno. Quem fala agora é o radical, o cúmplice do *agit-prop*, que então escapa para os salões do Café Vienense em companhia de Mário, de Oswald, de Guilherme de Almeida ou Rubens Borba de Moraes, prometendo textos esdrúxulos nem sempre escritos — como "O automóvel adormecido no bosque", "Ipsilon, o magnífico", ao lado de outros desconcertantes e efetivamente publicados, como o conto "F-1", que apareceu em 1923 na revista *América Brasileira* e figurava uma incursão mirabolante da máquina do tempo contracenando com personagens do ano de 3024. Isso para não falar do episódio quase dramático "Antinous", um fragmento futurista que brinca com as imagens da técnica e da civilização por meio de um anúncio delirante que ressuscita o imperador Adriano e o traz para o nosso século em meio à multidão que ulula num cenário entrecortado de espadas ambulantes e de escravos coloridos, curvados como canivetes.

Mesmo ante a imprevisibilidade do movimento, sabemos que não foi pequena a contribuição intelectual de Sérgio Buarque de Holanda nessa etapa da trajetória de 22. O diálogo iniciado com Blaise Cendrars, a criação da revista *Estética*, com Prudente de Morais Neto, a revelação das fontes poéticas de Manuel Bandeira, a valorização precoce da estrutura sem unidade de *Memórias sentimentais de João Miramar*, o reconhecimento de um complexo arte-crítica-pesquisa em expansão na obra de Mário de Andrade são apenas alguns dos fatores que acrescentariam à trajetória do modernismo as precondições para a rumorosa entrevista-libelo de 1925, no *Correio da Manhã*, de onde sairiam as bases para a ruptura, que viria no ano seguinte com o artigo, dele e de Prudente, "O lado oposto e outros lados".

Curiosamente, os mesmos percalços que desviaram os interesses de Sérgio para o ideário de 22 acabariam por levá-lo a romper inesperadamente com a literatura, em 1927, ocasião em que decide distribuir os seus livros aos amigos e partir para Cachoeiro de Itapemirim, onde consta que assumiria a direção do jornal *O Progresso* e viveria uma curta aventura de promotor de província.[6]

A verdade, porém, é que, se o crítico da primeira fase se recolhe ao silêncio, os frutos de sua atuação nos primeiros embates da vanguarda trarão uma contribuição decisiva para a definição posterior do intelectual que, a partir do decênio de 1940, desempenhará um papel inestimável no aperfeiçoamento da crítica literária no Brasil. Lembremos a propósito que, antes disso, no interregno em que Sérgio se afasta das letras para enveredar pelo jornalismo e pela história, foram muitas as etapas vencidas entre o embarque para a Europa, em 1929, como correspondente de *O Jornal*, e a efêmera passagem pela cadeira de literatura comparada na Universidade do Distrito Federal como assistente do professor Tronchon, em 1936. É o tempo dos despachos de cultura para a revista *Duco*; das traduções das legendas do *Anjo azul*, que celebrizou Marlene Dietrich; da conversa com Thomas Mann em Berlim; da amizade com Henri Guilbeaux, amigo de Lênin e representante do *Pravda* na Alemanha. É também a fase dos contatos com o grupo expressionista da revista *Sturm*, da temporada acadêmica na Universidade de Berlim, onde frequentou as aulas de Friedrich Meinecke no Departamento de História e de Ciências Sociais, numa época em que já lia no original autores como Rilke, Kafka e Hoffmanstahl, e os discutia com alguns intelectuais brasileiros que então circulavam pela Europa, entre eles Raul Bopp, Mário Pedrosa, Astrojildo Pereira e Antônio de Alcântara Machado.[7]

Um breve contato com a literatura (o conto "Viagem a Nápoles", publicado na *Revista Nova* em 1931, já de volta da Europa) é uma das poucas digressões no ofício do *scholar* que, em 1936, divide o seu tempo entre as aulas de história moderna e econômica, como assistente de Henri Hauser, e os despachos para as agências telegráficas internacionais como Havas e United Press, após o que, em 1937, com o regresso dos professores franceses — e já tendo escrito o ensaio *Raízes do Brasil* —, assumirá as cadeiras de história da América e de cultura luso-brasileira.

É nesse momento, quando tudo fazia crer no contrário, que se delineiam os motivos para o retorno de Sérgio à crítica literária. Veremos, então, que o alargamento da vivência intelectual na Europa, agora enriquecida de funda experiência acadêmica, será responsável por dois aspectos importantes da nova etapa que então se abre: de um lado, o cronista, que se afastara do crítico pelas imposições da militância futurista, volta a convergir para aquele, agora com a reputação de historiador responsável por um livro que, na conhecida expressão de Antonio Candido, "já nasceu clássico"; de outro lado, o crítico propriamente dito, que silenciara quase ao final da década de 1920, vendo ampliado o horizonte de sua formação, reaparece para mobilizar a experiência acumulada ao longo da incursão futurista da primeira mocidade, em favor não apenas de um diálogo fecundo com crítica e a cultura brasileira, mas sobretudo com as gerações de escritores que se sucediam.

As tarefas dessa nova fase, que se abre em 1940, quando Sérgio assume a seção de crítica literária do jornal *Diário de Notícias*, do Rio de Janeiro, em substituição a Mário de Andrade, e vai — com uma interrupção de seis anos — até fins dos anos de 1950, incluem em seu percurso a passagem pelo rodapé do *Diário Carioca* e a presença constante nas principais revistas e suplementos de outros jornais do país, como *O Estado de S. Paulo*, o *Correio Paulistano*, o *Diário de S. Paulo* e a *Folha da Manhã*.

No conjunto dessa produção, que, em grande parte, pude anotar e organizar em dois volumes, entre 1989 e 1996, com o apoio decisivo de Antonio Candido,[8] podemos distinguir pelo menos três aspectos básicos da contribuição de Sérgio ao desenvolvimento da crítica no Brasil. O primeiro refere-se à questão do método e das funções, terreno em que Sérgio inovou e reuniu bibliografia de primeira ordem, o que permitiu atualizar os conhecimentos teóricos e estéticos entre nós. O segundo decorre da sua concepção de literatura, que ele entendia não apenas como uma manifestação artística, mas também como uma forma privilegiada de conhecimento, que o arco imenso de sua erudição pôde nos revelar a partir das fontes mais diversificadas no âmbito de diferentes tradições culturais, da Antiguidade à nossa época. E o terceiro, de ordem prática, mas não menos importante, diz respeito aos deveres do crítico propriamente dito, que Sérgio acrescentou à discussão sempre elevada que manteve ao longo dos anos com as gerações que se sucederam ao modernismo.

Formulada, aqui e ali, no recorte de um argumento, na leitura cerrada de algum poema ou mesmo na confissão fisgada da intimidade dos diários ou das cartas, vemos encorpar-se com ele não propriamente a concepção de um projeto, mas a coerência de uma atitude intelectual de alguém que, sem jamais ter se considerado um crítico com vocação normativa, soube sempre encontrar um lugar adequado para exercer a mediação entre os livros e os autores. Sob esse aspecto, é possível dizer que, embora a atividade literária se constitua para Sérgio num fazer específico, enquanto crítico ele jamais exigiu do escritor o compromisso exclusivo seja com o seu ofício, seja com qualquer imposição fora dele. Por isso se recusou a ver no escritor a criatura eleita e em tudo excepcional que a tradição ensinou a reverenciar como alguém que tivesse a chave para todos os mistérios. De igual modo, podemos constatar que, nele, à medida que aumenta a densidade da análise, como que diminui a confiança nas técnicas que manipula, o que muitas vezes o leva a desconfiar da crítica que explica uma obra com pretensões de esgotá-la, no mesmo tom com que recusa a explicação de um poema a partir da análise de um único verso. Tal restrição metodológica levou-o inclusive à discussão da teoria literária de língua inglesa como um contraponto à influência francesa, predominante entre nós, de que resultou uma das avaliações do *new criticism* jamais feitas no Brasil.

Tal discussão inscreve-se, aliás, num contexto em que Sérgio aparece como um dos primeiros a refletir seriamente nos limites do ato crítico, questionando, por exemplo, se era lícito à crítica, "uma atividade lógica por excelência", explicar a produção da literatura cada vez menos lógica do nosso tempo. Aqui, se, por um lado, tendia a acompanhar Emil Staiger e os críticos da escola de Zurique no reconhecimento, ainda que relativo, de um idioma lírico exclusivo dos escritores, por outro — avesso ao formalismo e aberto à leitura integrada das categorias estéticas — aproximava-se de Empson e de Caudwell, de Richards e de Valéry, mas sem jamais se restringir aos limites da leitura puramente impressionista. Contra Allan Tate, que excluía a dimensão histórica do universo da crítica, manteve-se a meia distância entre o autotelismo e o contexto, advertindo para a solução absurda dos que procuram num passado remoto as normas fixas capazes de garantir o êxito de seus julgamentos.

É que, para Sérgio, as relações entre a crítica e a história só se justificam quando as intenções históricas da crítica não se convertem em historicismo e se esgotam no processo gerador da obra, o que de modo algum significa que, para ele, historiador e crítico representem, cada um a seu lado, atividades que se repelem. Embora reconheça, como o fez num estudo sobre a obra de Basílio da Gama, que "uma coisa é a verdade poética e outra coisa a verdade histórica", o ponto onde historiador e crítico necessariamente se encontram está, a seu ver, no fato de que "as expressões de cultura são fundamentalmente mutáveis e não se transformam sem violência em normas adequadas para todos e para sempre". Isso explica que, em sua crítica, a análise formal, apesar de decisiva enquanto instrumento para o estudo direto da obra, não exclui qualquer elemento histórico, ambiental ou biográfico relacionado ao texto. A razão disso é que, para além do enfoque da obra em sua aparência exterior, como produto acabado e estanque, existe para Sérgio uma outra dimensão a exigir o esforço principal do crítico: a da leitura atenta de seu "processo de formação e de criação". A habilidade maior ou menor com o que lograr fazê-lo depende da parcela intuitiva que vier a acrescentar a esse exercício intelectual de recriação, o único capaz, segundo Sérgio, de descrever no tempo o modo de invenção de uma obra.

Vê-lo, desse modo, desvendar um texto significa desfrutar, nos diferentes segmentos da análise, do verdadeiro prazer de acompanhar algumas das operações intelectuais mais lúcidas da nossa inteligência crítica, como aquelas em que Sérgio persegue o significado oculto na estrutura aparente de autores tão assimétricos quanto Gide e John Donne, Calderón de la Barca e Carlos

Drummond de Andrade, Sannazaro e Francis Ponge. Nesses exercícios modelares de leitura e engenho, é comum vê-lo recorrer às fontes mais diversificadas para recusar, por exemplo, a ideia de que em poesia a invenção vale menos que a convenção e, assim, reconhecer o fato de que cada época recria as obras segundo sistemas de gosto que lhe são próprios e familiares. Graças a essa milagrosa recriação, nos diz Sérgio que Homero ou Cervantes podem ser, e são, nossos contemporâneos, compondo uma constelação simultânea com todos os grandes poetas do passado e do presente, apesar de significarem para nós algo de muito diverso daquilo que significaram para os homens de seu tempo.

Olhando dessa perspectiva, talvez seja possível dizer que as contribuições mais importantes de Sérgio se localizam nos estudos em que discute em profundidade as questões ligadas à natureza da linguagem poética, vindo da retórica clássica para os mestres italianos e ingleses, dos bardos medievais para as vanguardas europeias de começos do século xx, passando por Rimbaud, Mallarmé, os dadaístas, Pound, Eliot, Breton, Genet.

Por esse caminho, explicará Manuel Bandeira e Walt Whitman, Valéry e Baudelaire, Oswald e François Villon, sem de modo algum se restringir à poesia. Inspirado em Mário de Andrade, a quem muitas vezes chamou de mestre, o veremos divulgando em diferentes momentos a necessidade de reabilitar o esforço artístico, e mesmo artesanal, contra "a valorização romântica do artista simplesmente irresponsável" — circunstância que o levou a estudar, por exemplo, a transformação dos processos estilísticos em *Mimesis*, de Erich Auerbach, e a partir daí descrever, em leituras muitas vezes pioneiras, os procedimentos análogos de superação e ruptura nos principais romances de Joyce, de Kafka, de Proust.

Nesses autores, estudou as implicações da posição do narrador em face da tradição e do contexto da obra, além de ter visto, no percurso, o quanto o romance, para sobreviver, se serviu dos elementos tirados à poesia para chegar à fragmentação dos temas e do espaço, acelerando assim a velocidade das cenas e pulverizando a dimensão do tempo e o estatuto das personagens. Aliás, se entre nós foi dos primeiros a perseguir, nos livros de Proust, a descrição da matriz intemporal que sempre transcende a realidade de onde parte, de igual modo, em sua leitura da obra de Machado de Assis, a modernidade dos romances de maturidade só explica a transcendência do real quando lida sob a temporalidade de um gênero estritamente de relação.

Não que Sérgio se fixasse na pureza do gênero simplesmente enquanto forma. O fato é que, para ele, conquanto autônoma, a linguagem da ficção sempre tem a ganhar quando combinada com os estratos históricos que a circundam. E não são poucos os ensaios em que procurou demonstrar sua hipótese, seja recorrendo aos estudos de campo sobre a velha igreja dos Sete Povos das Missões, para explicar algumas cenas de *O tempo e o vento*, de Erico Verissimo, por exemplo; seja lendo as notas póstumas de Zola sobre a estrutura de *L'assommoir*; seja ainda anotando o roteiro de Dostoiévski para a composição dos *Irmãos Karamázov*, que, segundo mostrou, nos revela muito mais sobre a personalidade do romancista do que todos os ensaios de interpretação crítica já publicados sobre o autor.

Todos esses aspectos, no entanto, como que se diluem ante a multiplicidade das direções abertas pela crítica de Sérgio Buarque de Holanda no panorama da moderna literatura brasileira. Notemos, na amplidão dessa vertente, o diálogo aberto, por exemplo, com os escritores da geração de 30; depois, com os da geração de 45, e daí com a obra de João Cabral de Melo Neto, com a de Murilo Mendes, com a de Clarice Lispector, com o Drummond maduro, com os cronistas de Minas, para depois chegar à prosa de Lúcio Cardoso e de Antonio Olavo Pereira, passando pela poesia de Péricles Eugênio da Silva Ramos, de Lêdo Ivo e, daí, para a saudação aos jovens que surgiam entre 1948 e 1950 em meio a tanta coisa que mudava.

Uma obra como a dele não pertence unicamente a uma época, nem se situa como uma referência no interior apenas dos estudos literários. Antonio Candido viu como ninguém a extensão de seu significado para a expressão da nossa cultura, e é retomando as suas palavras que fechamos estas notas. Para entender a crítica de Sérgio Buarque de Holanda, nos diz Candido que às vezes é preciso compreender que ela se articula não com a convenção, mas "com todo um ciclo da civilização a que pertence, como no caso da extraordinária análise de Cláudio Manuel da Costa". A razão, acrescenta, é que Sérgio

> circula no tempo, vai até Petrarca, vem até Lope de Vega, vai até Dante Alighieri, vem a Metastasio, volta para Cláudio Manuel da Costa, a constelação vai se formando e você sente que para explicar aquele texto curto de catorze versos ele mobiliza a civilização do Ocidente.

Os dois mundos de Gilberto Freyre

Uma das distinções de Peter Burke sobre Gilberto Freyre é a de que, nele, a literatura não pode ser tomada separadamente da antropologia. A observação, que pode parecer isolada, ganha importância se lembrarmos que um escritor como Guimarães Rosa chegou a atribuir ao grande antropólogo de Apipucos a invenção de um novo gênero literário no Brasil — o da *seminovela* —, juízo que, de resto, viria a fazer coro ao de críticos mais recentes, visivelmente eufóricos com o fato de um Alexander Coleman, por exemplo, haver reconhecido em Freyre um dos primeiros a falar em *metaliteratura* no século XX.

A questão, afinal, é a de saber até que ponto o ficcionista da *seminovela* não pode ser dissociado do grande ensaísta de *Casa-grande & senzala* e tantos outros livros seminais.

Um modo de abrir a discussão talvez fosse o de avaliar até que ponto a consciência formal dos seus *Prefácios desgarrados*, tão pouco visitados pela crítica,[1] pode sugerir as bases desse novo gênero, particularmente no caso da história de *Dona Sinhá e o*

204

filho padre, que tanto entusiasmo provocou no autor do *Grande sertão: veredas*.

Afinal, até que ponto é possível dizer, como pretendem alguns estudiosos da prosa de Gilberto Freyre, que a composição dessa *seminovela* se vale de elementos ficcionais e poéticos que, elaborados no âmbito ensaístico dos *Prefácios*, migram depois para os experimentos de ordem ficcional? Ou, em outras palavras: até onde a escrita literária de Freyre é realmente capaz de "apagar as fronteiras entre os gêneros e ampliar a matéria do relato inventado", enxertando à ficção as figurações da antropologia, da sociologia, da política e da história?

Lembremos que o próprio Freyre, num prefácio à *Introdução ao mundo do romance*, de Temístocles Linhares, ao conceber o romance como "um gênero impuro" que mistura à linguagem artística os registros ensaísticos mais diversificados, confessa ter utilizado essa fórmula ao compor a ficção de *Dona Sinhá e o filho padre*. Se é verdade que isso não basta para garantir a ele a criação de um gênero híbrido, mescla de ensaio e relato ficcional, o fato é que uma leitura atenta dos *Prefácios desgarrados* não o deixa longe de alguns avanços, como o de fazer-se conduzir sob a *índole dos diletantes*, que Freyre desenvolve num ensaio breve sobre Eça, Ramalho e *As farpas*, preocupado sobretudo em nos mostrar que o diletantismo, traduzindo-se numa "atitude livre e desinteressada da realidade", pode valer mais que o dogmatismo das formulações acadêmicas.

Nestas, segundo ele, o compromisso com as linhas gerais do processo muitas vezes põe a perder o ineditismo do traço particular e característico da criatividade humana. "Nem só de especialistas e de acadêmicos vive a cultura de um povo", nos diz ele, convencido de que só contribuição dos *dilettanti*, ao "exceder-se à especialização" através do talento "acima do comum", é capaz de alcançar "um sentido de totalidade capaz de extrair significados sociais e filosóficos das cantigas de rua, das páginas de romance, do *bibelot*, ao mesmo tempo que dos valores mais evidentes e mais nobres".[2]

Este corte para que a ficção se incorpore ao universo do leitor como uma espécie de figuração diletante apresenta-se a ele com toda a virtualidade inventiva da pesquisa livre e cheia de erudição, mesclando discursos e diversificando as fontes de inspiração e linguagem. E mesmo que não se constitua numa proposta concreta de ruptura teórica, não se pode negar a Freyre um sentido crítico de lucidez histórica sobre a evolução da consciência formal da autoria, dado que não ignorava — como registrou muitas vezes — que o romance moderno precisou abrir-se a uma "profunda renovação de conteúdo", a ponto de sua matéria se acabar confundindo com a matéria da biografia, da história, da psicologia, da memória, da filosofia e da crítica social.[3]

É dessa perspectiva que, para ele, o romance moderno não seja apenas "romance", pois que quase todos os romances, a seu ver, se ligam a outras expressões "não só de literatura como de cultura ocidental", impondo-se claramente como formas que autorizam a falar em romance-ensaio, metamorfose pela qual o relato escrito passa a ser "expressão artística rigorosamente literária com a vantagem de ser também livremente analítica".[4]

A verdade, no entanto, é que quando nos diz isso o crítico Gilberto Freyre parece estar desdobrando glosas já lançadas em outros textos, como, por exemplo, no estudo "Um pouco de autobiografia e outro tanto de prefácio", no qual vai aos poucos explicitando um projeto acalentado desde moço: o de "ser escritor; ser ensaísta; desenvolver um estilo como ainda não havia em português, em que o ritmo anglo-saxônico [ele estudara, além do latim com o pai, o inglês antigo com o professor Homer Caskey, de Oxford, e grego] se conciliasse com as tradições latinas da língua portuguesa", de modo a garantir-lhe a conquista de um estilo ainda inédito em nossas letras, não fosse — como então esclarece — a intervenção de Oliveira Lima, que o aconselhou em tempo a permanecer no estrangeiro em lugar de querer viver de literatura no Brasil.[5]

Desde então considerava-se impressionado com o fundo poético de onde emanava "o *estilo ideal* dos verdadeiros escritores", por mais complexos que pudessem ser. "Só o escritor que seja também poeta, no lato sentido alemão da palavra", é capaz, segundo ele, de revelar as intimidades mais características das personagens, das paisagens e das sociedades que a sua arte ressuscita ou surpreende ainda em movimento". Basta atentar para a força poética com que, em Euclides da Cunha, o estilo "esplende de tropicalismo", para compreender como o seu ímpeto verdadeiramente dionisíaco consegue arrastar o europeu à "aventura de uma nova conquista de paladar", dificilmente encontrável, a seu ver, nos romances de Machado de Assis, Graça Aranha ou Taunay.[6]

É que, em Euclides, *escritor* não significa apenas *criador literário*: nele, segundo Freyre, nem o poeta, nem o profeta, nem o artista obscurecem "as qualidades essenciais do escritor adiantadíssimo para o Brasil de 1900" que foi Euclides, um autor que ele considera "enriquecido pela cultura sociológica e aguçado pela especialização geográfica".[7] Daí a nota inventiva de sua *ficção sociológica*, cuja grandeza de concepção nos diz Gilberto que o transforma "numa espécie de El Greco da prosa brasileira", sempre obcecado pela dureza agreste das formas angulosas e secas a que reduz as palavras, indiferente às "formas harmônicas que existiam entre os autores do seu tempo".[8]

Isso explica que, a seus olhos, o *Canaã*, de Graça Aranha, figure como um "romance fora das convenções romanescas" por encorpar em sua escrita o que Freyre entendia ser um traçado híbrido dessa ficção sociológica desvinculada das prescrições de gênero e aberta ao encaixe dos registros livres indispensáveis a quantos desejavam compreender o Brasil.[9]

É com essa vertente da ficção sociológica que Gilberto Freyre pretende estar comprometido ao refletir sobre a construção de sua seminovela *Dona Sinhá e o filho padre*, de 1964, livro em que "inventa" um personagem e um enredo "já existentes" na vida real, em contexto de "um completo absurdo",[10] que ele ajusta à normalidade, ao explicar ao leitor — ele que "não nasceu para romancista inventor de casos e de personagens; e sim para outro gênero de bisbilhoteiro das intimidades da natureza humana: a bisbilhotice do real ou do mais real que o real" — que os critérios da escrita livre o ajudaram a montar o relato mesmo ante a insubordinação da protagonista contra o fato de ser transformada em personagem de ficção.[11]

Recorde-se que, no livro, a própria dona Sinhá invade o espaço da ficção para dizer ao narrador que é uma pessoa de carne e osso, e não uma criatura saída da imaginação autoral daquele. "O senhor não imaginou coisa nenhuma" — é o que diz na cara do narrador, logo na abertura do relato. "O senhor", continua ela, "não tinha que inventar uma história da minha vida, procurando já fora de tempo — pensa que eu não sei — ser romancista à minha custa."[12]

Mas não é só: contrariamente à sobreposição de experiências anteriores, como por exemplo no caso de *Seis personagens à procura de um autor*, de Luigi Pirandello, onde se recusava da própria essência da arte simbólica (que Pirandello dizia odiar justamente por não ser espontâneo), contrariamente a isso, na seminovela de Gilberto Freyre a continuidade do relato não deixa de amortecer a fusão entre o real e o imaginário quando o narrador decide "consultar" o personagem rebelado para "ganhar-lhe a confiança" e assim esclarecer "até que ponto a realidade confirmaria a suposta invenção".

Com isso, ao contrário do que ocorre no processo de escrita livre, em que se apagam as fronteiras entre os gêneros, o relato passa a resultar da intervenção de vários narradores, que se alternam entre a realidade e a ficção, ao longo de uma série de encontros e depoimentos-colagem que começam com dona Sinhá e vão se desdobrando, em registros diversos — autêntica "bisbilhotice", como nos diz Freyre — através de falas que multiplicam vozes (João Gaspar, Paulo Tavares, o *muleque* Gregório, dona Teresa, Luzia, Chico Canário, Fonseca, Joca Barbeiro, frei Rosário, os Rocha Wanderley, os Correia de Oliveira) de que depende a história de José Maria, o filho padre de dona Sinhá, no centro da narrativa.

Notemos que os personagens que se movem entre a ficção e as (poucas) passagens "rigorosamente históricas" (Joaquim Nabuco, dom frei Vital Maria Gonçalves de Oliveira, d. Antônio Macedo Costa e até mesmo Oswald de Andrade, uma única vez citado)[13] pouco têm a ver com o núcleo da ação narrativa. Justapostos às "falas de invenção" livre ou aos recortes dos depoimentos "imaginados", têm a mesma moldura dos textos dos jornais da época, funcionando como uma espécie de pano de fundo dos acontecimentos inventados. Estão neste caso, além da crônica sobre "a moça internada em um convento do Rio de Janeiro por imposição de família então ilustre", os trechos de um livro de d. Vital Maria Gonçalves de Oliveira, bispo de Olinda; passagens de um escrito de d. Antônio de Macedo Costa, bispo do Pará, e o

depoimento de Frederico Ramos, filho do abolicionista João Ramos, sobre Joaquim Nabuco visto nu, num banho de Beberibe, pelo mesmo João Ramos, seu amigo fraterno: depoimento recolhido, pelo autor, do próprio Frederico Ramos, que também o comunicou a Estácio Coimbra e Júlio Bello, já falecidos, e ao professor Mário Nunes, da Escola de Belas-Artes da Universidade do Recife.[14]

Romance? Novela? Seminovela? O narrador não sabe ao certo, apesar da convicção de que se trata de um texto inteiramente fora dos gêneros tradicionais. Mas deixa indícios suficientes para complicar de vez o problema, ao afirmar que na base da construção da personagem, "meio fictícia, meio real", dona Sinhá, o seu modelo não foi nenhum herói literário, "nem do cotidiano, nem de aventuras de risco físico", mas a figura de certo desenhista (que encontrara não lembrava mais em que autor inglês) "especializado em unir ao cotidiano o fantástico", e que, depois de passar uma tarde inteira desenhando a figura de um brutamontes, sai esgotado a vagar pelas ruas do bairro e acaba entrando na oficina de um artesão de lápides, cujo dono era precisamente a figura do brutamontes que ele desenhara e que, como ele, também passara a tarde toda trabalhando duramente na escultura de uma lápide destinada a uma exposição, cuja inscrição indicando o nome do morto — estranha coincidência! — estampava justamente o nome do desenhista que traçara o retrato do artesão. "Um caso de telepatia interessantíssimo, colhido, talvez, da vida, pelo contista", nos diz Gilberto Freyre, "e por ele levado da vida para a literatura",[15] nos mesmos termos do mistério que envolvia a trama da sua seminovela.

Considerando a sua vocação para a análise, o narrador decide, então, conservar diante do mistério de dona Sinhá todo o seu "ânimo analítico" para elucidá-lo. "Toda a fleuma que eu adquirira dos meus estudos científicos" — é o que nos confessa, sem esconder o menor indício de que, assim procedendo, ia aos poucos aplicando ao seu projeto de ficção o vasto arsenal metodológico do grande antropólogo que havia nele e que, em pleno desvio profissional, sente-se como que "traindo" o ofício de pesquisador, para se entregar "a namoros com a ficção" e, assim, mergulhar deliberadamente numa aventura que o levasse "a ideias novas sobre as relações entre o tempo histórico e o tempo artisticamente fictício", de modo a contribuir para que ambos, misturando-se, pudessem converter-se num tempo só.[16]

Isso ele pensou no interior da igreja da Penha, movido pela certeza de ter diante de si "uma dona Sinhá real, viva, experiente, para me suprir de informações miúdas que em vez de fictícias fossem exatas. Historicamente exatas". Como vimos, depois de cumprido o ciclo inteiro de vivências e colagens a fundir em tempos diversos aquela enunciação "bisbilhoteira" do relato anunciada por Freyre, o que fica em suas mãos não é propriamente a construção literária de um argumento ficcional atípico, como pretendeu sugerir, e sim a construção de um relato que não foi além de (em suas próprias palavras) "reviver um tempo aparentemente morto, mas, na verdade, cheio de explicações do atual", contribuição maior — como se sabe — da obra antropológica de Gilberto Freyre no âmbito da cultura brasileira.

É ler a descrição da casa de dona Sinhá para percebê-lo:

> A casa era bem uma casa de São José. Modesta, é certo; mas com uma sóbria dignidade em sua mais pobreza que riqueza. Pobre com o seu toque de nobre. O muleque, já meu conhecido, veio me abrir a porta. Perguntei como se chamava, quase certo de que era Benedito. Mas errei: disse-me sorrindo um sorriso bom, que se chamava Amaro.
>
> Cadeiras antigas na sala de visitas. De vinhático ou jacarandá? Vinhático. Vinhático do bom que não é inferior a jacarandá, senão para os novos-ricos, cristãos-novos em questões de móveis antigos; e, por isso, fanáticos do jacarandá às vezes chamado por eles de "pau santo".
>
> Nenhum móvel extraordinário. Nem móvel, nem bandeja de

prata nem biscuit de sala de visitas convencionalmente brasileiras do começo deste século e do fim do século xix.[17]

Isso sem mencionar os momentos que parecem configurar-se, no relato, como autênticos espelhos do universo de *Casa-grande & senzala*:

> Muita palavra que José Maria empregava era aprendida com a negra [Inácia]; e às vezes dona Sinhá se escandalizava: Meu filhinho, quem te ensinou isso? Era sempre Inácia. Inácia que lhe ensinara a dizer *fiofó* de galinha. Inácia que lhe ensinara a dizer *dizedor* por *tagarela*; *cambetear* por *manquejar*; *cafungar* por *catar*; *marimacho* por mulher com voz e modos de homem. Além de palavras gostosas como *cangapé, mamparreiro, cafunje*.[18]

E isso de tal modo que o narrador — refletindo sobre o argumento que vai compondo — chega a se perguntar: "Mas afinal o que estou escrevendo é ensaio ou romance? Dissertação ou novela?", como que tentando desvencilhar-se do aparato antropológico que o consagrara e que parece prolongar-se nessa "história de um menino que se não existiu fora de nós, existiu dentro dos antepassados de alguns de nós e até ainda existe dentro de nós próprios". A impressão que fica para o leitor é que, com isso, ele parece priorizar o empenho sociocultural de seu método, claramente voltado, no livro, para a história das relações do menino "com a mãe, com o tio, com a mãe preta que o criou nos últimos tempos da escravidão, com a Mãe-d'Água que lhe seduziu a imaginação de criança brasileira", sem deixar de ser ao mesmo tempo "a história de sua criação para padre, mesmo que lhe faltasse completa vocação para o sacerdócio".[19]

Daí para diante, a consciência autoral como que se desvia de seu impulso original de ruptura para gradualmente aproximar-

-se da dicção naturalista e assim refluir para o universo especulativo próprio do sociólogo Gilberto Freyre-ele-mesmo, cujo estilo clássico instaura as próprias regras no interior de uma gramática inventiva que dispensa relações de afinidade seja com os gêneros convencionais, seja com sua respectiva superação no tempo.

Tanto assim que a "Conversa com o leitor em torno do modo por que foi esboçada a seminovela *Dona Sinhá e o filho padre*"[20] pode-se dizer que, a rigor, não vai além de mero apêndice decorativo, ficando longe de ser — como pretendia o autor — uma exposição de tópicos seminais de estrutura narrativa, para resumir-se a uma digressão aleatória sobre o que o livro não é, sem precisar literariamente o que ele seja.

Como, aliás, entender de outro modo esta que é uma das proposições centrais da "Conversa": "Este romance — ou seminovela — ninguém pense que seja, mesmo remotamente, autobiografia disfarçada; ou biografia romanceada; ou história sob a forma de ficção", embora, nos diz Freyre, apresente, num ou noutro trecho, "um pouco de biografia não de um indivíduo só mas de vários, considerados na pessoa imaginária de um tipo como que sociologicamente ideal"; e outro tanto de história, mas "história de uma época de transição na vida brasileira e que foi a dos avós, já adultos, e a dos pais, ainda crianças, do autor".[21]

Ora, quem melhor do que o Gilberto Freyre de *Casa-grande & senzala* poderia resumir para o leitor os impasses de um escrito em que as passagens "rigorosamente históricas" aparecem em itálico, alimentadas por depoimentos, transcrições de trechos de livros, de crônicas e jornais de época a convalidar um argumento onde quase tudo foi "inventado, imaginado, fantasiado"?[22] De outro lado, tal explicação não faz avançar a hipótese ficcional nem mesmo quando ele recorre a Dickens para afirmar (sem precisar as fontes) que sua estratégia, como a do romancista inglês, é a de iluminar a realidade, "exagerando em figuras existentes traços que não seriam sequer percebidos pelo público sem essa iluminação da parte do novelista".[23]

O que ocorre é que, justamente ao nos dar, em inglês, um equivalente dessa atitude autoral, Freyre como que confirma a intuição ensaística da sua escrita, sugerindo-a, equivocadamente, como se fosse literária, quando na verdade ela permanece em seu texto como um fino recorte de dicção antropológica. Ao nos dizer que o que buscou em *Dona Sinhá e o filho padre* foi "dar colorido e vivacidade aos eventos históricos, descrevendo-os como se fosse uma testemunha ocular" ["give colour and animation to historical events by describing in the manner of an eyewitness"],[24] Freyre toma como ficção o que não passa de argumento ensaístico enriquecido de imaginação criativa, coisa inteiramente diversa do que ocorre com a composição de uma obra literariamente construída.

É certo, segundo Freyre, que, aplicadas à literatura "convencionalmente chamada de ficção", experiências narrativas como a de *Dona Sinhá e o filho padre* podem redundar em algo que pouco tenha a ver com o romance histórico ou mesmo com a "história romanceada", mas ainda assim dificilmente se poderá dizer que tenha a ver com construção de um terceiro gênero literário.

Mas, se não estamos diante de uma construção propriamente literária, como entender a escrita imaginosa e formalmente inovadora de Gilberto Freyre? Longe de pretender solucionar o problema, penso que um modo de contribuir com o tema seria estudar, num livro como *O escravo nos anúncios de jornais brasileiros do século XIX*, por exemplo, os recursos de estilo com que Freyre inverte as perspectivas da objetividade jornalística daqueles retratos para transformá-los em verdadeiros painéis narrativos da escravidão como evento pictural e humano.[25]

Uma das razões para isso é que, por força de sua retórica,

tais anúncios aguçavam no estigma irremissível de ser negro a condição social de *coisa* ("res") *possuída*, passível de ser capturada por qualquer do povo, muitas vezes sob recompensa. O dado novo é que, ao contrário de lê-los apenas como anúncios de negros fugidos a seus senhores, Gilberto Freyre desvenda neles a trajetória de uma aventura em cuja saga o negro ganha identidade de personagem que resiste à brutalidade que o desumaniza. Como muitas das figuras neles descritas já se mostravam desvinculadas "de suas origens antroporraciais puras", um dos aspectos mais relevantes para compreender o seu papel no século XIX brasileiro é o da contribuição ao desenvolvimento da língua brasileira, que enriquecem "de palavras de origem africana ou tupi-guarani; de brasileirismos do melhor sabor — sapiranga, cassaco, cambiteiro, aça ou assa, xexéu, troncho, perequeté, mulambo, munganga, cambado, zambo", entre outros.[26]

É dela que Freyre arranca a crueza da cena bruta de onde emerge a singularidade de seus figurantes. Muito longe da teratologia dos vilões do romantismo, anti-heróis cuja sublimidade se nutria da aura transcendente e do amor sublime; distanciada da equação naturalista, que harmonizava a fisionomia do personagem à natureza repugnante de suas ações, a nota inventiva com que Freyre desconstrói os retratos dos negros fugitivos nos jornais brasileiros do século XIX traz a marca que nos desvenda a própria face da barbárie. O negro Diogo, por exemplo, aparece num anúncio de março de 1834 como alguém de "estatura regular e falto de cabelo no alto da cabeça", aparentemente retratado com base apenas em seus traços fisionômicos. Mas só aparentemente, pois — revendo-o através dos relatos de Gilberto Freyre — percebemos que o que de fato o singulariza, no espírito do anúncio, é ter ele "um joelho mais grosso que o outro", em claro sinal de que pertencia à vida dura do eito no cotidiano das senzalas. Como o dele, o retrato do escravo Miguel, descrito ao fugir em

5 de maio do mesmo ano, como alguém de estatura comum à de um rapaz de 25 anos, sem barba mas com um talho na sobrancelha, só ganha identidade por apresentar "as pernas alguma coisa zambas", em caso idêntico ao do preto João, fugido dois meses antes "com camisa de estopa clara, colete de sarja preto já roto e chapéu de palha", cuja imagem só se completa pelo detalhe de ser cego do olho esquerdo e apresentar bastantes cicatrizes no pé esquerdo, com a parte esquerda da cara inchada "por ser muito saída para fora", além de "puxar muito pelo peito quando fala".

Em todos eles, ao mesmo tempo que a deformação aparece como traço identificador, a linguagem do processo descritivo como que anula a assimetria do retrato por meio do gesto impositivo que converte o fugitivo em desertor que merece punição e castigo, banalizando as verdadeiras causas da deformação, como a doença, a fome, a sede, o castigo físico etc.

A novidade é que no relato de Gilberto Freyre os motivos descritivos integram-se a uma rotação narrativa que parece fundir o presente do narrador ao agora do passado distante, integrando os retratos dos anúncios a um painel que acelera as cenas da tragédia e deixa no leitor a impressão de haver se enredado num exercício expressionista dobrado de ensaio e ficção, de relato-flagrante e de reportagem.

Neste, é como se as marcas das doenças (pernas arqueadas, pés inchados, opilação, olhos inflamados) deixassem o fundo da cena para mostrar na boca do palco os negros dormindo no chão frio das senzalas sórdidas, cercados de galinhas, cães, porcos e outros animais e em meio aos excretos de todos eles.[27] É através deles que Freyre nos revela o brutalismo do senhor de escravos, legitimado pela violência normativa da linguagem que lhe garantia, além do mando, a posse e o direito de buscar e de punir, transformando-o de agressor em vítima, não raro merecedora de comiseração e piedade, como nos casos em que Gilberto Freyre documenta o senhor de escravos pobre "ou principiado a fazer fortuna".

> Guloso de lucros rápidos, [nos diz Freyre que este, quando comprava um escravo] era só com o intuito de desfrutá-lo durante um ano, tempo além do qual poucos poderiam sobreviver, mas que não obstante fazia-os trabalhar de tal modo que chegava não só para recuperar o capital que neles havia empregado, porém ainda a tirar lucro considerável.[28]

E isso a tal ponto que muitas vezes, como na fuga do menino Caetano, doze anos de idade, escapo a 13 de janeiro de 1830 vestindo calça de estopa e camisa de algodão, as marcas da brutalidade que compõem o retrato (queimadura no braço esquerdo e falta de cabelo no alto da cabeça em razão do excessivo peso de cargas que sustentava) nada significam se comparadas às da imagem de sua dona pobre, cujo sofrimento aparente mais do que justificava a reparação reclamada. O mesmo se diga de outra proprietária pobre que aparece, no anúncio de 8 de janeiro de 1823, chorando a fuga do moleque Antônio, sob a alegação de que "não possue mais cousa alguma [e] pede caridade às autoridades competentes [...] fação as precisas diligências a fim de que os ladrões desta Corte e das Províncias não furtem descaradamente escravos".[29]

O que no entanto ressalta desses quadros animados pela prosa de Gilberto Freyre é que eles ampliam o detalhe deformante e recobrem de verdade histórica a deformação moral embutida naquele "realismo" por assim dizer institucional dos retratos anunciados pelos jornais. É o que podemos ver no episódio da fuga, em 11 de abril de 1834, do escravo Antônio, 20 a 22 anos, estatura ordinária, em cujo anúncio o dono solicita às pessoas do povo que observem atentamente, em suas pernas, as "marcas bem claras de feridas, por estar sempre nos ferros", com que deliberadamente estimula a adesão social à naturalidade da punição aviltante.[30]

O fato de o anunciante dar como traço identificador dos negros fugidos "a marca da surra, a ferida ou a cicatriz de anjinho no tronco [...] correntes no pescoço, ferros nos pés" serve ainda a Gilberto Freyre não apenas para inverter a lógica descritiva dos anúncios, mas também, muitas vezes, para registrar com ironia a naturalidade com que os proprietários dissimulavam a truculência de seu poder de mando e posse. A verdade é que, no espírito dos anúncios, ninguém fugia ao suplício dos troncos e das correntes para buscar a liberdade ou a preservação da própria vida, como o "molecão Gregório", de dezesseis anos, "com queimaduras pela barriga", ou o preto Germano, que fugira "com uma corrente no pescoço". Ninguém fugia para escapar ao inferno, nos diz Freyre com ironia, ao relatar o caso de dona Mariana da Piedade, que decidiu aplicar "uma mordaça de folha de flandres" na boca de sua escrava Cândida, fechando-a com cadeado para que deixasse de comer terra.[31]

No interior dos enredos reconstruídos pela prosa de Freyre, o leitor notará que, muito ao contrário de ser um crime, a fuga de escravos, além de fome, sofrimento e desespero, representou uma aventura tão vertiginosa e imponderável quanto a face trágica de seu destino. Mães levando "os filhos de mama escanchados às costas", como Brígida, que fugira de um engenho de Olinda em 8 de janeiro de 1834 "com um seu mulatinho de peito com sete meses de idade"; quitandeiras carregando tabuleiros de manga, de angu, de doces de banana; lavadeiras, com trouxas de roupa suja; pajens, com bandejas de bolo para enganar a fome no incerto da travessia — todos eles personagens ocultos num cenário que se abre e faz história. Na aflição da fuga vão aleijados, anormais, canhotos; escravos com seis dedos em cada pé; gagos, zarolhos, outros faltando dedos mindinhos; alguns de fala atravessada ou sem saber falar português: falando só nagô e língua da costa; outros com braço esquerdo mais comprido que o direito, homens de fala de mulher, mulheres com barba no queixo, velhos puxando por uma perna; negros banguelas, os dentes limados ou tirados como marca de nação ou rito de iniciação; negros rendidos, quebrados, cheios de bicho de pé,

marcados de raquitismo, erisipela, escorbuto, bouba, sífilis, oftalmia, que eram afinal os sinais indeléveis do sistema.[32]

O argumento se expande, irmanando destinos. Diante dele, como que arrastado pela força da narrativa, o leitor vê alinhados, em frentes opostas, perseguidos e perseguidores, os vilões e a ordem na alegoria da caça aos infratores pela incorporação dos capitães-do-campo, personagens que se integram, no relato, às sequências que preparam desfechos. Nestes o negro é visto como um animal perigoso que precisa ser contido a qualquer custo, como o negro Vicente, furtado a Vitorino Francisco dos Santos na estrada dos Remédios, em fevereiro de 1850, e descrito como se fosse um bicho: "bexigas à roda do nariz, pisando um pouco esbarrado e apapagaiado; os dedos dos pés abertos para dentro", um tipo que quase nunca falava, "a ponto de parecer mudo e boçal", além de "um pouco leso e maluco", vagando "abobalhado e solto" pelas ruas.[33] Tão aterradora quanto a dele era a imagem do escravo Francisco, conhecido pela alcunha de Canário, que, fugindo de uma casa no Recife em janeiro de 1834, ao ser interpelado por um pardinho "afilhado da casa", investiu contra ele "dando-lhe uma estocada não perigosa, mas digna de um rigoroso castigo à audácia do escravo". "Os capitães-do-campo tivessem cuidado com esse negro", adverte o anúncio, "que, embora pequeno, era afoito".

Às marcas de animalidade eram acrescentados os vícios — comer terra, por exemplo, mas também o da cachaça; o do tabaco, fumado em cachimbo de pau ou de barro, "provavelmente com uma folhinha ou duas de maconha[34] ou diamba, para aumentar o gosto do pecado"; além do hábito de beber fumo, como foi o caso da negra Isabel,

> cabra cor de canela, cerca de dezesseis anos, alta, braços e pernas grossas, cara abocetada, bem-feita de corpo, duas cicatrizes nos lagartos dos braços, muito pachola no andar, rasgando o passo, os dedos dos pés grandes e abertos e muito bebedora de fumo.[35]

Ao tipo animalizado, verdadeira personagem-coisa do "negro acachapado, fisionomia sevandija, cachaceiro, de olhos inchados, com sapiranga e afoiteza de bêbado", opunha-se o escravo de "bonita figura, bem-parecido, de ar alegre, fala retórica e muito poeta, apesar do semblante carregado, com fisionomia de quem sofre, sorumbático, calado a ponto de parecer caboclo".[36] Num caso como noutro, o dinamismo das sequências descritivas, ao reelaborar a trajetória dos personagens em fuga, põe-nos diante da expressão humana que os move, arrebatando-os à moldura que os aprisionava no espelho falso dos anúncios. Sob esse aspecto, é possível dizer que, ao projetar a face humana do escravo em movimento contra a ordem persecutória dos anúncios, a prosa de Freyre o transforma num personagem acima dos motivos descritivos que o paralisavam, elevando-o — como nos melhores experimentos do modernismo — à condição de agente desintegrador da expressão naturalista.

Renomeando os motivos, renovando os pontos de vista, ordenando a dispersão temática dos temas secundários, justificando inversões do enfoque narrativo, o arranjo das sequências propostas por Gilberto Freyre apresenta-se como um motivo crítico de primeira ordem. O resultado é que, transformados em cena aberta, os sinais do inferno oculto sob o disfarce normativo dos anúncios acabam nos revelando uma nova face daquele Brasil primitivo a vibrar no coração liberto dos negros, fulos, pardos, mulatos acaboclados, da gente anônima antes vergada sob o chicote, mas sem perder a esperança, apressados, banzeiros, perseguidos, comprados, vendidos, trocados, dados, roubados, mas agora cantando, dançando, batucando, tocando viola.

Na graça com que cantam, nos dialetos que constroem, no Brasil que os une e é amado por eles, estão as marcas de uma escrita que superou de longe o que Gilberto Freyre imaginara haver conquistado com a impostação vanguardeira da prosa de *Dona Sinhá e o filho padre*. Não apenas pelas marcas de identidade que os integrará de vez ao espírito de nossa cultura, mas pelo futuro com que sonham, pelo balanço com que andam, pela profusão de cores novas que Freyre descobre na paleta oculta sob as roupas que colorem grilhões e máscaras de flandres, sob o ritmo das falas surpreendentes; nos hábitos de cozinha e de costura, das crenças e da coragem com que resistiram ao estigma de serem tratados como animais ("cabras-bicho por cabras-pessoas; canoas por negras, cavalos por molecões"). Tudo isso se integra ao espírito de um novo tempo, incorporando à investigação da linguagem a expressão humana e singular de um segmento do povo que surgia dos escombros do passado para uma outra luta de libertação no novo século que surgia.

Um melancólico libertário

Publicado em 1954, *São Paulo de meus amores* é um livro que, visto de hoje, teria tudo para fundir-se ao ritmo encomiástico das celebrações que tanto exaltaram o legado histórico das raízes bandeirantes por ocasião, naquele ano, do quarto centenário da cidade. Diante dele, o leitor que de algum modo se reconheça na paisagem social e humana da Pauliceia não terá dificuldades em identificar alguns dos temas históricos que, em outros tempos, os velhos cronistas já haviam lustrado na tradição retórica da épica paulista.

Para não ficar apenas na alegoria que abre o volume com o relato do lendário rio Anhembi subindo da beira-mar para o altiplano, rumo às "pepitas faiscantes" que irradiavam do eldorado das antigas bandeiras, bastaria lembrar o tom heroico da vocação libertária de Piratininga, espiritualizada pela catequese de Nóbrega e Anchieta; a fibra guerreira de seus habitantes, que, acossados pelos bucaneiros de Cook e Cavendish na Vila de Santos, chegaram a perfurar uma galeria subterrânea que os levou a São Vicente, para a surpresa do inimigo; e, além desta, a evocação

222

emblemática do grito do Ipiranga, projetando-se não apenas na tradição letrada de sua Academia, mas também na fermentação ideológica da "pátria livre e sem escravos", que congregou na Província a Convenção da República e nutriu a mítica dos "bandeirantes de uma nova era", assenhoreando-se do poder, modernizando a Província e convertendo São Paulo num polo econômico dos mais avançados.

Nada disso, contudo, parece empolgar os relatos deste livro. Ainda aqui — como assinalou um crítico —, o que prevalece em relação à escrita de Afonso Schmidt é ritmo aleatório de sua crônica, que se espraia pelos meandros da cidade, rastreando os sinais ocultos de um passado que se perdeu e que o narrador procura recompor em breves lampejos que se vão iluminando sob o foco da emoção e da memória, mais que da observação e da verdade.

Longe do veio tradicional da antiga crônica de celebrações, seu *São Paulo de meus amores* é assim uma espécie de reencontro melancólico com a cidade que o tempo transformou a fundo e que a literatura, como num movimento alternado de ciclos concêntricos, procura refundir em cada etapa da transformação. A novidade, no caso, está na perspectiva de onde o relato se enuncia. E, dentro dela, na mobilidade do ângulo com a qual a trajetória do narrador se articula com a própria história da cidade e dos homens que a representam. Sob este aspecto, não é suficiente afirmar — como faz a maioria de seus críticos — que a grande marca das crônicas de Afonso Schmidt está no colorido engenhoso dos painéis animados com que elas retraçam itinerários perdidos na cidade que mudou.

Não que esse seja um aspecto menor no conjunto dos elementos que organizam o livro. Poderíamos mesmo nos deter longamente ante a reminiscência de alguns episódios singelos que Schmidt vai recompondo no cenário social da antiga urbe que desapareceu. Lá estão os meninos brincando de pegador em meio à gente animada que, às vésperas do Natal, conversa na ladeira do beco dos Carmelitas, "de duas braças de largura, ladeada de casinhas de meia porta e rótula", onde ficava a oficina do presépio, com suas peças de madeira encostadas na parede, a estrela esplendendo no alto e, defronte dela, toda a população alvoroçada: "Sacristãos tangendo os sinos, serradores, carpinteiros, oleiros, campônios, todos entregues à sua faina", como nos tempos do vigário Cipião.

Não longe dali, sob as árvores do Jardim da Luz, agora sem a torre cilíndrica do observatório, mas já dotado de largas avenidas, de estátuas, de um bar ao ar livre e do majestoso coreto, o povo se reunia para ouvir música nas noites de domingo, como fazia antes nos jardins do Palácio da Cidade, perto do largo do Tesouro, sob as vistas do presidente da Província que, da janela, aplaudia os acordes dos *Anjos da meia-noite*, enquanto a gente lá embaixo ouvia em silêncio, acompanhando a batuta do maestro Antão à frente dos músicos da Força Pública.

Schmidt não perde o congraçamento do povo na festa profana das "clarinadas de Momo", nos tempos do entrudo, quando os paulistanos iam do Carmo para o largo de São Francisco em bondinhos puxados por parelhas de burros, no mesmo trajeto, aliás, por onde, algumas semanas depois, o presidente da Província, acompanhado de seus secretários, ajudantes de ordem e oficiais militares, conduziria o andor do Senhor dos Passos em direção à catedral, detendo-se apenas, por uns breves momentos, na esquina da travessa da Sé, onde o esperavam em procissão o arcebispo e os membros do cabido, que ali recebiam o andor e o transportavam da escadaria para o altar-mor, quando então a imagem era descoberta sob o coro dos fiéis entoando o *miserere nobis*.

Nesses, como em tantos outros relatos que o cronista vai alinhando — e aqui poderíamos incluir as divagações sobre os rapsodos anônimos da cidade, as impressões sobre a garoa, o retrato do Brás antigo e dos teatros, o flagrante do primeiro trem que veio de Santos transpondo a serra, o périplo pelos cafés, os passeios ao cinematógrafo e às redações da antiga imprensa, os incêndios da Academia —, em todos esses momentos Schmidt é narrador e poeta mais que historiador e repórter, e sua voz, mesclada às vozes que vêm do povo, vai nos revelando o que Maria de Lourdes Teixeira chamou de aspectos imponderáveis da cidade, em sua "atmosfera peculiar e sensível", de lembranças cotidianas e sem grandeza.

É que ao lirismo desse olhar a um tempo reminiscente e sonhador veio juntar-se a inspiração libertária do intelectual que desde jovem, ainda no primeiro pós-guerra, aliou-se a outros escritores e trabalhadores pobres para com eles fundar o Grupo Zumbi, através do qual abriu correspondência com os membros da revista *Clarté*, dirigida por Henri Barbusse e outros revolucionários franceses, num tempo em que os modernistas de São Paulo extravasavam seu inconformismo nos episódios que marcaram a Semana de 22.

O anarquista Edgard Leuenroth, que aliás aparece nestas reminiscências informando ao cronista, seu amigo, o paradeiro do boêmio Cunegundes, não hesitou em incluir alguns poemas contestatórios do jovem Schmidt em seu *Roteiro da poesia social no Brasil*, ao lado de Martins Fontes, José Oiticica, Ricardo Gonçalves, Otávio Brandão e tantos outros. É, a propósito, no prefácio dessa antologia inédita que Fernando de Azevedo nos dá uma ideia precisa das afinidades ideológicas que ligavam os dois amigos, a ponto de nos dizer que

> ninguém, entre nós, feriu de fato, com tanta insistência e energia, a nota social como o senhor Afonso Schmidt, em quem o sentido das tradições locais e a doçura do caráter brasileiro se harmonizam

estranhamente com o pendor revolucionário e a vontade temerária de abater todos os ídolos.

É no cerne dessa harmônica dissonância — podemos hoje acrescentar — que o cronista Schmidt articula os temas da vida anônima da antiga Pauliceia, acercando-se do realismo pitoresco da gente simples do povo e assinalando com firmeza incisiva os sinais aparentes de seu abandono. Desta perspectiva, *São Paulo de meus amores* é de algum modo o lírico relato de um *flâneur* libertário que junta às mágoas do povo um pouco do desencanto de suas próprias frustrações. Melancólico e sonhador, o tom do livro tem muito do desengano que um dia levou Schmidt a narrar a resistência heroica de autores marginalizados como Luís Gama, Paulo Eiró e Antônio Bento, cuja força, num romance como A *marcha*, por exemplo, ele pôde revelar até onde chegava no combate incansável ao poder de mando dos Alves Nunes, naquela sociedade dominada pelos "Prados, os Queirós Teles, os Sá e Benevides, os Dutra Rodrigues, tudo gente conservadora, do maior relevo na Província".

É ler as indicações da censura no episódio do palhaço Arrelia; o relato sobre o Grupo Zumbi ou mesmo a descrição da morte de Líbero Badaró para logo perceber que, ademais das efusões do lirismo, esse livro se nutre de uma atitude social empenhada que amadureceu naquela época e que reaparece em outros momentos da obra do autor, como por exemplo na evocação da presença combativa do jovem Raul Pompeia em São Paulo — que Schmidt descreve com o mesmo empenho com que narrou a saga dos anarquistas da colônia Cecília, no Paraná –; ou ainda o roteiro militante de novelas como A *marcha* ou *Zanzalá*, em que pulsam alguns dos "vestígios das mais altas preocupações de seu tempo".

E isso tudo apesar de o próprio Schmidt se considerar apenas um "novelista vulgarizador" que jamais aspirou a ser lido como um romancista histórico. Dizia ele de si, sempre que lhe perguntavam, que era apenas "um escritor popular como tantos outros" em outras tantas literaturas do mundo. Mas tinha a convicção, ostensivamente declarada, de que, se havia um elemento épico no curso da nossa história social, este pertencia forçosamente à raça negra, que, "pelo sofrimento e anseios, nos legou muitas das mais belas virtudes, aquelas de que mais nos orgulhamos".

Como o jovem Lima Barreto do *Diário íntimo*, o Afonso Schmidt do começo do século passado acreditava que a história do negro no Brasil ainda estava por ser feita.

E assim ficará por muito tempo [dizia então] enquanto o negro continuar instruído pelo branco, com seus preconceitos, sua mentalidade livresca, a mil léguas neste Brasil, único no mundo e no coração da gente.

O que admira é que todos esses planos e dimensões se diluem no traçado leve e pitoresco da paisagem, dando aos temas e personagens, em especial aos dessa crônica de amores pela nossa cidade, uma espécie de baixo contínuo que irradia para toda a obra.

Francisco de Assis Barbosa, o repórter que sonhava

A admiração de Francisco de Assis Barbosa pela obra e a personalidade de Antônio de Alcântara Machado remonta aos anos de juventude, quando, ainda estudante na Faculdade de Direito do Rio de Janeiro, em 1933, ele se apresenta como voluntário para a defesa da causa constitucionalista junto à Bancada Paulista por São Paulo Unido, então empenhada nos trabalhos da Assembleia Nacional Constituinte, reunida na capital federal.

Chico e os quatro rapazes que o acompanhavam foram recebidos pelo próprio Alcântara Machado, que presidia a bancada. Como recordará mais tarde, aquele foi um momento de grande emoção, particularmente porque — mais que adesão política de voluntário, a cuja causa "não era muito afeiçoado" — o que de fato o movia naquela decisão de moço era no fundo a oportunidade de conhecer pessoalmente o jovem criador do Gaetaninho, que ele aprendera a admirar, ainda adolescente, na sua querida Guaratinguetá.

O encontro seria decisivo para a vida intelectual do futuro escritor, pois foi justamente através de Alcântara Machado que

Chico se convenceu de sua vocação literária, a ponto de tornar-se um dos grandes estudiosos da obra de Alcântara. Este, por essa época exercendo no Rio atividades políticas que o acabariam elegendo deputado federal, dirigia então, a convite de Assis Chateaubriand, o jornal *Diário da Noite*, para o qual criara recentemente a seção "Literatura & Cia", muito apreciada pelos leitores. Pois foi nessa coluna que se deu a "conversão literária" de Francisco de Assis Barbosa, mais precisamente num concurso nela promovido para eleger "o príncipe dos escritores brasileiros", em substituição a Coelho Neto, recentemente falecido. Chico se lembra, quase comovido, do incentivo que recebeu de Alcântara Machado para inscrever-se no certame.[1]

O episódio, que lhe valeu como estímulo, veio mostrar que ele não se enganara em relação às expectativas literárias implícitas na convivência, mesmo que temporária, com um dos grandes modernistas de São Paulo. Durante o tempo em que permaneceu colaborando com a Bancada Paulista, em geral à noite, após o expediente, não era raro que Alcântara Machado fosse visitado por alguns "monstros sagrados do modernismo", que Chico pôde ver de perto em animada palestra com o narrador de *Pathé-Baby*, gente como Manuel Bandeira, Sérgio Buarque de Holanda, Augusto Frederico Schmidt, Dante Milano e tantos outros. Conversas, é bem verdade, de que não participava como seria o seu desejo, dado que Alcântara era um tipo "fechadão" e pouco disposto à expansão de sentimentos com quem não fosse da sua intimidade.

Hoje, a tantos anos de distância daquele primeiro contato, é possível recompor, na trajetória de Chico, a intensidade com que ele se valeu da aura de Alcântara Machado para ensaiar a sua própria identidade, na tentativa de fazer vingar os estímulos daquela "conversão" que desde então o destinava às letras.

Um de seus primeiros escritos sobre o contista da Pauliceia, derivado daqueles encontros, é um pequeno esboço que apareceu no ano seguinte, justamente na "revista oficial dos estudantes da Faculdade de Direito da Universidade do Rio de Janeiro".[2] Nele, desde logo fica claro o seu grau de adesão à prosa de Alcântara, para Chico o principal prosador do movimento modernista. Não que o sobrepusesse a um Mário de Andrade, por exemplo: a este, creditava — na linha de frente da ação de vanguarda — a projeção estratégica dos novos rumos da estética moderna. Alcântara Machado, menos abstrato, segundo ele, "agia direto e construía definitivamente, criando um estilo num sentido artístico".[3]

Sobre esse estilo, o jovem Assis Barbosa chega inclusive a tecer algumas impressões críticas, identificando, na prosa de Alcântara, a realidade inegável de um "escritor imediato", de estilo "enxuto, sem superfluidades". Este o fator que dava à sua prosa — nos diz ele — "o encanto [de um] fogo vivo que se oculta nos montões cor de ouro das cascas de arroz postas ao sol". E adiante: "A sua técnica de prosador é importante não só pelo estilo como também pela introdução de um elemento diferente, o *intaliano* (sic), 'novo mameluco'", que veio para ocupar o lugar "da surrada exploração do português e do mulato".[4]

Um dos efeitos dessa novidade é, a seu ver, a ausência da paisagem, que Chico estende para "toda a nossa literatura citadina", sem no entanto se deter nas razões desse argumento. A observação, que pode parecer destituída de interesse, ganha importância exatamente porque, sem que o notasse, o alvo crítico de seu breve ensaio vai gradualmente se descolando das observações propriamente literárias para de algum modo enveredar pela originalidade histórica da obra de Alcântara Machado. É claro que não se definem aí as opções intelectuais do futuro historiador, biógrafo, jornalista, repórter de bastidores e cronista exemplar da nossa vida literária. Mas seria um erro deixar de registrar os indícios de algumas preferências que revelam, no espírito de Assis Barbosa, um interesse menos por elucidar a fisionomia literária de Alcântara Machado do que por registrar a lucidez do historiador que ele foi.

Basta notar que, ao endossar a opinião de Afrânio Peixoto no "Prefácio" às cartas de José de Anchieta — onde o autor de *Bugrinha* revela o fascínio pela "sedutora personalidade do ladino padre jesuíta [...] como artista e como homem de inteligência jogado na brutalidade da colônia" —,[5] ao endossar essa opinião, Chico não apenas se vale da imagem incontroversa desse abandono, como decide mergulhar, ele próprio, no destino incerto da missão arriscada do padre, ao

> imaginar Anchieta (só pelo prazer de imaginar) nos vagares de sua vida atormentada entre uma confissão e um parto (já que até de parteiro ele serviu), transportando-se em pensamento para uma das casas europeias da Companhia, de douto convívio e excelente biblioteca, e depois afagando o seu amor às letras no desvelo pelos brasis.[6]

Ou seja, é como se Chico, fascinado pelo tema pesquisado por Alcântara, entrasse na própria cena do abandono virtuoso a que se devotou Anchieta e partilhasse, ele mesmo, daquela vida desgarrada e cheia de incertezas.

É verdade que, louvado em Rodrigo Melo Franco de Andrade, nos dirá mais tarde que os textos do Alcântara Machado jornalista e comentarista político, diferentemente do que ocorria com a sua prosa literária, não possuíam grande valor; mas ainda assim — assinala — eles se mostraram de extrema importância no combate "à funesta propagação do micróbio do integralismo",[7] com o que destacava a dimensão política da literatura, que — como veremos adiante — será uma das marcas mais visíveis de seu ideário crítico.

Mas não é tudo. Lembremos que um ano antes, certamente encorajado por aquele "incentivo" de Alcântara Machado, Chico publicara a novela *Brasileiro tipo 7*, repleta de tiradas modernistas, a começar pelo "Discurso inicial", uma espécie de introdução sarcástica à Mário de Andrade, em que ele diz ao leitor que pouco lhe interessava se o livro estivesse bem ou mal escrito: "o mais importante era que o leitor não o levasse a sério".[8]

Tentava, com isso, bem se vê, inserir-se na linhagem gaiata que os modernistas inauguraram, como aliás nos mostram outras passagens do livro, uma biografia falhada de um tal José Maria Boaventura de Jesus, tipo entre o bizarro e o convencional, cuja história incorpora os cortes temporais abruptos à Oswald e Alcântara Machado, acelerando o detalhe do motivo livre para convertê-lo em fator essencial do relato, como na cena do xingamento ao professor Tonico, que um aluno, no pátio, começava a escandir para os colegas:

> Filho da pu… Não acabou que o tapa achatou o nariz, fechou a boca do coitado.
> "Seo" Tonico passava na horinha ali perto.
> O resto do curso foi tão sereno… mas cheio de triunfos.
> Formou-se com distinção. Tinha vinte e um anos. Só.[9]

Isso para não falar nas interferências do narrador, que palpita livremente na articulação do enredo e chega mesmo a entrar em cena, ao menos uma vez.

> Eu entrei no primeiro capítulo deste livro numa bruta calma. Não quis imitar Gastão Cruls, que pediu licença, meio tímido, toman-

do parte num bom romance que fez, com medo de desgostar os leitores [...] porque um sujeito francês também tinha feito a mesma coisa...

Eu não.

Não tenho que dar satisfações aos meus leitores. Desculpem a franqueza. Entro de novo com a maior sem-cerimônia.

E não foi vaidade que me trouxe. Venho desfazer uma complicação.

Sou um sujeito que comecei e perdi o fio da história.[10]

E o narrador, que reaparece à página 93 unicamente para fazer blague,

— Me conhece?

— Não seja besta. Então não se lembra?

Olhou-me. Olhou bem, pra falar de novo:

— Ou muito me engano ou você é o Chico Barbosa.

— Seu amigão, velho coisa-ruim...,

insiste em desqualificar o seu próprio texto, com ironia e farto comichão modernista:

Tens razão, amigo Bilac...

Que comecinho besta de crônica! Onde já se viu? Rasguei o papel linha d'água.

Enforquei o queixo nas mãos. Boaventura dançou na minha cabeça. Não me largava mais aquela cara pregada no meu pensamento.[11]

Mas a blague e a irreverência, que então moviam a estratégia de um narrador encantado com a arte de Alcântara Machado, não vão além dessa primeira tentativa ficcional. Ou porque recuasse ante a pouca repercussão da novela, ou porque acabasse se convencendo de que o seu modo de exprimir a vida e os sentimentos do mundo viesse mais da constatação do vivido e menos da figuração dos sonhos, o fato é que preferiu relatar a vida a partir das singularidades e do histórico dos homens enquanto expressões da experiência concreta na faina do dia a dia. Repórter mais que literato, jornalista ao encalço dos sonhos e verdades que transformam as coisas, o que vai despontar com o Chico Barbosa dos anos de 1940 é sobretudo o cronista da história e da cultura, o anotador do presente carregado das impressões do passado, que se colam a cada passo à moldura dos textos que vão sendo escritos.

Para quem lê as entrevistas que publicou pela revista *Diretrizes* a partir dos anos de 1940, por exemplo, essa impressão é inevitável. Em "Nair de Tefé: sou francamente pelo sorriso em matéria de caricaturas", reportagem estampada pela revista em 7 de maio de 1942, temos uma espécie de modelo dos relatos que ele então produzia para a imprensa. Na paleta do jornalista que visitava a célebre caricaturista, são inegáveis os enquadramentos literários de que se vale para relatar a conversa.

Num primeiro momento pela delimitação do foco, visível no modo como o repórter descreve o espaço, alinha as notações de tempo e circunstâncias, para só então apresentar a personagem principal e, depois, as secundárias, caso específico de Rebeca, a simpática negra que o recebeu à porta do Vilino Nair, em Petrópolis. É nessa espécie de preâmbulo que Chico informa ao leitor os aspectos mais importantes que cercam o cotidiano e o ofício da entrevistada, sua formação e habilidades, bem como as referências inéditas sobre a sua personalidade e o mundo de suas relações, tudo enfeixado em notas biobibliográficas e históricas acerca do papel de Nair de Tefé na cultura, na política e na sociedade de seu tempo.

É assim que, naquele domingo chuvoso de 1942 em que

Chico bate palmas à porta do Vilino Nair, tendo a atendê-lo "uma vistosa negra sorridente, com um grande gorro na cabeça — "Dona Nair *saoiou*, ela foi no cinema. *Senhorr* vem cá quatro *horra-s*. Pode vir? Bom" —, vamos aos poucos ingressando num segundo momento da estratégia do repórter, que interioriza o foco com olhos para todos os pormenores que o transformam num autêntico narrador onisciente, quando, à tarde, ele retorna para começar a entrevista.

Passam então diante dos nossos olhos desde os detalhes da recepção que recebeu de Nair de Tefé até os informes sobre as origens de dona Rebeca, a criada (nascida nas Bermudas), passando pela descrição da sala de visitas com um "retrato a óleo de uma jovem de olhos azuis, boca miudinha, rosto de pêssego, corado e risonho". É Nair de Tefé "aos vinte anos em flor". "Oh, a mocidade de Nair!" — é o repórter expandindo as asas da imaginação para retornar no tempo: "Quanta coisa a recordar! As grandes festas do Rio do começo do século, as elegantes temporadas do verão em Petrópolis, o Teatro Municipal com a Réjane ou com a Ianka Chaplinska, as caricaturas de Rian, o casamento com o Marechal".

Esse modo de ingressar nas cenas de seus próprios relatos, como vimos atrás, tem para Chico um apelo literário específico, o de reviver a plenitude do sonho ficcional de origem, quando ainda sonhava em fazer literatura. Desviado para o jornalismo, que aliás exerceu com a maior competência, levou para os seus textos de imprensa uma espécie de nota inventiva que revestia de um toque lírico a notação concreta de tudo que informasse ou descrevesse. É ela que infunde ao repórter, por exemplo, a sensação de que "o Vilino Nair é hoje uma casa melancólica", palco de reminiscências distantes onde Nair "viveu alegremente toda a juventude", como que "escondida do mundo" e cercada dos entes queridos que ali faleceram.

Mas, a partir dos informes sobre a formação de Nair de Tefé na Europa, a dicção literária perde força e o repórter vem para a boca de cena. É quando vemos Tefé primeiro menina, no convento de Santa Úrsula, na França, a rabiscar sua primeira caricatura em cima do "nariz muito comprido" de uma das professoras, que a conduziu irritada para a madre superiora: "Mlle. de Tefé, vous êtes une petite péronnelle". E depois no curso particular de Mlle. Anne Vivaudy, de onde se transferiu para Paris, a estudar piano com Mlle. Louise Lavrut, que lutou como pôde para desviá-la da caricatura.

Nada, porém, impediria que Nair se transformasse num "dos nomes mais interessantes da caricatura universal", segundo informa o crítico cubano Bernard G. Barrios, conforme os dados que o aplicado repórter colheu no capítulo de *La caricatura contemporánea* (1916), de onde extraiu inclusive um trecho expressivo em que Tefé aparece como "a primeira caricaturista do mundo e uma das mais notáveis representantes do humorismo sul-americano".

O que segue depois disso é a rica profusão de dados concretos que só as boas reportagens conseguem trazer ao leitor: Tefé de volta a Petrópolis, para a casa que tanto amava; o início da prodigiosa carreira a partir de 1906-1907; os incentivos decisivos de Laurinda Santos Lobo; a colaboração expressiva em revistas como *Careta*, *Fon-Fon*, além do jornal *Gazeta de Notícias*, a que se juntam as investigações pessoais do repórter Assis Barbosa, que nos confessa haver estado na Biblioteca Nacional em busca do livro *Petrópolis encantada*, de Heitor dos Prazeres, levado pela atração que sentiu pela "vasta galeria de caricaturas" que viu pregada nas paredes do Vilino, com o registro de grande segmento da vida elegante do Rio de Janeiro de 1910, mostrando diplomatas, políticos, escritores, poetas, artistas e gente da alta sociedade.

Isso sem falar nas primeiras exposições de Nair, autorizadas pelo pai, seja no cavalete da Casa David ou no da Chapelaria Watson, onde a carreira de Tefé deslanchou a ponto de suas *charges* começarem a circular em jornais de Paris, o *Excelsior* à frente, mas também nas revistas *Femina* e *Le Rire*. Já casada com o marechal Hermes da Fonseca, ela poderá viver pessoalmente o êxito que obteve na Europa, seguindo para a França e a Suíça depois que o marido deixou o poder.

Mas os cuidados do repórter vão ainda mais longe, ao trazer ao leitor os depoimentos de Tefé sobre a sua própria obra. Admiradora de Losques e de Julien, grandes caricaturistas daquela época, ela define, a pedido de Chico, a linha de suas *charges*, ao confessar que nunca foi adepta "da deformação total do caricaturado".

"Sou o contrário de um Rouveyre, por exemplo." E acrescenta: "Este transformava as pessoas quase que em macacos. Eu sou diferente. Os meus bonecos não provocam gargalhadas, despertam sorrisos. Sou francamente pelo sorriso, em matéria de caricatura".

Com a morte da mãe em 1934, Nair de Tefé deixou definitivamente a caricatura.

Chico encerra a entrevista com as providências de praxe, para um repórter dobrado de ficcionista. Como as cortinas de uma cena que se fecham, as despedidas se completam feito impressão que se desfaz, engolida pela cerração de Petrópolis.

A verdade, no entanto, é que, ao deixar o Vilino Nair, Francisco de Assis Barbosa já voltava para o Rio com um modelo próprio de fazer jornalismo, entremeando em seus textos a argúcia documental de repórter e o enlevo do narrador literário, de que nunca se afastará, como o atestam os trabalhos que nos deixou no terreno da biografia, da editoração e da própria historiografia literária.

Num livro que dividiu com Joel Silveira nesse mesmo ano de 1942, não são poucos os indícios do que acabamos de afirmar, a começar pela natureza dos temas e da vocação intelectual dos entrevistados com quem conversa na primeira parte do livro.

O leitor atento se surpreenderá com a variação de registros com que Chico Barbosa reveste o seu modo de compor e estruturar os relatos. Assim é que na entrevista com Villa-Lobos, por exemplo — um bate-papo de uma hora e meia, entrecortado de interrupções e boas gargalhadas —, o narrador não perde um detalhe dos movimentos de seu entrevistado, como na melhor tradição do registro testemunhal. Diante de Villa, é como se Chico disparasse a câmera para não perder um único gesto da fisionomia que se transformava permanentemente à sua frente. "O homem é um turbilhão. Quando fala, é uma torrente", nos diz ele, redesenhando os gestos do maestro que gesticula, sacode as mandíbulas, os cabelos dançando, as palavras explodindo, "duras, ásperas, sinceras. Bonitas, às vezes como bolas coloridas".[12]

O primeiro efeito é a surpresa das confissões bombásticas, como convém ao trabalho de um bom repórter. À vontade diante de um interlocutor atento, Villa-Lobos não mede as palavras: "Costumo falar sem rebuços, fira a quem ferir", e os petardos zunem para todos os lados. Primeiro em direção aos seus críticos ("primeiro chamaram-me de inculto, depois de louco, depois de futurista, depois de tudo que termina em *ista*, menos de artista"), e em seguida em cima dos medalhões de seu tempo. Um bom exemplo: "Pretenderam transformar o Graça Aranha no maior pensador brasileiro. Protestei. Não é assim, não. Tinha talento sim, de sobra. Mas que vale o Graça diante de um Eça de Queirós?". Ou ainda: "Toscanini é da música de casaca, com luneta e polainas. É um requintado. Não quer saber de renovar-se. Tem medo de sujar os dedos. Para quem faz da arte a própria vida, Toscanini representa zero vezes zero".[13]

Aqui, como o leitor terá notado, ao mesmo tempo que a argúcia do repórter fisga no entrevistado a imagem demolidora de um tipo desconcertante, como era de fato Villa-Lobos, o arranjo escrito do texto acompanha, ao nível das palavras e das frases, a impressão desagregadora do entrevistado, feito estratégia para construir personagens.

Não é à toa que a própria relação entre o escritor e o ofício literário ocupará o centro da entrevista de Chico com o poeta Augusto Frederico Schmidt. Nela, o repórter se interessa justamente por elucidar o peso da vocação literária tanto na vida profissional de Schmidt quanto em face do mundo então ameaçado pelos horrores da guerra. Mas no fundo o que buscava era um desmentido: Chico não se conformava com o pessimismo do autor de *Mar desconhecido*, que, numa reportagem de 1936, pressentira o "fim da poesia" ante a barbárie que acossava a humanidade.

"Aquela entrevista, eu dei num instante de abatimento" — dirá o poeta, ao confessar-se então desalentado com "a falta de influência da poesia no mundo moderno". Mas, enfático, garante ao repórter: "Não anunciei jamais a morte da poesia. Isso é um absurdo. Só os que não sabem ler é que tomaram aquela minha entrevista como um atestado de óbito que eu estava passando à poesia".[14]

Esse interesse de Chico pelo vigor do talento, do método de criação e da personalidade intelectual dos escritores ficará como uma espécie de *leitmotiv* dos escritos com que depois incursionará pela crítica e a vida literária. Um bom exemplo é o de sua entrevista com José Lins do Rego, quando pede ao romancista que nos revele as fontes de onde partia a sua inspiração. Ao longo da conversa, que torce o seu rumo como que indefinida entre as reminiscências da infância e os ecos perdidos da mocidade, Chico arranca de Zé Lins a imagem da velha Totonha, ao fluir de cujas histórias o então menino de engenho se impressionou com os relatos de Troncoso, que lhe serviram de "iniciação literária", ao lado de três maiores influências: "Olívio Montenegro, José Américo de Almeida e Gilberto Freyre. A de Montenegro, pela iniciação em literatura francesa; a de José Américo, pela liderança intelectual exercida sobre os moços da Paraíba e, particularmente, por haver corrigido o único soneto que escrevera em sua vida";[15] e a de Gilberto Freyre, pela orientação constante que começou no mesmo dia em que eles se conheceram, numa tarde de 1925. "Para mim", escreveria o romancista no prefácio de *Região e tradição*, "tivera começo naquela tarde de nosso encontro a minha existência literária". É então que encontra o seu rumo, larga o curso jurídico e põe tudo de lado para deixar-se ficar "lendo furiosamente na biblioteca da faculdade", não apenas os escritos de Freyre, mas as suas indicações literárias, sociológicas e culturais de um modo geral.[16]

O mesmo tema reaparecerá com mais força quando, em 6 de janeiro de 1944, Chico publica na revista *Diretrizes*, do Rio de Janeiro, a entrevista (última concedida pelo poeta) em que Mário de Andrade reafirma a sua posição "como artista e como homem", desvelando as duas faces que, na expressão do repórter, se soldavam "numa só pessoa verdadeira, na constância admirável de toda uma existência dedicada inteiramente ao trabalho intelectual".[17]

A novidade, aqui, vem de que o repórter faz coro aos desabafos de Mário, de quem partilha as ironias e o pessimismo, a ponto de por vezes converter-se numa espécie de arauto do poeta. Há momentos, mesmo, em que, referindo-se aos desafogos do autor do *Macunaíma*, Chico previne o leitor de que "as palavras de Mário são duras, vão doer em muita gente". Mas adverte: "Paciência. São palavras que precisavam ser ouvidas", sobretudo por serem ditas num tempo de barbárie e atrocidades.

"É bem uma definição de atitude de artista em face da

Guerra, uma espécie de Código de Ética", nos diz Chico, a ressaltar o valor moral do poeta e a força prodigiosa de sua fé na literatura. "Mário não vive num altar, trancado numa redoma", continua, para em seguida exaltar a sua condição de "mestre das novas gerações", apoiado no exemplo de "A elegia de abril", texto com que Mário incentivou a ação dos moços da revista *Clima*, de São Paulo, ele que, nas palavras de Chico, já "não acreditava mais nos homens de sua geração".

Na verdade, o Mário de Andrade que emerge da entrevista com Assis Barbosa é o homem cansado dos reveses que os figurões impuseram à sua visão renovadora de intérprete da nossa gente e da nossa cultura. Frente ao peso desse legado, Chico como que amplia a ressonância das amarguras do autor ao ouvi-lo dizer que preferia a companhia dos jovens à dos "homens sujos, que se venderam, colocando-se da banda da contraverdade".

Daí o entusiasmo do repórter com a veemência do poeta ante a presença renovadora dos jovens. À diferença daqueles, os moços — nos termos de Mário — "estão querendo exclamar a verdade que vai chegar, mas não podem [porque] a novidade está engasgada e regouga surdamente, não por ignorância, mas porque engasgaram a mocidade". No que é secundado pela voz do próprio Chico, que se junta ao desabafo de Mário para dizer ao leitor que não são apenas os moços que regougam, "todos regougam. Não há nada a fazer senão regougar". E, cheio de ironia: "Como é bom re-gougar! (sic)".

Chico está na casa de Mário, na rua Lopes Chaves, bairro paulista da Barra Funda, "uma casa simples, sem luxo, mas cheia de quadros, de livros, de músicas, Lhote, Picasso, Portinari, Segall...". O poeta lhe parece mais loquaz do que nunca, e mais remoçado, "apesar dos sinais de longa enfermidade ainda muito visíveis no rosto pálido". As revelações seguem explosivas, nos revelando um homem cada vez mais comprometido com a arte engajada.

"O artista pode pensar que não serve a ninguém, que só serve à Arte. Aí é que está o erro", adverte Mário. "No fundo, ele está sendo instrumento nas mãos dos poderosos", por isso diz a Chico que não faz arte pura, "nunca fiz, para mim a arte tem de servir". E aqui recorre a um exemplo expressivo ao revelar que, se quisesse, o romance *Amar, verbo intransitivo* "poderia ter saído um romance melhor (o assunto era bem bonzinho), não fosse a minha vontade deliberada de escrever brasileiro". A mesma coisa com *Macunaíma*, "que dizem ter saído incompreensível, devido a minha vontade de escrever um livro em todos os linguajares do Brasil".

Aliás, para Mário — nos diz Chico — a busca dessa "maneira de escrever brasileiro", que ele passou a vida toda pesquisando, mais do que uma imposição de "consciência profissional", era "um problema de ordem moral", uma responsabilidade a mais que ele agregava ao ofício de escrever. No fundo, buscava duas coisas bem definidas: a primeira era lutar por uma ortografia própria, reconhecida por todos como a "nossa ortografia", fosse escrevendo cavalo com três L ou Baía sem H, desde que a uniformização se constituísse numa norma adotada pelos brasileiros. É que, segundo Mário, uma consequência funesta da desordem ortográfica imperante no Brasil foi ter servido de estímulo à nossa desordem mental, "impedindo a muito escritor de formar uma verdadeira consciência profissional".

Decorrente da primeira, a segunda finalidade é justamente a de demonstrar que a liberdade de pensamento só é possível "com a aquisição de uma técnica de pensar", o que significa que, na entrevista de Assis Barbosa, o leitor está diante de um Mário de Andrade cada vez mais comprometido com a arte participativa, unindo as duas pontas dessa busca por uma linguagem autêntica que nos identificasse enquanto povo. De um lado, através da convicção de que toda obra de arte nasce livremente de "uma circunstância ocasional, social ou individualista, a que o artista atribui o seu interesse"; e, de outro, através da consciência de que, no fazer poético, não é a arte que se modifica, "mas a qualidade do interesse que leva o artista a *artefazer*". E esse interesse é antes de mais nada o de dizer, em registro brasileiro, quem somos e de que modo pensamos e nos exprimimos.

Não é por acaso que, seis anos depois da publicação da entrevista de Mário, Chico retorna às ponderações do poeta justamente para sublinhar o peso da imaginação romanesca na evolução da prosa brasileira a partir do romantismo. E mais: ao mesmo tempo em que se dedica aos temas e autores dessa pesquisa, já está entalado até a medula na barafunda dos papéis dispersos de um Lima Barreto até então relegado ao limbo da literatura brasileira, de onde Chico o retira não apenas lhe editando e organizando a obra, em companhia de Antônio Houaiss e M. Cavalcanti Proença, mas também valorizando a sua história de rebeldia e sofrimento num livro que é, até hoje, um modelo definitivo entre as nossas biografias literárias.

Ao rastrear a evolução da prosa brasileira, Chico parte da crônica histórica romanceada *O aniversário de D. Miguel em 1828*, de João Manuel Pereira da Silva, mas pouco acrescenta à pauta da historiografia anterior. Teixeira e Sousa, por exemplo, não passa de um autor "destituído de valor literário", que só se distingue por representar o primeiro esforço continuado, de 1843 a 1859, de um escritor que pretendeu realizar "uma obra de romancista", o que lhe confere um valor puramente cronológico. Joaquim Manuel de Macedo, em seus vinte e tantos volumes publicados, não foi além "de literatice, e da pior", à exceção de *A moreninha* (1844), cujo êxito maior, a seu ver, foi ter levado o público a tomar conhecimento do romance, além de haver despertado em José de Alencar a vontade de ser romancista.[18]

Se há por vezes um tom particular em seus juízos, é a intenção de destacar, no conjunto excessivamente convencional da prosa do período, a contribuição dos autores que mais enriqueceram a *busca da expressão local*, a mesma que recortara a pauta do bate-papo com Mário de Andrade na revista *Diretrizes*. É então que revemos o estilo vivo e pitoresco de Manuel Antônio de Almeida, "admirável por ter-se adiantado à sua época", abrindo o caminho depois percorrido por um Marques Rebelo e um Antônio de Alcântara Machado; a imaginação americanista de José de Alencar, responsável pela "reabilitação" do indígena, de influência decisiva em nosso meio, ainda que "carregando nas tintas"; e a revelação inédita com que Machado de Assis reconstrói a sociedade brasileira ("é como se fosse uma ilha em nossa paisagem literária").

O que vem depois alterna o sobrevoo de ofício aos realistas menores e à geração de Coelho Neto, passando por Graça Aranha e os regionalistas, para deter-se com mais ênfase em Lima Barreto, até chegar aos modernistas e depois à prosa de 1930, com destaque para Jorge Amado, José Lins do Rego, Graciliano Ramos, ao lado de Erico Verissimo, Cyro dos Anjos, Lúcio Cardoso, Clarice Lispector e Murilo Rubião.

Dentro das perspectivas didáticas desse esboço informativo (Chico nunca pretendeu ser crítico literário), o trabalho não deixa de ter uma contribuição, seja pelos critérios de historiografia literária, seja pela vasta bibliografia que enfeixa a matéria.

Mas é no segundo trabalho — o notável estudo biográfico sobre *A vida de Lima Barreto*, de 1952 — que Chico praticamente definiu o seu modo de inserção no âmbito da literatura brasileira. Na verdade, quando recebeu, nesse mesmo ano, o prêmio Fábio Prado, da União Brasileira de Escritores de São Paulo, o livro veio consagrar uma vocação intelectual que até então harmonizava o interesse pela reportagem literária com a intuição fecunda da crônica de gêneros e de bastidores, de tanta importância para a história das nossas letras no contexto de sua transição para o modernismo.

O próprio Assis Barbosa se encarregaria de excluir o livro do campo das "análises profundas" que ele mesmo julgava indispensáveis para compreender uma figura tão complexa como a de Lima Barreto. Contentava-se, como escreveria depois no prefácio da primeira edição, em ser unicamente um repórter que fazia do jornalismo diário o seu ganha-pão, com todas as vicissitudes que esse ofício costuma exigir dos que a ele se dedicam. Por isso mesmo, sem alardear o caminho, ajustava ao seu próprio testemunho a mobilidade do foco, o inesperado dos movimentos e a notação humana do testemunho de um Lima Barreto que acabaria moldando — também ele um repórter militante — a alma e a sensibilidade do biógrafo.

No plano reverso, por sua vez — coisa interessante na história desse livro —, o biógrafo, como talvez nenhum outro antes dele, deixaria a marca indelével do seu traço no perfil literário do escritor que nos revelava. De fato, poucas vezes antes em nossa tradição biográfica uma obra alinhou tão rente a singularidade humana do escritor biografado ao projeto narrativo de reconstruí-la por afinidade, como se a transfundisse por dentro com os elementos de sua própria ficção, rearticulando as personagens e projetando, no tempo real, a dimensão simbólica de um retrato que viria consagrar a imagem definitiva de Lima Barreto nos quadros da literatura brasileira.

E isso a tal ponto que, hoje — a sessenta anos de distância —, os sinais dessa afinidade tendem a reaparecer mais vivos quando pensamos, por exemplo, no Assis Barbosa poeta bissexto, que a sensibilidade melancólica de Manuel Bandeira soube captar, em

1946, mergulhado na paisagem noturna do silêncio, a meditar no abandono do mendigo, que descansava "na sombra úmida dos arranha-céus".[19] Próximo a eles, o Mário de Andrade que o biógrafo premiado entrevistara dez anos antes viria nos lembrar de outras "tristezas esquecidas", como a da confissão, tão cara ao Lima Barreto retratado na biografia, de que não teria publicado uma só palavra das tantas que escrevera, se tivesse sabido antes que a sua literatura não serviria de qualquer utilidade para o semelhante.

É essa linha de convergência, vinda do jornalismo para a reportagem literária, que se constitui num ponto de referência indispensável à compreensão da transitividade dos gêneros e da mutação dos estilos na passagem da Belle Époque para o modernismo, como se sabe um tema relevante no argumento do livro. Isso faz que, nos termos de seu alcance, *A vida de Lima Barreto* represente, no conjunto da obra de Francisco de Assis Barbosa, a chave de um tema cujos motivos depois se expandem por desdobramentos afins e até certo ponto complementares se observarmos, por exemplo, que a preocupação do autor com a novela e o conto acabou repercutindo nessa descrição da trajetória de Lima Barreto, para de algum modo estender-se à investigação do relato urbano na prosa de Antônio de Alcântara Machado (1961) e ainda na de Marques Rebelo (1968), que o saudará na Academia em 1971.

Não que essa atitude buscasse um novo ângulo para converter-se numa modalidade de crítica literária propriamente dita. Por mais que o atraíssem as virtudes do texto e o andamento virtual de sua estrutura articulada, o que de fato movia a sensibilidade de Chico eram os arcanos desse arranjo imaginado sob os ditames da vida e o arrastar-se da vontade dos homens sob as imposições do destino. Sob esse aspecto, mais que construção literária, o que ele via nos livros era a face invisível da sua história e os segredos mais fundos e intransferíveis de quem os escrevia. Assim, mais que o arcabouço formal, interessavam-lhe as circunstâncias de sua origem, a paisagem da alma que os concebera, esboçada contra os vestígios do tempo, as marcas da família e da sociedade, o roteiro da formação intelectual e humana, a singularidade que tipifica o talento e o caráter.

José Lins do Rego nos dá um testemunho valioso dessa técnica utilizada por Chico ao nos dizer que, em seu "estilo suave e livre, as notas mais agudas se fixam sem agressividade, como num álbum de fotografias", em que as figuras tratadas "entram com passos de lã, [...] devagar, como se [tudo] fosse passado em máquina de Cosmorama".[20] É a melhor imagem sobre os seus *Retratos de família*, livro que Chico publica em 1954 pela José Olympio, no qual descreve a vivência familiar de escritores, intelectuais, políticos e homens de ciência a partir do relato dos que conviveram com eles.

A obra, na melhor expressão da índole jornalística de Assis Barbosa, é o registro reminiscente de contextos humanos e afetivos em busca de fatos e curiosidades que de outra forma permaneceriam inacessíveis ao leitor comum. Graças ao talento do repórter, retrocedemos aos tempos escolares de alguém como Lúcia Miguel Pereira, que o texto retrata ora como a menina apanhada no colégio pelo pai ilustre, o higienista Miguel Pereira, ora como sua acompanhante a uma tarde de corridas no antigo Jóquei Clube de São Francisco Xavier, onde a garota surpreende o honorável pai — tenaz amante do turfe — arrancando o binóculo das mãos de um apostador vizinho para "ver de mais perto" o desfecho da carreira.[21]

E que dizer do episódio em que o futuro conselheiro Rui Barbosa, em companhia de Rodolfo Dantas enrolado num lençol, aparece fardado de chefe de polícia nos festejos de uma noite de entrudo? Como, ainda, imaginar o erudito dr. Sílvio Romero despejando um balde de água fria sobre o casal de namorados que se divertia às gargalhadas sob a janela de seu gabinete de trabalho?[22]

Cenas como essas — que dão ao livro uma singularidade de campanha alegre — juntam-se, no curso da narrativa, a revelações pouco convencionais se pensarmos no procedimento normalmente equilibrado de certas reputações consolidadas de quem jamais suporíamos o menor despropósito. Como entender, por exemplo, o exibicionismo irrefreável de Joaquim Nabuco, que, certa noite, num jantar de gala que oferecia em Roma, resolveu transformar o salão do hotel num imenso lago por cujas águas deslizava uma gôndola iluminada — ele mesmo, Nabuco, que pouco antes, em Londres, não hesitara em mandar construir uma enorme montanha de gelo, fazendo-a decorar com rosas vindas especialmente de Nice?[23]

É verdade que outros depoimentos nos tocam pela extensão amarga de suas consequências, como no caso do relato em que João Alphonsus de Guimaraens recorda a longa e penosa viagem que, ainda criança, fez em 1906 acompanhando o pai, o poeta Alphonsus de Guimaraens, ao lado da mãe e quatro irmãos pequenos, entre Conceição do Serro e Mariana, distrito em que o grande simbolista assumiria o cargo de juiz municipal. Foram "doze dias a cavalo, tomando sol e poeira pelos caminhos", os irmãos acomodados "em caixotes pendurados na cangalha de um burro velho, que um preto puxava pelo cabresto".

Não é difícil imaginar os padecimentos que marcaram para sempre o coração daquele menino, então com apenas cinco anos, aflito ainda agora ao lembrar que dos cantos daqueles caixotes

partiam varas para suster o toldo de pano grosso e grosseiro, proteção contra os raios diretos do céu escampo mas não contra o calor sertanejo que, com o balanço dos passos do animal, dava um sono invencível [...] naquela paisagem lentíssima de matos, roças, várzeas, raras moradas de porta e janela, em distâncias que a vagareza tornava astronômicas.[24]

Mas há outros momentos que alternam cenas de alegria e ternura, dando ao livro de Chico uma dimensão particular de jornalismo de bastidores duplicado de crônica de família e repertório de gerações, substratos inéditos de que Gilberto Freyre foi o primeiro a distinguir "os traços largos da inteligência e do coração". Uma de suas expressões mais vivas está, por exemplo, nas três imagens de Mário de Andrade, que Chico registra ao longo de uma conversa com o irmão mais velho do poeta, Carlos de Moraes Andrade, a quem Mário confiara uma carta-testamento um ano antes de morrer.

Na primeira, uma reação intempestiva: depois de ler a pedido de Mário alguns de seus poemas "futuristas", Carlos — que "não compreendia a arte moderna" — vira-se para o poeta: "Não entendo nada, meu irmão". E Mário, carregando nos erres: "Você não entende porque é bu-r-r-ro...".[25]

Na segunda, Mário aparece em cena caseira, narrada ("gloriosamente, como um general relatando uma vitória") por dona Sebastiana, cozinheira da família por mais de trinta anos[26] e grande companheira do poeta.

Mário, certa vez, chamou-me para fazer um peru com castanhas; escreveu a receita, muito bem explicadinha, e falou cheio de recomendações: "Quero o peru muito bem-feito. Olhe que é para meus amigos do Rio". Pois eu fiz o peru à minha moda e saiu melhor que a receita.[27]

A terceira imagem nos põe diante da grandeza intelectual e humana do autor da *Lira paulistana*, ao recomendar ao irmão

Carlos, em sua declaração de última vontade, que não vendesse os objetos e obras de arte que veio comprando e juntando pela vida afora. "Nunca colecionei pra mim", explica o poeta, "mas imaginando me constituir apenas salvaguarda de obras, valores e livros que pertencem ao público, ao meu país, ao pouco que eu gastei e me gastou".[28]

Haveria outros flagrantes a destacar nos depoimentos colhidos por Chico nestes *Retratos de família* — o de Roquette-Pinto chefiando uma tribo em seu sítio da Barra da Tijuca, ele próprio transformado no cacique Iuraçu, a comandar os filhos e familiares, também ajaezados e batizados à feição indígena, sempre prontos para saudar em tupi o visitante que chegava, ao toque solene de um tirado alto de tuba;[29] ou ainda o dos filhos de Artur Azevedo, que o chamavam de Passarinho, "subindo-lhe pela imensa barriga para lhe beijar as bochechas", entre as risadas do pai alegre, que se divertia: "Passarinho, um elefante como eu!" —[30], haveria ainda muito a dizer, mas é tempo de seguir adiante. Principalmente para deixar assinalado que o interesse pela literatura, a crítica e a história literária serão os temas predominantes nos livros que o autor produzirá entre 1957 e 1968, sem contar a obra póstuma de 2001, que tem por tema a correspondência entre Antônio de Alcântara Machado e Alceu Amoroso Lima, editada pela Academia Brasileira de Letras.

É certo que, no breve estudo sobre Machado de Assis, que publicou em 1957, Chico fará questão de esclarecer que não teve qualquer pretensão de apresentar uma "contribuição original", senão a de fazer conhecer aos mais jovens como foi a vida do autor do *Quincas Borba*.[31] O que ali buscava era narrar a história de uma vida simples, "toda ela dedicada ao ofício de escrever", e marcada pela honestidade e o amor ao trabalho por parte de alguém que, como Machado, "sempre acreditou na literatura brasileira".[32]

250

Como se vê, ainda aqui o amor às letras reflui para o desenho histórico das circunstâncias que envolvem o escritor e a evolução de sua vida literária, chaves de que o repórter se vale para enriquecer, na trajetória de Machado, alguns episódios e revelações do mais vivo interesse. Não que rigorosamente seja o primeiro a desvendá-los, mas pela originalidade do recorte, quase sempre os recuperando pelo lado menos conhecido de suas particularidades.

Entre o cotidiano de menino pobre que vendia balas e doces pelas ruas, depois da fase de moleque solto pelas vielas do morro do Livramento, logo após a morte de sua mãe, o leitor acompanhará a transformação do "menino diabo" convertendo-se aos poucos no grande homem de talento e cultura que foi Machado.

É assim, por exemplo, que ficamos conhecendo Mme. Gallot, dona de uma padaria próxima ao colégio em que ele estudava e responsável por seus primeiros diálogos em francês, língua em que o menino se exercitava, com ela e o forneiro da casa, tirando lições que foram depois decisivas para a sua ascensão nas oficinas da Tipografia Nacional, aonde chegaria em 1856 levado pelo amigo Paula Brito, com um salário de uma pataca por dia. Aqui, as relações se expandem e muitas vezes surpreendem ao nos mostrarem a amizade com Casimiro de Abreu, a quem o jovem Machado acompanha no vezo romântico da poesia da época. Mas vem o tempo dos artigos democráticos na revista *O Espelho*, da convivência amiga com Manuel Antônio de Almeida, que o aproxima de Francisco Otaviano, Quintino Bocaiuva e José de Alencar, inclusive o levando à casa do escritor francês Charles Ribeyrolles, à época exilado no Brasil.

A partir daí entramos na face mais conhecida da trajetória de Machado: as lutas como redator de *O Liberal* aos 21 anos de idade, ao lado de Quintino Bocaiuva e Saldanha Marinho; a nomeação para diretor do *Diário Oficial* e o casamento com

Carolina Augusta Xavier de Novais; as primeiras publicações pela B.L. Garnier, a ida para a Secretaria da Agricultura e a ruptura definitiva com o romantismo, a que se segue a fase dos romances maduros, a presidência da Academia Brasileira Letras, o golpe de sua demissão do Ministério da Agricultura por ato do presidente Prudente de Morais, os percalços com a epilepsia, o retorno ao ministério em 1907, a perda da esposa, a nomeação para diretor-geral de contabilidade e afinal a morte em 29 de setembro de 1908, cercado pelos amigos Euclides da Cunha, Mário de Alencar, José Veríssimo, Raimundo Correia, Graça Aranha, Rodrigo Otávio e Coelho Neto.

É dentro dessa angulação entre a obra escrita e o desenho histórico de suas origens que o repórter Chico Barbosa defenderá, no ano seguinte, uma atitude ostensivamente militante frente à literatura, para ele uma atividade impossível de separar da política, a menos que consideremos "escritores e políticos uns rematados imbecis". É que, para ele, ao publicar uma obra o escritor reflete sempre "um estado de espírito, individual ou coletivo, que atuará sobre todo o complexo da organização social e político-social do país".[33]

O dado novo do argumento é que — levado em grande parte pela influência intelectual sobretudo de Mário de Andrade e Alcântara Machado — Chico vai situar o foco dessa atitude no ponto de virada do movimento modernista, a partir do qual, a seu ver, se definiu a renovação de mentalidade desarticuladora do autodidatismo predominante no Brasil anterior aos anos de 1930. Só depois do modernismo — nos dirá ele — é que os nossos escritores romperiam com o convencionalismo e o pitoresco que "recheavam a sintaxe lusa com o vocabulário caipira", sujeitando-os a um colonialismo estilístico que os fazia escrever "como se fossem escritores portugueses e não brasileiros".[34]

Mesmo reconhecendo, e sublinhando, as exceções de Manuel Antônio de Almeida, José de Alencar e Lima Barreto, com os quais se consolidava "uma outra maneira de sentir o Brasil", Chico retorna em seu novo livro ao contexto do nosso romantismo, que considerava fechado às inovações do método e da pesquisa, por vezes diretamente contestada pela férula dos "mestres" portugueses, como no caso dos quinaus de Antônio Feliciano de Castilho, que, em 1847, andou por aqui feito um "autêntico sensor português", aplaudido inclusive pelo imperador.

Mas não é apenas por esse confronto entre "nativistas" e "pés de chumbo" que os seus *Achados do vento* se pautam. A implicância contra o "respeito quase religioso" ao "vernáculo intocável", que vigora entre nós para muito além do "Sete de Setembro", reveste-se, no livro, de registros bem mais pontuais, sem — é verdade — cair no jacobinismo fora de propósito. Passando pela pesquisa sistemática de Mário de Andrade, que, mesmo investigando a fala típica da nossa gente, esteve longe de propor a criação de "uma língua brasileira", Chico mergulha no sentido inovador dos experimentos de Oswald de Andrade e Alcântara Machado (como também nos de Mário) em sua luta pelo direito de enriquecer a língua "em nossa terra emancipada e livre", contra o convencionalismo dos medalhões e da "inteligência empalhada".[35]

É por aí que Chico se detém na infância penosa de um Graciliano Ramos dilacerado pela rudeza do chão agreste, ignorado pela própria mãe ("vivia pelos cantos levando cascudos e só se sentia contente quando fugia para o fundo do quintal e lá ficava a amassar barro com os pés de uns enormes tamancos"),[36] e, sem que o soubesse, abrindo-se, nesse martírio precoce, para a nebulosa inaugural de uma obra reveladora da crua realidade do sertão, que ele vai transfundir com uma linguagem que brota da própria terra, tartamelada na boca de personagens brutalizados, cujos sentimentos primitivos jamais couberam nos "requintes do Brasil civilizado" em que pululavam os acadêmicos do novo século.

É para estes, aliás, que Chico volta os seus olhos ao dialogar com Manuel Bandeira sobre os seus mestres no Colégio Pedro II, com destaque para Sílvio Romero, o grande responsável pela iniciação do poeta de *Libertinagem* na arte de desvendar os versos dos velhos clássicos portugueses enquanto "matéria viva", e não mais como "antigualha didática".[37] Isso para não referir o capítulo sobre Lima Barreto e sua "literatura de compromisso", em que Chico nos mostra o jovem autor da *Bruzundanga* descobrindo a racionalidade do *Discurso do método*, de René Descartes, cuja influência se revelou tão decisiva em seu espírito que o acabou transformando numa espécie de pioneiro da dúvida metódica enquanto ferramenta para traduzir como farsa as disparidades que infestavam as letras e a cultura de seu tempo.[38]

E há também — como deixar de mencionar? — o pequeno estudo sobre a trajetória intelectual de José de Alencar, entre a advocacia, a política e a vocação letrada que se debatia na imprensa e nos livros para fazer valer a sua identificação com a terra; a mesma que o levaria, magoado, a lamentar, em carta a Francisco Otaviano, que o *Diário do Rio de Janeiro*, dirigido por este último, o preterira em favor do português Mendes Leal, que o jornal dava como o verdadeiro criador do romance americano, desconsiderando a pesquisa ficcional e histórica que ele próprio, Alencar, e não outro, fora o primeiro a buscar nos grotões mais íntimos da paisagem brasileira.[39]

Na verdade, será preciso ir aos percalços de Domingos Caldas Barbosa menosprezado por um Bocage invejoso do sucesso de suas modinhas, que davam "a nota chic das festas da corte", para confirmar o ânimo localista que agora impulsionava a decisão do repórter em fazer valer, de uma perspectiva participativa e mesmo militante, o alcance da virada modernista em busca das nossas raízes autênticas. Como lembra o próprio Chico no capítulo sobre o poeta violeiro, mesmo chamado em toda parte, "nos salões das casas fidalgas em Lisboa e Sintra, Benfica ou Bemposta, até mesmo nas quintas reais de Belém, Caxias e Queluz", mesmo nomeado capelão da Casa da Suplicação, Caldas Barbosa "jamais deixou de lado a viola e as modinhas que o celebrizaram".[40]

É nessa tensão entre a reportagem e a biografia, entre a cultura e a historiografia literária que se definirá a contribuição de Assis Barbosa à vida intelectual brasileira. Com esse perfil ele desenvolverá, na outra ponta de seu projeto, ensaios históricos e biográficos; estudos introdutórios e bibliográficos acerca da vida de intelectuais, políticos e historiadores; também com ele, mergulhará no estudo das influências francesas no Brasil, das ciências e as artes à colonização, da política aos costumes e à própria linguagem. Isso tudo sem mencionar a contribuição institucional que o levou, a partir do ingresso na Academia Brasileira de Letras, em 1971, a assessorar a pesquisa de fontes e a sistematização de acervos bibliográficos, colaborando na organização de enciclopédias, de bibliotecas e outros organismos culturais do país.

Mas, para nos restringir apenas ao espírito destas notas, interessadas sobretudo nas relações entre o jornalista e o repórter de cultura dobrado de crítico e cronista literário, acrescentemos — à maneira de conclusão — os dois últimos movimentos que enfeixam, na trajetória do nosso autor, a simetria entre a imaginação estética de ensaísta e a notação documental moldada pela precisão do relato-flagrante.

No caso do primeiro, serve de exemplo a "Nota sobre Antônio de Alcântara Machado", publicada como introdução às *Novelas paulistanas*[41] e centrada na leitura abrangente não apenas da prosa inovadora do criador do Gaetaninho, como também de suas relações com Mário, Oswald, Paulo Prado e outros representantes do modernismo, que Chico revisita seja no plano do ideário estético do movimento, seja no de sua dimensão interna, elucidando os bastidores do projeto literário da Semana e enriquecendo-o de notas esclarecedoras sobre a obra, a personalidade e a convivência pessoal muitas vezes tensa entre alguns dos então chamados futuristas. Se é verdade, como antes afirmamos, que os critérios de Chico se deixam levar às vezes por algum excesso em favor do nacionalismo literário, o fato é que, ao ajustar, por exemplo, o tom "berrantemente modernista" do *Retrato do Brasil* às teses do "Manifesto regionalista" de Gilberto Freyre — sem os quais, a seu ver, seria impossível compreender o Brasil —, essa introdução às novelas de Alcântara Machado veio aclarar a fisionomia das relações literárias entre os dois autores.

A repulsa ao "estilo asnático";[42] a insinceridade de Oswald de Andrade em sua adesão ao comunismo; a frieza de Mário de Andrade ao recepcionar em São Paulo o comunista Astrojildo Pereira, tão festejado por Alcântara, um "antifascista da primeira hora" que trazia no peito a certeza de que nenhuma força humana seria capaz de deter o trabalhador brasileiro quando este lograsse alcançar um dia, por si mesmo, a organização de suas próprias forças — tudo isso e o sobrevoo pontual sobre a integração da personagem do imigrante no complexo social paulista (Tito Batini, J. Carneiro, para não falar de Oswald de Andrade e dos *insights* do narrador de *Mana Maria*, que Alcântara Machado deixou inacabado), abre caminho para o diálogo que será depois retomado em 2001 com a publicação pela Academia Brasileira de Letras do livro póstumo *Intelectuais na encruzilhada*, onde reaquece o debate sobre o modernismo e a crônica de suas contradições, agora filtradas na correspondência de Alcântara Machado e Alceu Amoroso Lima entre 1927 e 1933.

É no segundo movimento dessa etapa, entretanto, que Chico vai encontrar o verdadeiro espelho de seu ecletismo ao se debruçar, no ensaio "Um dom Quixote das letras", sobre a obra e a trajetória do crítico e historiador literário José Brito Broca, seu conterrâneo de Guaratinguetá.[43] Não que um servisse de modelo às incursões literárias do outro, espíritos incompatíveis que eram. Mas sobretudo em razão das afinidades que os aproximavam nesse empenho pela reconstituição do passado cultural, a que se acomoda — em relação ao método e aos objetivos de ambos — a conhecida imagem do "escritor partido aos pedaços", utilizada por Brito Broca em entrevista a Renard Perez.[44]

A rigor aplicam-se ao próprio Chico os termos com que ele definiu o perfil de Brito Broca, quando afirmou que este "não se considerava um crítico realizado ou um historiador de ideias, mas um simples leitor ou anotador de livros", valendo-se, aliás, de uma expressão do próprio amigo.[45] O fato é que, no caso de Broca, prevaleceu sempre um interesse mais afinado com a arte literária e a história da literatura vistas de um ângulo mais próximo do cânone, muitas vezes com o olhar imantado pela magia dos temas ou a sutileza da composição, ainda que de uma perspectiva livre mais afeita ao comentário que à lógica da análise, ao escrito antes informativo que propriamente formador, desvinculado das imposições conceituais do método, como seria de praxe no exercício regular da crítica.

Como entretanto não perceber convergência no horror de ambos pela literatice, no sentimento comum de ver na obra literária "o território sagrado em que a vida e a humanidade se exprimem"? Se é verdade que ao isolamento de Broca[46] jamais correspondeu o percurso agitado do repórter Chico Barbosa, o fato é que para ambos o trabalho do escritor só se justificava na pesquisa intensa, fosse na criação artística como na investigação literária.

O interessante no ensaio de Chico são as revelações de simetrias a partir de temas que lhe eram caros, como na passagem em que Brito Broca, mesmo adepto do "beletrismo ortodoxo", soube demonstrar com lucidez que, ao contrário das suposições de Astrogildo Pereira, por exemplo, a arte de Machado de Assis jamais esteve desvinculada da política, conforme o revela tanto a análise da psicologia de Cotrim no romance das *Memórias póstumas de Brás Cubas*, quanto o fino recorte do pensamento escravocrata a partir da mesquinhez do barão de Santa-Pia, no *Memorial de Aires*. E mais: essa defesa de Machado por Brito Broca, nos diz Chico que "é em última instância a defesa do próprio Broca", um escritor que, por não ser um militante social, nem por isso mostrou-se indiferente à nossa realidade e às obras que a refletiam, a ponto de muitas vezes ter perdido as estribeiras nas "rumorosas discussões literárias" que costumava travar com o amigo Otto Maria Carpeaux na cantina do *Correio da Manhã* durante os intervalos do jantar.[47]

Mas o lado que mais o aproxima de Brito Broca aparece nos flagrantes de uma cena comum à trajetória de ambos, animada "pelo ardor e a efusão lírica" com que enveredavam pelos arredores da cidade atrás de vestígios que se perderam. Brito Broca, como Assis Barbosa, foi também a seu modo um repórter dos homens e das coisas de outros tempos, e é comovente o modo como Chico o recorda a percorrer os bairros do Rio de Janeiro,

> deixando-se ficar a sós numa praça distante, ou num café modesto de arrabalde, [como ele próprio na longínqua rua Lopes Chaves de outrora, à espera de Mário de Andrade] excursionando pelas imediações de nossos morros e em recantos típicos, à busca ansiosa dessa coisa vaga, fugidia, terrivelmente abstrata que se costuma chamar o espírito da cidade.[48]

Se foi assim que Chico reconstruiu e pôs de pé a obra e a personalidade intelectual de Lima Barreto, do mesmo modo o amigo Brito Broca extraiu das ruas e sobretudo dos livros os sinais da "preciosa chave" com que os escritores do tempo de Machado de Assis e de Lima Barreto, do romantismo e da Belle Époque, da Academia e da transição do fim do século, definiram um momento particular das nossas letras. Em Chico, como em Brito Broca, essa evocação resultou num veio memorialístico tão decisivo à evolução do gênero, entre nós, que os transformou num contraponto imprescindível à compreensão da modernidade em nossas letras.

Sobre o teatro de Lúcio Cardoso

A tarefa de reunir em volume a obra teatral de Lúcio Cardoso compreende, desde logo, o risco da incompletude. Não apenas porque é impossível estabelecer a edição dos esboços isolados e das páginas dispersas que ele nos deixou, por nem sempre se harmonizarem com o conjunto da obra. Mas sobretudo porque, como autor, Lúcio traz desde as origens a marca da insatisfação ante os limites que enriquecem e esvaziam o sentido da forma e da experiência.

No caso do teatro, como no da obra narrativa e dos diários, a fixidez dos temas como que avança em círculos à medida que se desagrega e recompõe, fazendo da obsessão o único *dévenir* da existência possível. Em termos atuais, quando a sua presença na literatura brasileira começa a ser vista de um novo ângulo, a observação pode parecer banal, mas, posta na perspectiva dos anos 1930, que foi o tempo em que surgiu (o seu primeiro romance, *Maleita*, é de 1934), a questão reveste-se de um interesse renovado, tantas foram as restrições, as contendas, os ataques pessoais e as incompreensões que relegaram a sua obra para um plano secundário.

É verdade que tais embates se verificaram particularmente no terreno da prosa, quando a notação verista do romance de 30 pouca ou nenhuma atenção permitia aos que se afastassem dos modelos vigentes. A propósito, não são poucos os críticos que viram em *Maleita* uma acomodação do nosso autor ao clima que corria pela época, valendo o conjunto de seus escritos posteriores pelo que representaram no terreno da introspecção e da extração católica de sua índole, até que se definisse a chave de seu significado mais profundo com a publicação da *Crônica da casa assassinada*, em 1959.

Se, porém, em relação ao seu teatro os registros não são tão contundentes quanto os que se verificaram no âmbito do romance (diatribes, bofetões indignados, consagração de ódio eterno aos regionalistas do Nordeste), o fato é que a realidade não parece mais branda no âmbito da recepção de suas peças. Historiadores do gênero nos dão como certa, desde o início, a complexidade de seus dramas, tidos como inacessíveis mesmo à compreensão mediana dos leitores. Um deles chega a assinalar que, apesar de seu grande interesse na criação de um teatro inteiramente voltado para os autores nacionais — o que levou ao surgimento do Teatro de Câmara no Rio de Janeiro em 1947 —, Lúcio Cardoso não conseguia atrair atores para suas peças, pois os elencos simplesmente não as aceitavam.

Certamente ele próprio tinha convicção dessa distância. Basta pensar na apresentação do espetáculo num ambiente restrito, feito por amadores, moldado no exemplo das civilizações clássicas, recheado de alusões e de simbologia bíblicas, para levar ao público as suas tramas excessivamente intelectualizadas, a ponto de quase nunca revelarem a procedência dos episódios ou a correlação natural entre as falas e o tempo das personagens, as roupas e os costumes, os temas e o ambiente sociocultural de onde provinham, em geral preparados para o desfecho escatológico e semitrágico, implacavelmente punitivos.

Com o tempo foi ganhando corpo, nesses exercícios de figuração elaborada, o interesse pela expressão ética da psicologia dos seres na fronteira da loucura, tipos que, provocados pela reação dos semelhantes, mesmo recobrando a consciência, acabam naturalmente por mergulhar em desespero profundo. Resultado: embora distanciado do grande público e tendo conhecido não poucas decepções com o destino de seus dramas (Lúcio desconhecia inteiramente a engrenagem do teatro, como funcionavam os espetáculos através da máquina que fazia girar tudo aquilo que os textos projetavam), esses escritos dramáticos foram se convertendo aos poucos numa espécie de apêndice experimental. Vistos, no entanto, da perspectiva de hoje, eles representam a contraparte indispensável para compreender a complexidade de sua prosa, já na origem latente de seus diários, a cada dia mais necessários à elucidação não apenas da personalidade literária do autor, mas sobretudo da fisionomia de seu universo estético, aí incluindo as fontes de seu projeto, o deslinde de suas relações, o mapa de suas influências e a formação do gosto literário que as organiza. Um bom diretor — como já foi notado — poderia rastrear isso tudo no foco de um amplo trabalho, e assim recompor a intersecção desse teatro com o vasto conjunto da obra, aí incluídos os segmentos do cinema e das artes plásticas.

Só dessa perspectiva será possível conhecer em profundidade a verdadeira face dos demônios que nos prendem a ela, dos vagantes sem alma em suas noites sem fim, dos seres desfigurados pelo terror, dos diferentes vultos do corpo e da alma que perseguem desesperadamente os mistérios da vida, migrando do teatro para o romance, do romance para os diários, dos diários para os quadros e destes para a câmera, o olho maldito sempre alerta no centro das circunstâncias que obscurecem os homens. Só assim compreenderíamos, por exemplo, a gênese do ódio que articula os movimentos de Elmo aos de Timóteo, os de Timóteo aos de Inácio, os de Inácio aos de Nina, os de Nina aos de Angélica, os de Angélica aos da professora Hilda, renovando indefinidamente a motivação das formas e dos temas para de algum modo nos amarrar ao desespero irreversível que imobiliza a expressão das personagens.

Nesse universo em que os mortos impõem a sua própria vontade e em que o ódio escorre das relações entre os vivos, o teatro de Lúcio Cardoso pode servir de baliza aos leitores de seus romances. Em seus dramas de corações dilacerados pela maldade e a descrença, não há como não reconhecer a obscuridade das coisas e dos seres, o clima de mistério que se integra à paisagem de sua prosa e recobre de incertezas as muitas vozes que interpelam a morte na solidão das casas e das ruas, ao longo da noite sempre vazia e das madrugadas sem vida.

É aí que se movem os tipos mais característicos dos argumentos de Lúcio Cardoso. À semelhança de Inácio, no qual por vezes desponta a manifestação do riso como expressão da verdade dos fracos — um riso de crueldade, capaz de levar ao ridículo a "simplicidade dos justos" —, muitos de seus personagens dramáticos só se afirmam à meia distância dos valores e das crenças, certos de que só matando em si mesmos a ideia de Deus conseguirão apaziguar o destino. É o que vemos, por exemplo, no espaço misterioso e cheio de sombras de uma peça como O enfeitiçado, ou mesmo na fisionomia dos espectros errantes em que se transformam as personagens da Crônica da casa assassinada, Nina à frente — todos esvaziados de si mesmos, em cujo semblante impenetrável testemunhamos o processo de dissolução daquele espaço povoado de ruínas vivas, onde tudo respira a aberração da vida que se foi em meio a vozes de outros tempos, obsessivamente revividas.

"A única liberdade que possuímos", dirá Timóteo numa passagem da *Crônica*, "é a de sermos monstros para nós mesmos", monstros para os quais — acrescente-se — a única saída possível é a consciência de que a redenção é um mero arranjo da desgraça, o estágio mais elevado concedido aos homens, sempre sob a condição de que a porta jamais se abrirá. Ou, para citar o *Diário de André*: "O ser humano é desgraçado, e a única coisa que se concede a ele, em qualquer terreno, é a porta fechada".

Essa é a atmosfera em que mergulhamos ao ler, por exemplo, o drama *O escravo* (1943),[1] com todos os seus excessos de estilo e de sentimento. Augusta e Lisa vivem enclausuradas numa velha casa tentando livrar-se da lembrança de Silas, ex-marido de Lisa, morto há algum tempo, mas nem por isso ausente do cotidiano de ambas. Augusta não suporta mais viver cercada dos velhos objetos que pertenceram ao irmão e lhe parecem impregnados de seu caráter perverso e desumano. Lisa, após a morte de Silas, retirou-se para um dos quartos e lá permaneceu por cerca de cinco anos, saindo apenas para as refeições.

Quando a cena se abre, ficamos sabendo que outro irmão de Augusta, Marcos, curado no hospital de uma grave crise de loucura, está de volta. Para Guta, como Augusta é chamada entre os seus, Marcos é possuído pelo espírito de Silas, o vilão que espalha o terror pela vida de todos. Até mesmo Lisa, ante a volta do cunhado, desce para recebê-lo. Marcos, porém, não lhes traz grandes novidades: ainda se considera um estranho, um desertor da vida e de suas relações, um homem incapaz enfim de refazer o curso desfigurado que o destino lhe reservara. E confessa estar destinado a vagar sem rumo pelos caminhos do mundo.

Dessa convivência difícil decorrem as alternativas que o texto vai aos poucos sugerindo. Lisa, ao mesmo tempo em que parece ganhar vida com a volta de Marcos (ambos chegam mesmo a pensar em fugir juntos depois de confessarem um amor que parecia recíproco), logo se revela incapaz de fazer frente à situação de terror em que estavam mergulhados e acaba conformada com a ideia de que Silas morrera para lançar entre eles a maldição de sua sombra. Augusta ainda luta contra a hostilidade presente no cotidiano da casa, mas agrava a sensibilidade de Marcos, ao dizer-lhe que tinha poder para ler todos os segredos que lhe iam pela consciência. Para ela, Marcos era escravo de um morto, verdadeiro joguete nas mãos de um homem já desaparecido. Por isso não tinha caráter nem coragem. "Você jamais se livrará de mim", grita-lhe ao final, para lembrá-lo de que permaneceriam indefinidamente "a mesma massa confusa e tumultuosa" que se arrastava por aquela casa. Marcos parece resistir à ideia de que, além de Silas, ou através de Silas, se tornara igualmente um escravo de Guta. Diz a ela que o seu grande desejo era livrar-se da maldição dos seus olhos. Mas termina vencido ao matar-se com a velha navalha de Silas.

O tom patético e descomedimentos como este valeram a Lúcio sérias restrições da crítica, principalmente pelo desencontro entre a verdade dos fatos e os artifícios retóricos que os construíam. Décio de Almeida Prado foi dos primeiros a notar esse descompasso quando, a propósito de sua segunda peça, *O filho pródigo* (1947), mostra a que ponto Lúcio Cardoso obliterou a realidade para projetá-la num contexto literário inteiramente fundado na fabulação bíblico-poética. Longe da realidade humana e psicológica do negro brasileiro — em geral reduzido às humilhações do preconceito e da marginalidade —, as personagens desse segundo drama resultam inconvincentes e frágeis.

De túnicas longas e sandálias, expressando-se através de gestos solenes, as personagens de *O filho pródigo* vivem como que mergulhadas num tempo imemorial de que se desprende uma espécie de expectação punitiva tão implacável como a dos relatos bíblicos. Seu espaço é o de uma mansão encravada numa vasta extensão de terras a cujos limites os personagens mal podem chegar e sequer transpor. Sob as ordens de um pai soberano e servidos por escravos, eles tomam leite, vivem de ceias fartas, lavram as terras e só se distraem com a passagem dos peregrinos que caminham pela rua defronte sem saber para onde ir e nem mesmo por que o fazem. Os habitantes da mansão nunca viram um semelhante de pele clara, tampouco a vida que existe para além das cercas a que estão confinados. Tudo o que querem é ver o mar e saber se existem pessoas com a pele mais branca do que a deles. Até o dia em que Assur, o filho pródigo, que se sente "envenenado pela terra e por tudo", resolve sair de casa, atraído por uma peregrina.

Os outros irmãos, ao contrário dele, permanecem na lida de cada dia, ao lado do pai, que sempre lhes fala em tom profético, como se pregasse num sermão das escrituras. Deles, Manassés, o mais velho, é o que mais trabalha, mas nem por isso é o mais reconhecido. Casado, sua esposa Aíla é apaixonada por Assur, que não retribui ao seu amor, embora seja forçado pelo pai a acompanhá-la, depois que esta mata o marido e acaba expulsa do grupo. Dos demais irmãos, Moab e Selene, nada há que os distinga, a não ser a cabra, que está sempre ao lado do primeiro, e a estranha liteira "branca com franjas de prata", com a qual Selene um dia vai embora, para nunca mais voltar.

A única coisa que altera a paisagem são os referidos peregrinos. Nada de relevante para o conjunto da fabulação na volta de Assur, o filho pródigo, que pouco nos revela de sua vida com Aíla durante os tempos que passaram fora. Recebido pelo pai, ele diz apenas que volta arrependido e desejoso de arar a terra como o pai queria e ele estava acostumado a fazer. Já Aíla, que talvez

266

tenha tido mais coragem, diz o texto que, como Selene, seguiu adiante na liteira de um rico mercador.

Não é preciso muita reflexão para concluir, com Décio de Almeida Prado, que um argumento como este, ao tratar do personagem negro num país como o Brasil, resvala pela literatice e a insinceridade, fazendo com que o filho pródigo, nas palavras do crítico, "caia em cheio em todos os lugares-comuns da literatura", descambando para irrealidade. Irrealidade, aliás, que, no âmbito da prosa, já havia sido notada por Mário de Andrade, em carta enviada ao autor a 20 de agosto de 1936, onde lhe expôs impressões pessoais acerca do romance *Luz no subsolo*, cuja leitura, nas palavras do crítico, além de ter-se revelado estranha e assombrada ("me deu um bruto de um soco no estômago"), deixou muito a desejar, sobretudo em relação aos personagens, que lhe pareceram inteiramente absurdos.[2]

A essa impressão de artificialismo e irrealidade do *Filho pródigo*, o crítico Sábato Magaldi agrega as peças *A corda de prata* (1947) e *Angélica* (1950), também as definindo como meras "construções literárias". É verdade que com a atenuante, sob certo aspecto compreensível, de reconhecer em *Angélica* um vigoroso estudo de temperamento que outros críticos muitas vezes expandiram para o conjunto da obra de Lúcio, por identificarem nos protagonistas de suas peças e romances uma espécie de hipostasia da crueldade que, ao asfixiar as demais personagens, acaba por alimentar-se de sua seiva, revigorando indefinidamente as fontes de sua maldade.

O leitor de *A corda de prata* verá, a propósito, que essa atmosfera de excessos e de trágicos desfechos em nada se afasta da linha inexorável que nasce com o drama e depois se expande pela ficção e os diários. Nela, o casal Gina e Renato vive em silêncio um episódio de amargo sofrimento conjugal, testemunhado muito à distância por Júlia, a empregada. Como em outros contextos dos dramas e das novelas do autor, reencontramos na *Corda* o "domínio absoluto" de um personagem — no caso, Gina — sobre o outro. Renato prefere a explicação convencional, que apresenta ao médico, o dr. Vítor, dizendo-lhe por exemplo que Gina não sabe conter os sentimentos dentro de certos limites. Mas não tem como explicar-lhe as expansões do rancor incontrolável que recebe da esposa num grau cada vez mais acirrado.

De fato, às manifestações de carinho que Renato lhe dedica, Gina responde com frequentes ameaças, confessando odiá-lo intensamente, por sentir que a única coisa que a motiva é o ódio. Queria, sim, que o marido lhe desse mais amor, mas um amor de uma outra espécie, lhe diz ela: "Um amor que não existiu nunca, um amor como só o adivinham os condenados ou os leprosos desta vida".

"Fala", por ela, entretanto, a voz de uma estranha Mulher de Preto, que é a quinta personagem da peça e traz a alma de Gina aprisionada num tormento semelhante ao de Marcos, em *O escravo*, e ao de Valdo, na *Crônica da casa assassinada*, ambos, como vimos, irreparáveis. Estranha à sua própria alma, presa de um sonho mórbido como os que acometem a maioria dos protagonistas de Lúcio Cardoso, Gina submete-se a essa "outra voz", que toma as rédeas do enunciado e impõe ao curso da ação um rumo cada vez mais inesperado e tão surpreendente quanto o desfecho da peça: com a misteriosa corda que a dama de negro lhe "apresenta", Gina enforca o marido, que sempre lhe pareceu um verme e, como tal, merecia morrer.

O estranho é que a Mulher de Preto, convertendo-a numa assassina, não a resgata de seus tormentos, mas quer levá-la consigo. Num momento em que ambas discutem, o dr. Vítor as surpreende "conversando" e, só assim, pode convencer-se da loucura de Gina, tantas vezes recusada por Renato. "Ela está perdida", é tudo que consegue dizer, respondendo a uma pergunta de Júlia, interessada em saber qual dos dois desceria àquele inferno.

Em *Angélica* (1950), o estranho invade a cena de outra perspectiva. Aqui, deparamo-nos com algo ainda mais patético que a completa anulação de um ser pela vontade de outro. Mais insidiosa que o misterioso gume da Mulher de Preto sobre o espírito de Gina, Angélica aparece em cena como a hospedeira que suga lentamente a beleza e a energia das moças que traz para sua companhia, como forma de prolongar o viço de sua própria existência. Às mortes que se sucedem, segue-se o rebrotar de uma vida que se renova em cada gesto, até o dia em que o capataz se apaixona por uma das vítimas e resolve denunciar a patroa.

Angélica simboliza na peça um outro mistério, tão caro ao Lúcio Cardoso da prosa — o mistério "dessas naturezas sequiosas que empestam o ar com o veneno que escorre no fundo lodoso de suas almas". Ela tirou daqueles pobres seres a vontade de viver e "sufocou-os na inércia e na falta de esperança: assim conseguiu transpor para a sua todo o calor que alimentava aquelas almas". E, no mesmo tom dos desfechos anteriores, o capataz Leôncio conclui que, "despedaçadas, [as vítimas] tombaram como frutos apodrecidos". Só no monólogo final, quando faz em pedaços o seu próprio espelho e apanha o revólver com o qual vai se matar, é que Angélica, olhando o reflexo da sua própria imagem, não admite que seja a velha que "existe dentro dela". "Lá está ela, não disse? Lá está a outra, a que me espia com os olhos brancos… Não quero que ela me olhe assim, proíbo-a de que faça isso…"

Ao contrário das obsessões presentes em *Angélica*, o pouco interesse de *O homem pálido* (1961) vem do esquema repetitivo de seu argumento. Elmo e Artur vivem com os pais, João e Ana, numa fazenda decadente. De maneira velada, ambos disputam o amor de Luísa, que acaba se enamorando de Elmo. Mas este é o vilão da trama, o filho que vive aterrorizando a moça e a todos com a história de que a propriedade é assombrada pela presença de um certo homem pálido, antigo proprietário da fazenda, beberrão desgovernado que termina os seus dias assassinado pelos que lhe tiraram a propriedade, tendo agonizado no celeiro sem que ninguém surgisse para socorrê-lo. O tormento dos outros só cessaria quando ele fosse vingado.

Elmo é o núcleo da peça, o que semeia o medo e o terror, o que vive insistindo em ir embora, funcionando para os outros como uma espécie de enviado sinistro do homem pálido. Ao vê-lo em cena, não nos satisfazemos com a ideia de que ele seja talvez a mais perfeita imagem do que Lúcio Cardoso considerava um arauto do medo, sem o qual o episódio dramático não lhe parecia completo.

Os pais sentem medo e passam a peça toda tentando evitar que os filhos saibam disso. Luísa sente medo e cede às imposições violentas de Elmo e de "seus olhos traiçoeiros, verdes como os de um gato". Artur é o único a agir naturalmente, em grande parte para mostrar a inexistência do medo a esse homem pálido, que só vivia na imaginação doentia de Elmo. Por isso acaba assassinado pelo irmão, ao tentar impedi-lo de atrelar o cavalo com o qual pretendia fugir com a moça. Surpreendendo a tragédia no celeiro, João e Ana, enganados por Elmo, mandam que este vá à cidade em busca de socorro. Ele aproveita a oportunidade para fugir com a charrete, mas volta poucas horas depois, morto num desastre, nos braços de um desconhecido que chegava para comprar a propriedade.

Aqui, o tom mecânico das soluções dramáticas anteriores: desespero de Gina face à Mulher de Preto, o terror de Marcos frente à sombra de Silas, a violência de Assur para com o irmão Manassés, tudo parece retornar com sabor de coisa já vivida. Mas isso não exclui o dado interessante (e diferente de tudo o que vimos antes) que está no caráter positivo dos pais. Ambos, João e

Ana, deixam a cena preocupados com a educação que deram aos filhos, discutindo a culpa de terem gerado involuntariamente um bicho tão peçonhento quanto Elmo. É verdade que eles terminam por aceitar o infortúnio de permanecer na fazenda, verdadeiro túmulo em que se preparam para enterrar a culpa pela tragédia dos filhos. A pergunta que nos fica é a de como puderam ignorar um desfecho que só eles conheciam? Afinal, o comprador, que lhes traz o cadáver de Elmo na última cena da tragédia, não é de fato o instrumento da vingança prometida?

Por fim, em *Os desaparecidos*, temos uma espécie de trágica síntese das personagens dramáticas de Lúcio Cardoso. Num certo sentido, é possível dizer que encontramos nesta peça um pouco de desespero e das obsessões presentes em todas as outras. Em *Os desaparecidos*, um grupo de tipos estranhos e de vida à margem se refugia inesperadamente num velho barracão abandonado, sob uma ponte próxima do mar. É véspera de Natal e chove. Eles vão se conhecendo à medida que entram para buscar abrigo naquele antro. Cada um tem a sua história e a cada entrada descobrimos uma nova situação e um personagem diferente.

Lili, uma jovem sem qualquer apego pela vida, é a desconhecida que entra em cena pouco depois de ser impedida pelo Homem — o misterioso protagonista — de saltar da ponte. O Homem não se dá a conhecer, apenas lhe salva a vida e se afeiçoa pela mocinha de dezessete anos que está farta de viver e se revolta com a intervenção daquele estranho que a impediu de concretizar um desejo. Logo entra Manuel, para devolver a bolsa que Lili esquecera lá embaixo, antes de subir para o salto. Eles discutem, e Lili confunde-o com um mero ladrão interessado em seu dinheiro. O Homem acha-os semelhantes, mas enquanto Manuel insiste em defender a sua honestidade de miserável, aparece Roberto, sujo de sangue e perseguido pela polícia. Ele surpreende-se com a presença de toda aquela gente num antro de tão difícil acesso. Ao vê-lo, Manuel julga que ele veio buscar o dinheiro de Lili, apesar de esta continuar afirmando o seu desinteresse pelo dinheiro, mesmo julgando os homens "igualmente horríveis e imundos".

Estão nisto quando entra Sérgio, um homem maduro e de aspecto doentio, trazendo nos braços o corpo de uma miserável, Lula, que saltara da ponte mas que ele fora buscar ainda com vida. Lili apoia o gesto de Lula, a seu ver com muito mais razões do que ela para suicidar-se. Roberto diz conhecer a mulher, segundo ele um tipo que não valia nada, só contribuindo para fazer "aquele barracão parecer um antro de suicidas". Lula ainda está se lastimando da intervenção de Sérgio (afinal a vida, para ela, não tinha mais qualquer sentido) quando Matilde, que ouvia tudo do lado de fora, vem juntar-se ao grupo, dizendo-se ela própria uma mulher perdida, que vivia de andar de um lado para o outro. Roberto também a reconhece, mostrando um pedaço de jornal com o nome dela numa lista de desaparecidos.

Nesse clima de desconfiança, ele assume uma atitude provocadora ao dizer que todos ali não passavam de uns "náufragos da vida", para quem já não havia mais salvação. Há um silêncio constrangedor e então cada um se decide a fazer aos outros uma espécie de autorretrato.

Nos diferentes testemunhos, a peça ganha um novo sentido e acaba mudando de rumo. Com os relatos, vamos aos poucos identificando a síntese de alguns dos principais motivos do teatro de Lúcio Cardoso. Lá está o homem pobre (Roberto), que só pensa em dinheiro, mas que, vindo de uma família cheia de privações, tem horror aos endinheirados a ponto de desejar matá-los "como a ratos e porcos". Lá está a mulher infeliz (Matilde), que, depois de perder o marido e a companhia dos filhos, não suporta mais a solidão, entregando-se à bebida e às agruras das ruas, onde passa os dias atrás de qualquer um. Lá também a filha

(Lili), que deixa o carinho do lar, para ela insuportável, e decide mergulhar nas incertezas da noite, à procura da morte. Lá ainda o criminoso (Manuel), que estrangulou a esposa, a quem amava loucamente, por devassidão e infidelidade. A seu lado, a enjeitada sem história (Lula), que, por ser pobre e feia, nunca encontrou um amor e decidiu se matar "sem guardar ódio de ninguém". E, por fim, um ex-padre (Sérgio), que, em sua paróquia humilde e sem recursos, se cansou de lutar contra a miséria, a doença e o abandono, largando tudo para vagar pelo mundo, na certeza de que a vida abandonou os homens e só a morte é capaz de os acolher.

Deles todos, só o Homem permanece em silêncio em seu canto.

O desfecho é pouco comum no teatro de Lúcio Cardoso. O clima de angústia e desengano num repente se desanuvia. Em seu lugar, uma inexplicável confiança na vida e um sopro de felicidade parecem colorir aquele cenário de trevas. Roberto e Lili dão-se as mãos e saem "abençoados", cheios de esperança na felicidade que sonham encontrar num sítio não muito distante. Lula e Manuel, mesmo sem dinheiro e recursos, também se enamoram e partem alegres em busca de outra vida "num lugar qualquer à beira-mar". O Homem explica a Sérgio que ali se operou um milagre. E Sérgio, vendo a felicidade de volta aos corações daqueles infelizes, renova o seu próprio ânimo e declara que retomará a batina. Matilde comove-se e diz que acompanhará o padre na dura missão que ele havia abandonado. Só o Homem permanece solitário sem dizer quem é.

A clara indicação religiosa que marca este final de *Os desaparecidos* mostra-nos até que ponto o teatro de Lúcio Cardoso corresponde à figuração desarmônica de sua obra. Se nela os desvios mais fundos da alma humana parecem encerrar uma trágica visão dos homens e das coisas, o desespero pelas soluções mais justas não deixa de acenar para os convencionalismos da desesperança que se abateram sobre o incompreendido que ele sempre foi. Desesperança dos melancólicos, é verdade, mas também dos revoltados que não querem sê-lo, dos excluídos que se recusam a sair de cena por seguirem acreditando no impossível milagre da vida.

Erico Verissimo da nebulosa ao texto

Numa tarde escura de 1941, em Chicago, Erico Verissimo ouviu de Somerset Maugham a confissão de que só admitia em seus livros personagens tiradas da vida real, o que, aliás — explicava Maugham —, não era grande novidade: Stendhal escrevera num célebre manuscrito os nomes das pessoas que lhe inspiraram as próprias personagens, e Dickens retratara o próprio pai em Mr. Micawber. "E a criação, onde fica?", perguntou Verissimo, com ar desconfiado. Maugham foi incisivo: "Sempre haverá criação. As pessoas são muito ilusórias e vagas para serem copiadas. O escritor não copia os seus originais. Tira deles o que precisa e com isso constrói as suas personagens".

Anos depois, relembrando a conversa, Verissimo voltaria ao assunto para justificar o ponto de vista da "ilusão criadora" que, segundo ele, está por trás da sua concepção da arte de escrever romances. "Nenhum escritor pode afirmar de boa-fé que cria do nada: a ele resta apenas contentar-se com a ilusão de que cria", dirá em 1950 aos leitores da *Revista do Globo*, como que se rendendo ao velho princípio que ouvira de Maugham. Não que houvesse capitulado ao testemunho da vida real. Na verdade, sempre que refletiu sobre os temas de seus livros, deixou claro que nunca cedeu aos apelos da realidade bruta, para ele quase sempre excessivos e enganosos. É que, no seu caso, a criação partia de um ímpeto difuso, mais complexo e variado, nos diz ele, do tipo que se encarrega ele mesmo de armar o seu próprio universo, guiando a mão que escreve a partir de certas condições particulares. São estas que estão na base das cinco hipóteses de onde sempre partia — conforme declarou à revista — para escrever os seus próprios romances: "uma tese, uma personagem, uma situação, uma história fechada e uma ideia isolada".

Por discutíveis que nos possam parecer, ele as expõe de uma forma clara através de alguns exemplos a seu modo convincentes: *Um rio imita o Reno*, de Vianna Moog — explica — nos revela como o autor precisou inventar uma cidade para demonstrar a *tese* das vantagens e desvantagens da colonização alemã no Rio Grande do Sul; *Babbitt*, de Sinclair Lewis, é a *personagem* de que o autor se serve para revelar as diferentes faces de um autêntico representante do *american way of life*; é a *situação* de marido traído, em *O véu pintado*, de Somerset Maugham, que leva o protagonista do romance a vingar-se da mulher, expondo-a à contaminação pela cólera; sem a estrutura de uma *história fechada* como em *Ciúme*, de Guzman, "com prólogo, auge e epílogo", seria impossível ao autor desenvolver as peripécias que amarram o conjunto do argumento; foi uma *ideia isolada* que lhe deu a chave para escrever *Olhai os lírios do campo*, como ele próprio confessa ao lembrar o dia em que, conversando com amigos num café de Porto Alegre, rabiscou ao acaso algumas palavras na mesa de mármore, e a frase que elas formaram foi justamente a do título do livro.

Tudo isso me ocorre quando penso no significado de um livro como *O resto é silêncio* frente ao conjunto da obra ficcional de Erico Verissimo. Afinal, trata-se de um texto que parte de um fato ocorrido na "vida real", circunstância que, além de não vir contemplada entre as "fontes geradoras" de sua prosa, nem se vale de uma tese, nem depende da ação isolada de qualquer personagem como foco central do enredo, e menos ainda de uma situação que articule a expansão do argumento, seja a partir de uma história fechada ou dos motivos aglutinantes de uma ideia isolada.

O próprio Verissimo dá indícios da singularidade do livro ao lembrar as diferenças que iam aos poucos separando o jovem balconista de farmácia, então obcecado por Ibsen, Eça de Queirós e Machado de Assis (a quem nunca deixaria de ler), do autor editado pela Globo, cada vez mais impressionado por Camus, Sartre, Hemingway, o próprio Maugham e particularmente Huxley. A essa altura, já tinha certeza de que o que importava era "buscar o direito de pertencer-se" e de que só faria obra duradoura se pudesse "ficar consigo mesmo" para poder criar, ainda que profundamente em contato com o que ocorria à sua volta.

Teria assim procedido sob a influência de Huxley — que ele próprio reconhecerá como um fator decisivo em sua trajetória de escritor popular, mas nem sempre admirado pela crítica? O fato é que antes de 1943 as suas tramas poucas vezes ultrapassavam o mero contraponto temático, em geral desdobrado no cruzamento de personagens que apenas migravam de um plano para outro. Ele mesmo explicou ao escritor Silveira Peixoto, em depoimento publicado no suplemento *Gazeta Magazine* de 30 de março de 1941, a técnica que utilizara para compor, em 1936, o romance *Um lugar ao sol*, até então o mais volumoso e um dos mais expressivos de seus trabalhos: "Trouxe para a cena, e misturei na mesma intriga, personagens de *Clarissa*, de *Música ao longe* e de *Caminhos cruzados*", admitindo ter aí se inspirado numa estratégia tirada do *Contraponto*, de Aldous Huxley, traduzido por ele em 1934. E confessa que o mesmo Huxley o socorreu outras vezes, como na ocasião em que lhe deu os meios para a solução formal de um conto, que tinha na gaveta, sobre a inabilidade de um homem para enxergar as coisas estranhas que ocorrem na vida. Verissimo reconhece que tinha o argumento, mas — como declarou a Silveira Peixoto — faltava-lhe a técnica para narrá-lo, até que Huxley, vindo em seu auxílio, permitiu-lhe armar a trama por meio de um artifício que o próprio Verissimo não hesitou em chamar de "esplêndida lição".

Isso talvez ajude a explicar por que só depois de *O resto é silêncio*, quando o domínio do contraponto e da simultaneidade lhe permite modalizar os diferentes planos do relato, é que ele será capaz de estabelecer uma visão crítica mais aguda em relação ao conjunto de sua obra anterior. Na verdade, só a partir daí ele ajustará à sua própria técnica a superposição dos tempos com a qual a habilidade de Huxley lograva converter o tempo ficcional numa visão interior da realidade a criticar, transformando-a numa espécie de "ascese intelectual" contraposta às aparências do mundo. Por esse caminho, a exemplo do Huxley do *Contraponto*, Veríssimo começa a reformular os seus modelos ficcionais, abrindo-os à assimilação da notação ensaística que tão amplamente ressoava nos escritos do autor inglês, um mestre consagrado em fazer de seus romances o foco de discussão de ideias, projetos e formulações literárias.

É claro que não é a admiração por Huxley e os ingleses que faz de Erico Verissimo o escritor que ele é. E nem cabe afirmar que essa aproximação foi além do plano formal enquanto mera estratégia de figuração literária, como disseram muitos dos seus críticos, para o bem e para o mal. O importante é que ela ocorre num momento em que Verissimo, mais seguro dos processos de sua escrita, não vacila em apontar os aspectos que lhe parecem mal resolvidos em seus primeiros romances. Assim, por exemplo, se *Clarissa* o satisfaz "como expressão de poesia e como clima", ele agora — se pudesse — "a faria de maneira diferente no que toca à redação". Do mesmo modo, se *Música ao longe* tem — como ele afirma — "o melhor de todos os meus temas e [é] o mais brasileiro dos meus ambientes", lido agora o livro lhe parece falho, por ele haver escolhido "o ângulo de *Clarissa* para contar a história", coisa que, em suas próprias palavras, acabou dando "um ar lírico e melancólico a tipos e fatos profundamente dramáticos e expressivos". É com esse espírito que ele se ressente da "redação um pouco estudada e um tanto frouxa" de *Um lugar ao sol*; que reconhece a necessidade de "algumas modificações no tocante ao estilo" em *Caminhos cruzados*, um de seus preferidos, ao lado de *Olhai os lírios do campo* e de *Saga*, que considera bem escritos, em particular o último, para ele — bem ao contrário do que os críticos achavam — "o mais bem redigido de todos os outros juntos".

Assim, quando surge, em 1943, pode-se dizer que *O resto é silêncio* já faz parte de um momento de amadurecimento crítico dos mais importantes na evolução literária de Erico Verissimo. Sob certo aspecto, o livro vem como a resposta que o próprio romancista procurava quando reconhecia que nenhum dos seus romances da fase anterior satisfazia em qualidade às suas próprias exigências autorais. Para ele, o livro ideal — que um dia imaginava compor — deveria "combinar a ternura de *Clarissa* com o ambiente brasileiro de *Música ao longe*, e contar com as linhas mestras de *Caminhos cruzados*, o material humano de *Um lugar ao sol*, a paixão de *Olhai os lírios do campo* e a redação de *Saga*".

Muitos requisitos para um único romance, mas parte da crítica, ao receber a publicação de *O resto é silêncio*, não tardou em reconhecer que a partir dele as personagens de Erico Verissimo ganharam vida e mesmo superaram — se pensarmos na força do velho Quim para o argumento do livro — os modelos esquemáticos de alguns romances da primeira fase, repletos de tipos que, a exemplo de Olívia em *Olhai os lírios do campo*, não ficavam longe de meras caricaturas ficcionais.

Não que o romance trouxesse um corte radical ao padrão dos livros anteriores. O dado novo é que, com *O resto é silêncio*, firmou-se ainda mais, aos olhos da crítica, a convicção de que, com Erico Verissimo, se diluía definitivamente a fusão excessiva que — em particular no regionalismo do Nordeste — soldava ficção e documento, fazendo com que a arte do escritor, como ocorria com o segundo Jorge Amado na apreciação de Osmar Pimentel, desaparecesse "debaixo de toda a espécie de matéria-prima de que se valia para fazer de sua literatura uma 'imitação da vida'".

O Verissimo de *O resto é silêncio*, mesmo partindo de um fato da vida real — o suicídio de uma jovem que misteriosamente se atira do décimo terceiro andar de um edifício vizinho à praça da Alfândega, em Porto Alegre —, não tratou do tema como o faria um "mero autor de ficção documental", ainda que o assunto se prestasse a isso. Ele mesmo, ao compor o livro, reconheceu a necessidade de superar o isolamento histórico das personagens sem cair no reducionismo realista. Isso explica que, com *O resto é silêncio*, ele não apenas amplie o espaço literário de sua ficção, como também afine a sua mira em direção ao contraponto com os planos mais largos da ordem histórico-social. Isso para não dizer que, no próprio prefácio, ele manifesta a certeza de que o livro inaugurava uma nova fase em sua carreira de escritor cada vez mais interessado em evitar "as simplificações que haviam tornado tão frouxo e desigual o estilo dos romances anteriores".

Sob esse aspecto, o livro como que renova os seus modos de invenção para integrar-se criticamente aos diferentes planos da realidade que os circunda, e em face dos quais, desde 1935, com

Caminhos cruzados, ele já vinha ensaiando organizar o que um dia chamou de "um corte transversal na sociedade porto-alegrense". Em *O resto é silêncio*, o núcleo está no salto para a morte que articula os diferentes planos do argumento, ao desarticular o universo desigual das personagens. No relato, que se expande — entre a sexta-feira da Paixão e o sábado de Aleluia — a partir de cortes simultâneos no episódio, a morte de Joana Karewska, no centro da trama, é um elo de referência dissonante, sem outra função que a de espelhar os diferentes focos que o refletem. Se, do ponto de vista do enunciado, a questão que prevalece, além da identidade de Karewska, é saber se houve suicídio ou assassinato, do ângulo da enunciação o romance é uma sequência de encaixes discursivos que, a pretexto de seu núcleo, vão gradativamente desvelando a realidade social que os envolve. Daí a importância do contraponto na estrutura do romance: amarrada aos diferentes planos pela simultaneidade temporal (em cada um deles move-se uma testemunha direta ou indireta da queda de Karewska), a morte trágica da jovem como que se dilui na fragmentação gradativa do espaço, tragada ora pelo sofrimento incontornável do pobre Angelírio, ora pelo lírico abandono do vagabundo Chicharro, ambos superados, nos quadros sociais mais estáveis, de um lado pelo esnobismo diletante do desembargador Ximeno Lustosa, e, de outro, pelo conservadorismo de Aristides Barreiro e do velho Quim, talvez a personagem mais viva do romance, mesmo se comparado às instâncias mais fundas da degradação moral que desarvora o destino de alguns tipos secundários, como Moema, Aurélio e o temerário Norival Petra.

É verdade que em *O resto é silêncio* Verissimo não atinge ainda a plenitude ficcional daquela abundância de figuras de primeira ordem que, na leitura de Paulo Rónai, mantêm os diferentes planos de *O tempo e o vento* num mesmo patamar elevado, como mostram os exemplos de Pedro Missioneiro, Ana Terra, capitão Rodrigo Cambará, Bibiana, Luzia e o dr. Winter. Mas é também inegável que este grande romance — mesmo se valendo de uma técnica diferente — só chegou à deformação cronológica e à construção daqueles episódios lírico-simbólicos que Otto Maria Carpeaux associou às *notas intercaladas* de Dos Passos e às inversões de William Faulkner, depois que os planos narrativos de *O resto é silêncio* se abriram à mobilidade da construção simultânea.

Lembremos a propósito, no caso deste último, o papel decisivo que exercem no equilíbrio da narrativa os polos simbólicos da literatura e da música, fundamentais à compreensão do mistério que move o romance e que só se desvendam quando a hesitação do escritor Tônio Santiago parece iluminar-se com a síntese final da sinfonia de Bernardo Rezende, ligando num único plano os enigmas da vida aos mistérios da morte. Dispersa no silêncio, a face oculta das personagens como que se alinhava aos desígnios insondáveis do trágico destino de Joana Karewska.

> Depois do silêncio o que mais de perto chega a exprimir o inexprimível é a música... Quando tinha que exprimir o inexprimível, Shakespeare punha de lado a pena e apelava para a música. E se também ela falhar? Neste caso, haverá sempre o silêncio como refúgio. Porque sempre, sempre e em qualquer parte, o resto é silêncio

— assim se exprime Aldous Huxley em *Music at night*, citado por Antonio Candido num estudo de 1945 sobre *O resto é silêncio*, para explicar que "o humano reconhecimento da fragilidade da palavra levava Verissimo a sugerir a fuga para o infinito, que os problemas expostos podem sofrer através da sinfonia". Ou seja: dos primeiros a reconhecer a influência positiva da simultaneidade temporal na articulação do mistério, o jovem crítico de *Briga-*

da ligeira desvenda no próprio Huxley, então o grande modelo do romancista gaúcho, a razão pela qual a sinfonia transfigura o mistério, que permanece indevassável no infinito. Por isso, nas palavras de Candido, Verissimo não o pode aclarar: "Deixa-o muito sabiamente nas suas sombras, emprestando-lhe um caráter dinâmico, que o faz interferir na vida de seu pequeno mundo".

Por esse lado, é possível dizer que *O resto é silêncio* antecipa o caminho para o imenso painel do que será depois a construção magistral de *O tempo e o vento*, cujo ciclo, apesar de monumental, nasceu — segundo o próprio Verissimo — de uma sedução banal pela fotografia de uma jovem sorridente, vestida de baile, que ele viu estampada nas páginas de uma revista mundana do Rio de Janeiro pela altura de 1939. Outra vez, como o leitor terá notado, o acaso intervém para aproximar a jovem suicida de *O resto é silêncio* de outra que agora sorri para um homem elegante metido num *dinner jacket*, ela com uma taça de champanha na mão, ele com um cravo vistoso na lapela.

O que terá a moça da fotografia com a história de *O tempo e o vento*? Verissimo relembra o fato — em interessante depoimento a Luís Carlos Lessa na manhã de 24 de dezembro de 1949 — para explicar que, admirando a foto, interessou-se ainda mais pela legenda que a ilustrava. Ele a reproduz para Lessa: "Mlle. Fifi X... conversa alegremente com o conde Y". Diante de um Lessa espantado, explica-lhe que a moça era filha de um dos muitos políticos gaúchos que a Revolução de 30 tinha levado para o Rio de Janeiro, e que o conde, para quem ela sorria, era um dos muitos nobres exilados que a última guerra mundial jogara nas praias de Copacabana. "A fotografia", explica, "teve a virtude de me acicatar na direção do romance cíclico".

Porém há mais: sua relação com a história do Rio Grande do Sul vinha do fato de o pai de Mlle. Fifi — nos diz ele — ser um advogado, "talvez o primeiro letrado de uma família de homens que vieram do campo"; seu avô, "um caudilhote de cidade, chefe político de um município gaúcho, [...] desses homens que falam alto e andam sempre de rebenque erguido"; seu bisavô, talvez um herói da Guerra dos Farrapos; o trisavô, possivelmente da ilha dos Açores, de sangue flamengo (daí os olhos azuis e os cabelos claros da moça); a avó, paulista? curitibana? quem sabe índia? e os antepassados mais distantes, gente talvez da tribo dos charruas e dos minuanos, entre eles possíveis fugitivos da Colônia do Sacramento. E então conclui, pedindo a Lessa que "imagine tudo o que aconteceu no tempo e no espaço" — as bandeiras, os colonos açorianos, a abertura de picadas, a travessia dos rios, as guerras contra os castelhanos por causa das fronteiras... "Pense em tudo que aconteceu", lembra então a Luís Carlos Lessa, "para que fosse possível aquele momento que a câmara fotográfica da revista mundana fixou. Mlle. Fifi tomando champanha em companhia daquele conde europeu... Não é fascinante?", conclui, enlevado.

Tão fascinante — responderia algum leitor atento de *O resto é silêncio* — quanto as reflexões de Tônio Santiago no final do romance, que imaginam homens pelas planuras, cruzando soalheiras e invernos de minuano, para reviver as lendas dos tempos do aldeamento dos índios e das missões até chegar às povoações de onde saíram as primeiras cidades, os primeiros trilhos da estrada de ferro e os primeiros postes telegráficos que atravessariam guerras e revoluções. O próprio Verissimo, no prefácio, advertia que, enquanto escrevia o romance, "já estava sendo solicitado" pelos temas que moviam os sonhos de Tônio Santiago, desde as origens até "aquele momento ali no teatro, onde, numa espécie de milagrosa soma, se via aquela rica diversidade de tipos humanos, nomes e almas" que fixavam no tempo a história do Rio Grande.

"Não seria acaso tudo isso", ele se adianta, "uma espécie de *trailer* de *O tempo e o vento?*"

Notas

ALVARENGA PEIXOTO, LOUVOR E TORMENTOS [pp. 17-34]

1. Joaquim Norberto de Sousa e Silva, *História da conjuração mineira*. Rio de Janeiro: Imprensa Nacional, 1948, p. 71.

2. Cf. Kenneth R. Maxwèll, *Conflicts and Conspiracies: Brazil and Portugal (1750-1808)*. Cambridge: Cambridge University Press, 1973, p. 121.

3. Cf. a propósito a "Correspondência" e os "Documentos justificativos" em M. Rodrigues Lapa, *Vida e obra de Alvarenga Peixoto*. Rio de Janeiro: INL/MEC, 1960, pp. 57-300.

4. Cf. Joaquim Norberto de Sousa e Silva, op. cit., pp. 121-2.

5. Domingos Carvalho da Silva, "Introdução", in M. Rodrigues Lapa, op. cit., pp. 15-6.

6. Ibid., p. 15. Segundo Carvalho da Silva, em razão da temática aulicista de seus versos, Alvarenga Peixoto não goza hoje do mesmo prestígio que lhe reconheciam os críticos do passado. "A importância que lhe deram os primeiros antologistas — Januário, Pereira da Silva, Varnhagen e Melo Morais Filho — caiu bastante nos últimos tempos", observa ele.

7. Ibid., p. 14.

8. Joaquim Norberto de Sousa e Silva, *Obras poéticas de Alvarenga Peixoto*. Rio de Janeiro: H. Garnier, 1865, p. 65.

9. Na edição de M. Rodrigues Lapa aparece alterado para "Eu vi a linda Jônia e, namorado", comprovando-se — segundo Lapa — que o texto foi muito

modificado pelos copistas ("e talvez pelo próprio autor"). Cf. M. Rodrigues Lapa, op. cit.

10. Em Rodrigues Lapa aparece Alteia em lugar de Aleia; esta última forma, na edição de Norberto, segundo Lapa, deve-se a provável gralha tipográfica.

11. Ver a edição de Joaquim Norberto de Sousa e Silva, *Obras poéticas de Alvarenga Peixoto*, op. cit., p. 62 e pp. 100-1.

12. Ibid., p. 63. Combinando "a loa do progressismo com a aceitação do governo forte" — nos dirá depois Alfredo Bosi —, Alvarenga Peixoto deixa claro que "é o déspota esclarecido o seu ideal, tirano a quem se rende a Colônia na pessoa do nativo". Cf. Alfredo Bosi, *História concisa da literatura brasileira*. São Paulo: Cultrix, 1970, p. 85.

13. Sérgio Buarque de Holanda, *Capítulos de literatura colonial*. Org. e intr. de Antonio Candido. São Paulo: Brasiliense, 1991, p. 429.

14. Cf. "Prefácio", in M. Rodrigues Lapa, op. cit., p. XXXIX.

15. A numeração dos poemas citados remete ao critério adotado na edição crítica de M. Rodrigues Lapa.

16. Cf. "Prefácio", op. cit., p. XXXIX.

17. Ibid., p. XLII.

18. Ibid., p. XLI.

19. Ibid., p. XL.

20. Ibid., p. XLII.

21. Ibid., p. LIII.

22. Cf. Antonio Candido, *Formação da literatura brasileira*. São Paulo: Martins, 1959, p. 61. v. I.

23. Ibid., p. 104.

24. Ibid.

25. Ibid., p. 105.

26. Ibid.

27. Ibid., pp. 106-7.

28. Ibid., p. 107.

29. Cf. Wilton Cardoso, "Aspectos barrocos da lírica de Alvarenga Peixoto". In *Seminário sobre a poesia mineira: Período colonial*. Belo Horizonte: Conselho Estadual de Cultura, 1984, p. 120.

30. Ibid., p. 121.

31. Ibid., p. 123.

32. Ibid., pp. 122-3.

33. Ibid., p. 126.

34. Ibid., pp. 126-7.

35. Ibid., p. 128.

36. Ibid., p. 131.

37. Ibid., p. 141.

38. Cf. as "Considerações do prof. Sami Sirihal sobre a conferência do prof. Wilton Cardoso". In *Seminário sobre a poesia mineira: Período colonial*, op. cit., pp. 148-50.

39. Cf. Ivan Teixeira, *Mecenato pombalino e poesia neoclássica*. São Paulo: Fapesp/ Edusp, 1999, pp. 484-5.

40. Letícia Mallard, "As louvações de Alvarenga Peixoto". In Domício Proença Filho (Org.). *A poesia dos inconfidentes*. Rio de Janeiro: Nova Aguilar, 1996, pp. 945-6.

O MÉTODO CRÍTICO DE SÍLVIO ROMERO [pp. 35-56]

1. Depois recolhida, sob o título de "A literatura brasileira contemporânea", no volume *Ensaios e estudos — Crítica e história* (1ª série) (Rio de Janeiro: Briguiet, 1931, pp. 61 ss).

2. Lembremos, a propósito, que Clóvis Beviláqua, grande amigo e admirador de Sílvio Romero, em conferência proferida no Rio de Janeiro, em 25 de setembro de 1925, ressalta a contrariedade deste último por não haver recebido dos acadêmicos do sul, a quem acusava de ignorar injustificadamente os filósofos da Escola do Recife, o mesmo reconhecimento de que desfrutava no norte do país. Segundo Beviláqua, a convivência com a Academia não foi suficiente para assimilá-lo, nem para modificar o *perfil mental* que Sílvio sempre manteve ligado ao movimento do norte, que reunia, na opinião do grande jurista, o que havia de mais representativo na cultura do país.

3. Cf. Tobias Barreto, "O partido da reação em nossa literatura". *Obras completas*. Sergipe: edição do Estado de Sergipe, 1926, p. 450 ss. v. 8: Estudos alemães.

4. Pertencem a esta etapa o artigo "Realismo e idealismo" (23 maio 1872); os artigos escritos entre 1873 e 1874, que formam quase todo o volume *A literatura brasileira e a crítica moderna* (1880); o artigo "Uns versos de moça", que integra os *Estudos de literatura contemporânea* com o título de "A alegria e a tristeza na literatura"; o ensaio "A poesia de hoje" (nov. 1873), que serve de prefácio aos *Cantos do fim do século* (1878); o estudo "Se a economia política é uma ciência" (1873); o estudo "Um etnólogo brasileiro: Couto de Magalhães" (1875); os artigos que formam *A filosofia no Brasil* (1876); os *Estudos sobre a poesia popular no Brasil* (1879); e a dissertação *A literatura brasileira e a crítica moderna* (1880), com a qual Sílvio Romero conquistou a cátedra de filosofia no Colégio Pedro II.

5. As análises deste segmento se concentraram nos *Estudos sobre a poesia popular no Brasil* (1888), antes publicados na *Revista Brasileira* (2ª fase); no estudo *Da interpretação filosófica na evolução dos fatos históricos* (1885); na *Introdução à literatura brasileira* (1881); e no estudo *O naturalismo em literatura* (1882).

6. Antonio Candido inclui aqui a leitura de "certos escritos menores", entre os quais os *Novos estudos de literatura contemporânea* (1898); os *Ensaios de sociologia e literatura* e *Martins Pena* (1901); os *Outros estudos de literatura contemporânea* (1906); o estudo *Da crítica e sua exata definição* (1909); e as *Provocações e debates* (1910).

ALUÍSIO AZEVEDO E A CRÍTICA [pp. 57-70]

1. Oliveira Lima, "Aluísio Azevedo". *Diário de S. Paulo*, 26 out. 1919. A propósito de sua vida de cônsul, Paulo Dantas transcreve uma carta de Aluísio Azevedo a Figueiredo Pimentel, datada de 5 de julho de 1905, de Cardiff, na qual o escritor se queixa amargamente das condições do trabalho consular, afirmando que os consulados brasileiros não ofereciam as condições favoráveis dos consulados europeus, como o consulado de Bristol, onde serviu Eça de Queirós, por exemplo. O que mais o entristecia é que o trabalho era muito e ele não conseguia tempo para escrever os seus livros, nas ocasiões em que o espírito mais o dispunha para isso. Cf. Paulo Dantas. *Aluísio Azevedo, um romancista do povo*. São Paulo: Melhoramentos (s.d.), p. 49.

2. Tito Lívio de Castro, "O homem, por Aluísio Azevedo". *Questões e problemas*. Pref. de Sílvio Romero. São Paulo: Empresa de Propaganda Literária Luso-Brasileira, 1913, pp. 53-4.

3. Cf. Sílvio Romero, *Naturalismo em literatura*. São Paulo: Tipografia da Província, 1882, pp. 33-4.

4. Cf. *História de literatura brasileira*. 3ª ed. Rio de Janeiro: José Olympio, 1943, cap. III, p. 102 e cap. V, pp. 434-48.

5. Sílvio Romero, *A evolução da literatura brasileira: Vista sintética*. Rio de Janeiro: Campanha, 1905, p. 79.

6. Araripe Júnior, "Aluísio Azevedo e o romance no Brasil". *Novidades*, 19 mar. 1888. In Alfredo Bosi (Sel. e org.), *Araripe Júnior: Teoria, crítica e história literária*. São Paulo: Edusp, 1978, p. 119.

7. Araripe Júnior, "O estilo tropical: A fórmula do naturalismo brasileiro". *Novidades*, 22 mar. 1888. In Alfredo Bosi, op. cit., pp. 124-6.

8. Ibid., p. 127.

9. Ver Araripe Júnior, "O romance no Brasil: Invasão do naturalismo". *Novidades*, 23 mar. 1888. In Alfredo Bosi, op. cit., pp. 129-30.

10. Cf. *Novidades*, 7 e 11 abr. 1888. In Alfredo Bosi, op. cit, pp. 137-44.

11. José Veríssimo, "Aluísio Azevedo". In *Letras e literatos*. Rio de Janeiro: José Olympio, 1936, pp. 59-63.

12. Id., *História da literatura brasileira*. 3ª ed. Rio de Janeiro: José Olympio, 1954, pp. 293-4.

13. Ibid., p. 293.

14. Entendia-se por *natureza* o verossímil, "a fronteira do natural com o simplesmente possível"; já o *temperamento*, na acepção naturalista o segundo fator da obra artística, remetia a "tudo quanto concorre para a formação e a manifestação da individualidade do artista". Cf. Tito Lívio de Castro, op. cit., pp. 56-7.

15. Antonio Dimas, comentando num excelente texto didático o processo de criação de Aluísio Azevedo, lembra, a propósito do senso dramático do romancista, uma reminiscência de Rodrigo Otávio em suas memórias, segundo a qual Aluísio — que havia sido pintor e caricaturista, além de autor teatral — costumava desenhar as suas personagens em figuras de papelão, que dispunha, coloridas, em sua mesa de trabalho, como forma de conviver com elas nos episódios que estava elaborando. Cf. Antonio Dimas, "O zigue-zague de um intelectual sensível". In *Aluísio Azevedo. Seleção, notas, estudos biográfico, histórico e crítico*. São Paulo: Abril Educação, 1980, pp. 3-4.

16. Cf. Oliveira Lima, "Aluísio Azevedo". *O Estado de S. Paulo*, 22 fev. 1912.

17. Ronald de Carvalho, *Pequena história da literatura brasileira*. 5ª ed. Rio de Janeiro: Briguiet, 1935, pp. 319-20.

18. Agripino Grieco, *Evolução da prosa brasileira*. Rio de Janeiro: Ariel, 1933, pp. 98-100.

19. Cf. Olívio Montenegro, *O romance brasileiro (as suas origens e tendências)*. Rio de Janeiro: José Olympio, 1938, pp. 63-5.

20. Aluísio Azevedo, *O touro negro. Obras completas*, v. XIV. 2ª ed. Rio de Janeiro: Briguiet, 1947, pp. 48-9.

21. Cf. Álvaro Lins, "Dois naturalistas: Aluísio Azevedo e Júlio Ribeiro". *Jornal de Crítica* (2ª série). Rio de Janeiro: José Olympio, 1943, pp. 150-1.

22. Lúcia Miguel Pereira, *Prosa de ficção (de 1870 a 1920)*. 2ª ed. Rio de Janeiro: José Olympio, 1957, pp. 148-9.

23. Ibid., p. 150.

24. José Geraldo Vieira, "Introdução". In *O homem*. São Paulo: Martins, 1959, p. 21.

25. Adonias Filho, "Introdução". In *O touro negro*. São Paulo: Martins, 1961, pp. 5-6.

26. Em oposição a Josué Montello, Raimundo de Menezes vê nessa busca do documento humano uma *atitude própria dos naturalistas*. Segundo ele, quando se preparava para escrever *O homem*, Aluísio andava à procura de um autêntico documento humano, e especifica: "Frequentava estalagens, ia às pedreiras, familiarizava-se com cavouqueiros, comia em casas de pasto, à mesa ruidosa dos trabalhadores, conversava com eles, estudava-lhes os tipos, os costumes, a linguagem, surpreendia-lhes os instintos, ria com eles à larga, ou retraía-se, comovido, quando os via acabrunhados". E conclui: "Saía cedo e ia à faina. Regressava à noite, cansado, aborrecido, atirava à mesa, a sua grande e desordenada mesa de trabalho, as notas que tomava, despia-se às pressas e corria ao banheiro para tirar de si o cheiro do *suor honrado*". Cf. "Introdução". In Aluísio Azevedo, *O coruja*. São Paulo: Martins, 1973, p. 5.

27. Cf. Josué Montello. *Aluísio de Azevedo — Trechos escolhidos*. Rio de Janeiro: Agir, 1963, p. 11.

28. Antonio Candido, "De cortiço a cortiço". In *O discurso e a cidade*. São Paulo: Duas Cidades, 1995, pp. 124-5.

29. Ibid., p. 126.

30. Ibid., p. 128.

31. Ibid., p. 129.

CONFABULAÇÕES DO EXÍLIO (JOAQUIM NABUCO E OLIVEIRA LIMA) [pp. 71-100]

1. Joaquim Nabuco, Carta a Machado de Assis datada de 1 fev. 1865. Cf. *Cartas a amigos*. Coligidas e anotadas por Carolina Nabuco. São Paulo: Progresso Editorial, 1949, p. 6.

2. A correspondência entre Joaquim Nabuco e Oliveira Lima foi consultada junto ao acervo da Oliveira Lima Library, depositado na Universidade Católica da América, em Washington, D.C., a cujos curadores deixo registrados os meus agradecimentos.

3. Cf. Oliveira Lima, "Casimiro de Abreu, Álvares de Azevedo e Junqueira Freire". *Correio do Brasil*, Lisboa, ano 1, 3, 1882, p. 6.

4. O jovem Oliveira Lima tratará do romance *Holocausto*, do mesmo Pedro Américo, numa resenha do *Correio do Brasil* publicada a 15 fev. 1885, p. 7.

5. "Nada é mais contrário à poesia do que a ênfase, o lugar-comum e o patético da oratória. Onde começa o advogado ou o tribuno, acaba o poeta",

acrescenta. Cf. Joaquim Nabuco, "A crise poética". In *Minha formação*. Rio de Janeiro: W.M. Jackson Editores, 1948, pp. 85-6.

6. "Nessa altura, onde tudo é fictício, tudo irreal, tudo fantástico, a poesia tem para mim o terror do *adytum* da Pítia", completa em seguida, para referir a penosa incerteza das câmaras secretas da sacerdotisa de Apolo (ibid., p.87).

7. Até então nos diz Nabuco que João Caetano fora — como ele próprio — um exilado em sua própria terra, só sendo reconhecido pelas plateias locais depois que estas, anos mais tarde, puderam apreciar nos palcos a arte refinada dos grandes nomes estrangeiros (um Ristori, um Rossi, um Salvini) e então perceber que eram virtudes o que antes consideravam defeitos do grande ator brasileiro. Cf. "João Caetano", saudação proferida em 1886 na sessão de homenagem organizada pelo ator Vasques. In Joaquim Nabuco, *Escritos e discursos literários*, cit., p. 27.

8. Id., *Pensées détachées et souvenirs*. Paris: Hachette, 1906, p. 39.

9. Ibid., p. 40.

10. Id., *Diários — 1873-1910*. Ed., pref. e notas de Evaldo Cabral de Mello. Rio de Janeiro: Bem-te-vi, 2006, pp. 442-3.

11. Ibid., p. 452.

12. Em relação ao livro de Euclides da Cunha, Nabuco é direto: "Não fico esperando nada do que se anuncia. Decerto talento há nele, e muito, mas o talento, quando não é acompanhado da ordem necessária para o desenvolver e apresentar, há alguma coisa em mim que me faz fugir dele". Cf. *Diários*, op. cit., entrada de 11 set. 1903.

13. Oliveira Lima, "O holocausto, de Pedro Américo". *Correio do Brasil — Revista Quinzenal*. Lisboa, ano 1, 1, 15 fev. 1885, p. 7.

14. Oliveira Lima, "Joaquim Manuel de Macedo". *Correio do Brasil — Revista Quinzenal*, Lisboa, ano 1, 7, 15 mar. 1885, pp. 3-7.

15. "Num rápido remoinhar", ele escreve, "acodem-nos à memória as nossas reminiscências de criança: a riquíssima natureza que se desenrolava diante de nós, a toada plangente do cativo, tudo que recorda a pátria ausente, o torrão natal, que desejaríamos então poder trilhar." Ibid., p. 4.

16. Cf. Oliveira Lima, "Joaquim Nabuco: O abolicionismo (Londres, 1883)". In "Bibliografia brasileira". *Correio do Brasil*, ano 1, 2, 5 mar. 1885, pp. 6-7.

17. Cf. *Correio do Brasil*, ano 1, 3, 15 mar. 1885, p. 8.

18. Cf. correspondência do casal Oliveira Lima depositada em Recife no acervo do Arquivo Público do Estado de Pernambuco.

19. Joaquim Nabuco, *Escritos e discursos*. São Paulo/ Rio de Janeiro: Companhia Editora Nacional/ Civilização Brasileira, 1939, p. 43 e p. 51.

20. E assim viverá até o fim, nos diz Gilberto Freyre, "mais em contato com valores classicamente europeus e superiormente anglo-americanos de arte,

de inteligência, de cultura do que no Rio de Janeiro ou em Pernambuco, sob os coqueiros, as mangueiras". Cf. "Introdução". In Joaquim Nabuco, *Minha formação*. Brasília: Editora da Universidade, 1963, p. XIII.

21. A reflexão é de Joaquim Nabuco no capítulo "Atração do mundo" em *Minha formação*. Rio de Janeiro: Garnier, 1900, pp. 41-3.

22. "Em síntese, em suas *Memórias* Oliveira Lima realizou uma operação de demarcação de lugares a partir de uma colagem de elementos retirados de reminiscências de sua vida e construiu um relato fundador de um cenário onde ambientou sua atividade de diplomata. Ao eleger o sobrado e o engenho como lugares da memória, estabeleceu fronteiras, demarcou espaços, instituiu regras de sociabilidade e de relações entre diversos personagens, tendo em vista a construção de uma ancestralidade". Com isto, prossegue a autora, "procurou fixar uma autoimagem de cosmopolitismo de ideias e maneiras, que reforçava os valores de sociabilidade de corte por pressupor refinamento e, ao mesmo tempo, mostrava um aspecto progressista de sua personalidade". Cf. Teresa Malatian, *Oliveira Lima e a construção da nacionalidade*. Bauru/ São Paulo: Edusc/ Fapesp, 2001, pp. 49-50 e p. 57.

23. Cf. Joaquim Nabuco, *Cartas a amigos*, op. cit., p. 184.

24. Id., "O lugar de Camões na literatura". In *Camões e assuntos americanos: Seis conferências em universidades americanas*. Trad. de Carolina Nabuco. São Paulo/ Rio de Janeiro: Editora Nacional/ Civilização Brasileira, 1940, p .6.

25. Ibid., pp. 20-3.

26. Para Nabuco, "uma forma nova, polida pelas lágrimas, da palavra *soledade*, assim como nosso *adeus*, *adieu*, é sobrevivência de duas palavras usadas outrora nas despedidas [...] saudade é a hera do coração, presa às suas ruínas e crescendo na própria solidão" ("Camões, poeta lírico". Ibid., p. 50).

27. "Portugal pode desaparecer submergido na vaga europeia: ele terá um dia em cem milhões de brasileiros a mesma vibração luminosa e sonora", eis como Nabuco traduz esse sentimento de gratidão. Cf. "Terceiro centenário de Camões". In *Escritos e discursos literários*. *L'option*. *Obras completas de Joaquim Nabuco*. v. IX. São Paulo: Instituto Editorial Progresso, 1949, pp. 6-23.

28. Id., "Portugal e Brasil". In *Escritos e discursos literários*, op. cit., p. 45.

29. Ver "Discurso na Academia Brasileira de Letras", proferido na qualidade de secretário-geral, em 20 jul. 1897, por ocasião de sua inauguração. In *Escritos e discursos literários*, op. cit., pp. 178-9.

30. Ibid., p. 187.

31. "Nunca virá o dia", lemos no discurso de Joaquim Nabuco, "em que Herculano, Garrett e os seus sucessores deixem de ter toda a vassalagem brasileira". Ibid., pp. 187-8.

32. Ibid.

33. Cf. "Discurso de recepção no Instituto Histórico e Geográfico Brasileiro", lido na sessão de 25 out. 1896. In *Escritos e discursos literários*, op. cit., pp. 106-8.

34. Joaquim Nabuco, "Elogio dos sócios do Instituto Histórico", lido na sessão de 15 dez. 1898. In *Escritos e discursos literários*, op. cit., pp. 209-11.

MEDEIROS E ALBUQUERQUE POETA [pp. 101-116]

1. Andrade Muricy, *Panorama do movimento simbolista brasileiro*. 2ª ed. Rio de Janeiro: MEC/INL, 1973, p. 31. V. I.

2. Cf. "Ad sodales" [assinado U. do A.] in "Liberdade", 25 maio 1896, em Autores e Livros (Suplemento literário de *A Manhã*), v. VI, n. 6, 14 fev. 1943, p. 91.

3. A crônica de Humberto de Campos retoma a alusão a um inacreditável harém que Medeiros e Albuquerque teria mantido em Constantinopla, "guardado por quatro eunucos da Ásia Menor e enriquecido, diariamente, por novas circassianas trazidas do interior por seus agentes, que eram os agentes do próprio sultão". Ligadas a esse "gosto de parecer turco", há ainda duas curiosas evidências. A primeira é uma foto aparatosa, datada de 1912, em que o escritor aparece num "exercício de adaptação à indumentária turca", envergando barrete, bombachas de sultão, colete e o cinto largo de seda sob o qual sustenta, atravessada, uma lâmina de ponta; e a segunda é a mania de usar, no exterior, a velha farda de coronel da Guarda Nacional, com a qual — a crer ainda nos apontamentos de Humberto de Campos — Medeiros curtia o prazer de "sentir-se desconhecido em terras distantes e exóticas". "Durante a guerra, principalmente, isso lhe era de grande utilidade", acrescenta Campos. "Medeiros fardava-se, e ia, com as suas esporas e o seu uniforme suntuoso, para a *gare* do norte. E aí, de pé, a mão no capacete, recebia as continências dos soldados que iam ou vinham do *front*, e que olhavam, espantados, o seu fardamento, inteiramente desconhecido nos campos de batalha". Não é sem propósito lembrar, como sugere o cronista, que se deve ao próprio Medeiros e Albuquerque o uso obrigatório do fardão no uniforme da Academia Brasileira de Letras. Cf. Humberto de Campos, "Perfil de Medeiros e Albuquerque". In Autores & Livros, op. cit., p. 87.

4. Cf. *Estudos de literatura brasileira*, 6ª série. Belo Horizonte/ São Paulo: Itatiaia/ Edusp, 1977, pp. 115-6.

5. Explicando essa distinção, José Veríssimo argumenta que "são os dons do prosador brilhante, versátil, original, imprevisto, espirituoso, ligeiro" que dão à poesia de Medeiros e Albuquerque "a diferença que ela acaso possa ter na poesia brasileira". Cf. *Estudos de literatura brasileira*, op. cit., p. 116.

6. O interesse pela poesia disseminada nos textos de prosa confirma-se,

por exemplo, numa nota aposta ao volume de versos *Fim*, no qual há um soneto intitulado "Aparição vesperal" cujo último verso — "como uma sombra sobre um chão de paina" — Medeiros confessa ter extraído de uma das descrições do romance *O ateneu*, de Raul Pompeia.

7. Anoto a partir daqui as observações que o autor desenvolve no escrito "A poesia de amanhã", recolhido em *Pontos de vista*. Rio de Janeiro: Francisco Alves, 1913, pp. 75-84.

8. Ibid., p. 83.

9. Cf. Medeiros e Albuquerque, *Páginas de crítica*. Rio de Janeiro: Leite Ribeiro & Maurillo, 1920, pp. 7-8.

10. Cf. Andrade Muricy, op. cit., p. 320.

11. Cf. Medeiros e Albuquerque, *Páginas de crítica*, op. cit., pp. 126 ss.

12. Valentim Magalhães, *A literatura brasileira: 1870-1895*. Lisboa: Livraria de Antonio Maria Pereira, 1896, pp. 77-8.

13. Cf. "*Pecados*, de Medeiros e Albuquerque". In Cassiana Lacerda Carollo (Org.), *Decadismo e simbolismo no Brasil*. Rio de Janeiro/ Brasília: Livros Técnicos e Científicos Editora/ INL/MEC, 1980, pp. 153-65. v. I.

14. Cf. o "Prólogo" à 2ª edição, assinado em maio de 1898, in *Tobias Barreto. Estudos de Direito*. Rio de Janeiro: Edição do Estado de Sergipe, 1926, pp. XXVIII-XXX.

15. "Evocação de Medeiros e Albuquerque". Trecho do discurso de saudação a Miguel Osório na Academia Brasileira de Letras. In Autores e Livros, op. cit., p. 86. Contra a opinião de Agripino Grieco, há um testemunho de Antonio Torres, que manifesta a sua *ojeriza* em face dos versos rebuscados do "Hino da proclamação da República", obscuro e precioso demais — como, aliás, toda a obra do poeta, nos diz ele — para ser compreendido pelos alunos da escola e o público de um modo geral. Cf. "O hino da paz e outros hinos". In Antonio Torres, *Pasquinadas cariocas*. 2ª ed. Rio de Janeiro: Livraria Castilho, 1922, pp. 195-6.

16. Cf. "Perfil de Medeiros e Albuquerque". In Autores e Livros, op. cit., p. 87.

17. Ramalho Ortigão, *Últimas farpas*. Lisboa: Aillaud & Bertrand, 1917, pp. 230-1.

18. Ibid., p. 238.

ELÍSIO DE CARVALHO ANARQUISTA [pp. 117-126]

1. Antonio Candido, em *Teresina etc.*, refere-se a ele quando menciona o ambiente socialista reinante na casa de dona Teresina Carini Rochi nos anos de 1930, em Poços de Caldas.

294

2. Sabe-se que alguns membros de *Kultur*, entre eles o próprio Elísio de Carvalho, ao lado de Curvelo de Mendonça e de Mota Assunção, chegaram a participar do projeto meteórico da Universidade Popular de Ensino Livre, no Rio de Janeiro, criada no ano de 1904.

NA FANFARRA DE ALMÁQUIO DINIS [pp. 142-170]

1. Cf. Américo de Oliveira, *Almáquio Dinis: Um golpe de vista sobre a sua vida e a sua obra*. Rio de Janeiro: Editora Brasileira Lux, 1924, p. 14.

2. Ibid., pp. 14-5.

3. Embora tendo recebido o apoio de autores como Sílvio Romero, Coelho Neto e Rui Barbosa, consta que o nome de Almáquio foi duas vezes recusado pela Academia Brasileira de Letras em razão de haver publicado o romance *A carne de Jesus*, em cujo centro imagina um relacionamento amoroso entre Jesus Cristo e Maria Madalena. Proibido e recolhido pelas autoridades, a pedido da Igreja católica, o romance de Almáquio suscitou um rumoroso escândalo que levou o papa Pio XI a excomungá-lo, através do arcebispo da Bahia, d. Jerônimo Tomé da Silva, com a agravante de estender a punição canônica a três gerações de sua descendência. Foi tal a repercussão do livro no Brasil que Carlos Drummond de Andrade, num dos poemas reminiscentes de *Boitempo* ("A livraria Alves"), recorda-se das impressões que lhe causara "o título sacrílego" do livro, numa tarde de domingo em que, adolescente, passeando na rua da Bahia, em Belo Horizonte, viu-o rutilando na vitrina e prometeu a si mesmo entrar um dia "naquele lugar de danação" para comprar "um livro mais terrível que o do Almáquio/ e nele me perder — e me encontrar". Cf. Carlos Drummond de Andrade, "Livraria Alves". In *Boitempo. Poesia e prosa*. Rio de Janeiro: Nova Aguilar, 1992, p. 653.

4. De resto é ler a sua biografia para constatar que os acadêmicos do Trianon deixaram escapar um legítimo aspirante, cujo lugar não poderia ser outro senão a própria Academia. E isso não apenas pela celebração excessiva dos que insistiam em apresentá-lo como a um "autor de formação enciclopédica rara entre os seus contemporâneos", mas sobretudo pela valorização infundada do mérito dos mais de cem livros que publicou. Cf. a propósito *As candidaturas de Almáquio Dinis e Wanderley Pinho à Academia Brasileira de Letras*. Salvador: Academia de Letras da Bahia/ Assembleia Legislativa do Estado da Bahia, 1999.

5. Cf. Almáquio Dinis, *A relatividade na crítica*. Rio de Janeiro: Papelaria Vênus, 1923, p. 11 e p. 12.

6. Cf. *Almáquio Dinis: Um golpe de vista sobre sua vida e sua obra*, op. cit., pp. 17-8.

7. Cf. Almáquio Dinis, op. cit., p. 12.

8. Ibid., p. 13.

9. E isso a tal ponto que, para Almáquio, a moral do literato não se confunde com a moral do cientista. Segundo ele, há em todo escritor duas morais: "uma que aparece em público, em seus livros de literatura ou de arte, respeitando os princípios da crença literária", e outra moral é a do indivíduo, enquanto "cidadão e homem escravo das leis da sociedade e da família suas contemporâneas". Tais conceitos, nos diz ele que "não alcançam os homens de ciência, a quem só interessa a grande verdade, só o que realmente possa interessar à humanidade". Isso explica que, para ele, "no choque das duas morais — a do cientista e a do literato — prevalecerá como pura e verdadeira a do cientista". Cf. *Zoilos e estetas (figuras literárias)*. Porto: Chardron, 1908, pp. 9-10 e p. 16.

10. Frase transcrita por Almáquio de uma das conferências de Hermann Minkowski, um ano antes de sua morte, enfeixadas no já citado *Raum und Zeit*.

11. Ibid., p. 89.

12. Ibid., p. 94.

13. Ibid., pp. 96-7.

14. Ibid., p. 96.

15. Ibid., pp. 97-8.

16. Almáquio Dinis, "Prefação". *Da estética na literatura comparada*. Rio de Janeiro: H. Garnier, 1911, pp. X-XI.

17. Ibid., p. 6.

18. Ibid., pp. 6-17 e pass.

19. Ibid., p. 17.

20. Ibid., p. 25.

21. Ibid., pp. 28-9.

22. Ibid.

23. Ibid., p. 53.

24. Ibid., p. 54.

25. Ib., p. 109.

26. Ibid., p. 114.

27. Ibid., p. 121.

28. Ibid., p. 122 ss.

29. Ibid., p. 124 ss.

30. Ibid., p. 140.

31. Ibid., p. 286.

32. Ibid., p. 288.

33. Leopardi, para Almáquio, "julgava o mundo segundo o seu tempera-

mento", e, como em Veríssimo, suas desafeições cresciam "em progressão geométrica em relação ao bem-estar da consciência em que o autor se coloca". Para ambos, ele emenda, "o mal não é um alvitre, mas é um sentimento, e só é mau o que verdadeiramente é assim". Diz isso, entretanto, ressalvando o fato de que não cabe em Veríssimo "a universalidade do espírito do outro". Ibid., p. 292.

34. Ibid., pp. 292-3.

35. Ibid., p. 293.

36. Ibid., p. 294.

37. Ibid., p. 326.

38. Ibid.

39. Ibid., p. 347.

40. Cf. Almáquio Dinis, *Meus ódios e meus afetos*. São Paulo: Monteiro Lobato & Cia, 1922, p. 13.

41. Ibid., p. 151.

42. Ibid., p. 155.

43. Ibid., pp. 157-69.

44. Ibid.

45. Ibid., p. 14.

46. Ibid., p. 15.

47. Ibid., p. 18.

48. Ibid., pp. 19-22.

49. Ibid., pp. 22-5.

50. Ibid., p. 26.

51. Id., *Da estética na literatura comparada*, op. cit., p. 89.

52. Ibid., pp. 110-1 e p. 124.

53. Ibid., p. 183.

54. Ibid., p. 191.

55. Sua diferença com João do Rio vinha já de alguns anos, quando enfeixou em seu livro *Sociologia e crítica* (Porto: Magalhães & Moura, 1910) o capítulo "Versus Paulo Barreto", no qual, depois de considerar a este último "um indigesto *smart* da imprensa do Rio e charlatão pernóstico, cheio de frases francesas e dichotes ingleses, mas oco de bons sentimentos e muito mais ainda de ideias que se possam aproveitar", Almáquio desdenha de seus escritos, interessados em "chamar de encantadora à alma de umas ruas que só têm urubus, mariposas de luxo, fomes negras, perversões e malandros, como o próprio sr. Paulo Barreto" (pp. 70-1).

56. Ibid., p. 215-23.

57. Ibid., pp. 266-7.

58. Annateresa Fabris, em artigo recente, destacou a importância de Almáquio Dinis ao mostrar como foi ele, e não Oswald de Andrade em 1912, o

responsável, como fazia crer a crônica do modernismo, pela importação do futurismo ao Brasil. Como revela a autora, foi Almáquio, em 30 de dezembro de 1909, pelas páginas do *Jornal da Bahia* ("Uma nova história literária"), quem primeiro — ainda que de modo discutível do ponto de vista crítico — traduziu do italiano e elaborou "uma história sucinta das repercussões internacionais" do "Manifesto Futurista" de F. T. Marinetti, a que juntou algumas notas curiosas sobre a sua veia polêmica na literatura e fora dela, enriquecidas de trechos de uma entrevista do autor do *L'aeroplano del papa*. Mesmo ressalvando a figura contraditória do crítico baiano, Annateresa deixa claro que o artigo de Almáquio é mais relevante, da perspectiva histórico-literária, do que os dois outros que o precederam na divulgação do futurismo no Brasil: o do português Manuel de Souza Pinto, correspondente do *Correio da Manhã*, que deu a público a primeira notícia daquele movimento no Brasil, em crônica de 6 de abril de 1909; e a do jornalista Manuel Dantas, autor provável de uma tradução parcial do manifesto de Marinetti (continha apenas os onze pontos programáticos), que saiu em 5 de junho daquele ano pela *República de Natal*. Uma das razões para isso, como esclarece a pesquisadora, é que, comparados com o escrito de Almáquio Dinis, tanto o texto de Souza Pinto quanto o de Dantas perdem longe em densidade; o do primeiro, por resumir-se a uma espécie de "provocação extravagante" como outra qualquer; e o de Dantas, por nos remeter apenas genericamente, nos diz ela, "a um movimento entusiástico e revolucionário, violento e incendiário", mas nada que vá além de mera curiosidade. Cf. Annateresa Fabris, "O futurismo como estética patológica: alguns aspectos de sua recepção no Brasil". *Dossier Thématique: Brésil, Questions sur le modernisme. Artelogie*, n. 1, 2011.

59. Ibid., p. 295.

60. Cf. Almáquio Dinis, A *relatividade na crítica*, op. cit., p. 25.

61. Ibid., p. 32.

62. Ibid., p. 33.

63. "Era uma vez... Mas eu não sei como, onde, quando,/ por que foi isso. Eu sei que ela estava dançando./ O jazz-band esgarçava o véu de uma doidice./ Ela olhou-me demais — e um amigo me disse:/ "Cuidado! É sempre assim que essas coisas começam! [...]". Ibid., p. 41.

64. Ibid., pp. 42-3.

65. "Um pingo d'água escorre na vidraça./ Rápida, uma andorinha cruza no ar./ Uma folha perdida esvoaça, esvoaça.../ A chuva cai devagar...". Ibid., p. 67.

66. Ibid., pp. 67-8.

67. Ibid., pp. 69-70.

68. Ibid., pp. 83-4.

69. Cf. Almáquio Dinis, *Zoilos e estetas (figuras literárias)*, op. cit., pp. 71-84.

70. Ibid., p. 28, p. 29 e p. 38.

UM DIÁLOGO QUE VOLTA: MÁRIO DE ANDRADE
E SÉRGIO BUARQUE [pp. 175-189]

1. Cf. Sérgio Buarque de Holanda, "Originalidade literária", "Vargas Vila" e "Santos Chocano", respectivamente publicados no jornal *Correio Paulistano* (São Paulo, 22 abr. e 4 jun. 1920) e na revista *A Cigarra* (São Paulo VII, 138, jun. 1920).

2. Id., "A literatura nova de São Paulo" (*O Mundo Literário*, Rio de Janeiro, I, 4, v. 2, pp. 114-5, 5 ago. 1922); "O passadismo morreu mesmo" (ibid, II, v. 15, pp. 370-73, 5 jul. 1923); "Os futuristas de São Paulo" (ibid., I 6, v. 2, pp. 467-8, 5 out. 1923).

3. Id., "Os futuristas de S. Paulo", op. cit.

4. Id., "Alfred Doin, Paul Valéry et la tradition poètique francaise". *Estética*, Rio de Janeiro, I, 1 set. 1924.

5. Id., "O lado oposto e outros lados". *Revista do Brasil*, 15, 15 out. 1926, pp. 9-10.

6. Ibid.

7. Refiro-me ao artigo "Oswald de Andrade: *Memórias sentimentais de João Miramar*" (*Estética*, II, 1, pp. 218-22, jan.-mar. 1922).

8. Cf. "O líder morto". *Sombra*, v, 41, pp. 36-7, abr. 1945.

9. Utilizei, para os objetivos deste trabalho, além de algumas notações de *A escrava que não é Isaura*, e de outras, tomadas a ensaios dispersos, grande parte das análises que Mário reuniu nos ensaios de *Aspectos da literatura brasileira* (5ª ed. São Paulo: Martins, 1974), bem como nos escritos recolhidos no volume *O empalhador de passarinho* (2ª ed. São Paulo: Martins, 1955).

10. Cf. Mário de Andrade, *O movimento modernista*. Rio de Janeiro: Casa do Estudante do Brasil, 1942.

11. Sérgio Buarque de Holanda, "Poesia e crítica". *Diário de Notícias*, Rio de Janeiro, 15 set. 1940.

12. Ibid.

13. "Universalismo e provincianismo em crítica". *Diário de Notícias*, Rio de Janeiro, 7 nov. 1948.

14. Mário de Andrade, "A poesia em 1930". In *Aspectos da literatura brasileira*, op. cit., pp. 26-45.

15. Sérgio Buarque de Holanda, "Crítica e história". *Diário Carioca*, Rio de Janeiro, 10 dez. 1950.

NOTA BREVE SOBRE SÉRGIO CRÍTICO [pp. 190-203]

1. Cf. Rodrigo Melo Franco de Andrade, "Em 1922, Sérgio Buarque de Holanda não era um rapaz levado a sério". *Diário Carioca*, 13 jul. 1952.

2. Id., "Singularidade e multiplicidade de Sérgio". *Diário Carioca*, 13 jul. 1952.

3. Cf. Sérgio Buarque de Holanda, "Originalidade literária". *A Cigarra*, São Paulo, 2 abr. 1920.

4. Cf. id., "O pantum" (*A Cigarra*, São Paulo, 147, 1 nov. 1920) e "Guilherme de Almeida" (*Fon-Fon*, Rio de Janeiro, 36, 3 set. 1921).

5. Id., "Guilherme de Almeida", op. cit.

6. Francisco de Assis Barbosa traça um magnífico itinerário desse percurso em "Verdes anos de Sérgio Buarque de Holanda — ensaio sobre a sua formação intelectual até *Raízes do Brasil*". Cf. *Sérgio Buarque de Holanda: Vida e obra*. São Paulo: Secretaria de Estado da Cultura; Universidade de São Paulo, 1988, pp. 27-54.

7. Sobre a temporada de Sérgio na Alemanha, cf. Antonio Candido, "Sérgio em Berlim e depois" (*Novos estudos*. São Paulo: Cebrap, 1, 3, 7 jul. 1982).

8. Cf. Sérgio Buarque de Holanda, *O espírito e a letra: Estudos de crítica literária*. Org., intr. e notas de Antonio Arnoni Prado. São Paulo: Companhia das Letras, 1996.

OS DOIS MUNDOS DE GILBERTO FREYRE [pp. 204-221]

1. Gilberto Freyre, *Prefácios desgarrados*. Org., intr. e notas de Edson Nery da Fonseca. Rio de Janeiro/ Brasília: Cátedra/ INL/ MEC, 1978. 2 v.

2. Ibid., pp. 730-1. v. 2.

3. Ibid., p. 735.

4. Ibid., p. 739.

5. Id., "Um pouco de autobiografia e outro tanto de prefácio". In *Prefácios desgarrados*, op. cit., p. 748.

6. Id., "Euclides da Cunha, revelador da realidade brasileira". In *Prefácios desgarrados*, op. cit., p. 770.

7. Cf. id., *Prefácios desgarrados*, op. cit, p. 879.

8. Ibid., p. 882.

9. Cf. "Graça Aranha: o que significa para o Brasil de hoje". In *Prefácios desgarrados*, op. cit., p. 782.

10. "Como era possível", declara ali o narrador, "que eu me encontrasse na presença de uma mulher [Dona Sinhá] um tanto arcaica, mas real, ao ponto de ser mais real que as reais, que assegurava, para começo de conversa, ser o original da minha suposta ficção? E essa figura correspondia, de fato, quase de todo, à que eu concebera?" Cf. *Dona Sinhá e o filho padre*. São Paulo: Círculo do Livro (s.d.), p. 11.

11. Ibid.

12. Ibid., p. 7.

13. A certa altura, referindo à "sedução irresistível" que Dona Sinhá exercia sobre ele, o narrador afirma: "Lembrei-me de Oswald de Andrade a confessar-me que estava apaixonado por uma senhora com idade de ser sua avó e a justificar-se: *Freud me compreenderia, Freud me compreenderia*". Cf. *Dona Sinhá e o filho padre*, op. cit., p. 30.

14. Gilberto Freyre, "Conversa do autor com o leitor, em torno do modo por que foi esboçada a seminovela *Dona sinhá e o filho padre*". In *Dona Sinhá e o filho padre*, op. cit., p. 193.

15. Ibid., pp. 192-3.

16. Ibid., pp. 21-2.

17. Ibid., pp. 8-9.

18. Ibid., pp. 40-1.

19. Ibid., p. 47.

20. Ibid., pp. 193 ss.

21. Ibid., p. 193.

22. Ibid.

23. Ibid., p. 196.

24. Ibid., p. 197.

25. Cf. Gilberto Freyre, *O escravo nos anúncios de jornais brasileiros do século XIX*. São Paulo: Global, 2010.

26. Ibid., p. 50 e p. 84.

27. Ibid., p. 108.

28. Ibid., p. 109.

29. Ibid., p. 110.

30. Ibid., p. 114.

31. Ibid.

32. Ibid., p. 117 e p. 119.

33. Ibid., p. 119.

34. Segundo Freyre, os negros trouxeram a maconha ao Brasil para cultivá-la "como planta meio mística, para ser fumada em candomblés e xangôs

pelos babalorixás e pelos seus filhos", mas também como planta afrodisíaca. Ibid., p. 120.

35. Ibid.

36. Ibid., p. 123.

FRANCISCO DE ASSIS BARBOSA, O REPÓRTER QUE SONHAVA [pp. 228-259]

1. Cf. a propósito Francisco de Assis Barbosa, "Introdução". In Francisco de Assis Barbosa (Org.), *Intelectuais na encruzilhada: Correspondência de Alceu Amoroso Lima e António de Alcântara Machado (1927-1933)*. Rio de Janeiro: Academia Brasileira de Letras, 2002.

2. Id., "Posição de um escritor". A *Época*, I, XXIX, jul. 1935.

3. Ibid., p. 14

4. Ibid., p. 15.

5. Ver a respeito o volume das *Cartas, informações, fragmentos históricos e sermões do padre Joseph de Anchieta, S. J. (1554-1594)*. Rio de Janeiro: Civilização Brasileira, 1933.

6. Francisco de Assis Barbosa, "Posição de um escritor", op. cit., p. 15.

7. Ibid., p. 16.

8. Id., "Discurso inicial". In *Brasileiro tipo 7*. Rio de Janeiro: Tipografia Alba, 1934, p. 8.

9. Ibid., pp. 67-8.

10. Ibid., p. 79.

11. Ibid., p. 87.

12. Id., "Villa-Lobos, um turbilhão". In Francisco de Assis Barbosa e Joel Silveira, *Os homens não falam demais*. Rio de Janeiro: Alba Editora, 1942, p. 7.

13. Ibid., p. 8 e pp. 12-3.

14. Cf. "Augusto Frederico Schmidt, o comerciante-poeta". In *Os homens não falam demais*, op. cit., pp. 44-5.

15. Zé Lins emenda: "Um soneto horrível que começava assim: 'Minha alma é um tábido chacal/ De vozes tristes que me fazem mal'". Após o que, virando-se para Assis Barbosa, pergunta à queima-roupa: "Você sabe o que é tábido?". Chico, sem graça, lhe diz que não. E Zé Lins: "Eu também não". Cf. Francisco de Assis Barbosa, "A velha Totonha, musa de José Lins do Rego". In *Os homens não falam demais*, op. cit., pp. 88-9.

16. Ibid., pp. 89-90.

17. A entrevista estampada em *Diretrizes* foi depois recolhida por Francisco de Assis Barbosa no livro *O testamento de Mário de Andrade e outras reportagens* (Rio de Janeiro: Serviço de Documentação do MEC, 1954).

18. Francisco de Assis Barbosa, "O romance, a novela e o conto no Brasil (1839-1849)", separata da revista *Cultura*. Rio de Janeiro: Serviço de Documentação do Ministério da Educação e Saúde, 1950, p. 193.

19. "O chuvisco maltrata o arisco desfilar das meretrizes,/ Porém a noite enorme prossegue./ Na sombra úmida dos arranha-céus descansa o solitário mendigo". Cf. Francisco de Assis Barbosa, "Noturno". In Manuel Bandeira, *Antologia dos poetas brasileiros bissextos contemporâneos*. Rio de Janeiro: Zélio Valverde, 1946, p. 62.

20. Esse depoimento ilustra a orelha da 2ª edição do livro, "revista e acrescida de três novos capítulos", publicada em 1968 pela editora José Olympio, a cujo texto remeto o leitor nas referências utilizadas por este trabalho.

21. Cf. Francisco de Assis Barbosa, "Miguel Pereira visto por Lúcia Miguel-Pereira". In *Retratos de família*. 2ª ed., revista e acrescida de três novos capítulos. Rio de Janeiro: José Olympio, 1968, p. 22.

22. Cf "Rui Barbosa visto pela esposa d. Maria Augusta e sua filha Maria Adélia" e "Sílvio Romero visto por Edgar e Nelson Romero". In *Retratos de família*, op. cit., p. 30 e p. 71.

23. "Joaquim Nabuco visto por Carolina Nabuco". In *Retratos de família*, op. cit., p. 80.

24. "Alphonsus de Guimaraens visto por João Alphonsus de Guimaraens", *Retratos de família*, op. cit., pp. 86-7. Tais impressões, que o então menino guardou para o resto da vida, seriam depois transpostas para o romance *Rola moça*, que João Alphonsus publicará em 1938 pela editora José Olympio, como nos lembra Chico Barbosa.

25. "Mário de Andrade visto por Carlos de Morais Andrade", *Retratos de família*, op. cit., p. 149.

26. "Mário era a alegria desta casa. Depois que ele morreu, tudo ficou tão triste. Já não acho mais graça em nada" — eis como descreveu ao repórter a tristeza pela ausência do poeta. Ibid., p. 154.

27. Ibid., p. 155.

28. Ibid., p. 160.

29. Ibid., p. 173

30. Ibid., p. 191.

31. Cf. Francisco de Assis Barbosa, "Advertência". In *Machado de Assis em miniatura*. São Paulo: Melhoramentos, 1957, p. 9.

32. Ibid.

33. Ver Francisco de Assis Barbosa, "Nacionalismo e política". In *Achados do vento*. Rio de Janeiro: MEC/INL, 1958, pp. 12-4.

34. Ibid., p. 16.

35. Ibid., pp. 25-32.

36. "Apanhava muito", escreve Chico, para depois confirmar: " E a mãe, segundo o próprio Graciliano, chamava-lhe meu besta". Cf. "Graciliano Ramos, aos cinquenta anos". In *Achados do vento*, op. cit., pp. 58-9.

37. As aulas de Sílvio Romero fascinavam a classe por inteiro, mantendo-a "presa à sua palavra", especialmente — lembra Bandeira — quando, certa vez, lecionou sobre a *Última corrida de touros em Salvaterra*". Cf. "Manuel Bandeira estudante do Colégio Pedro ii". In *Achados do vento*, op. cit., p. 87.

38. Francisco de Assis Barbosa, "Lima Barreto precursor do romance social". In *Achados do vento*, op. cit., p. 98.

39. "José de Alencar, cronista do primeiro encilhamento". In *Achados do vento*, op. cit., p. 128.

40. "Domingos Caldas Barbosa, o poeta da viradeira". In *Achados do vento*, op. cit., pp. 168-9.

41. Cf. Francisco de Assis Barbosa, "Nota sobre Antônio de Alcântara Machado". In *Novelas paulistanas*. Rio de Janeiro: José Olympio, 1961, especialmente pp. 13-48.

42. A definição é do próprio Alcântara ao afirmar que, antes do modernismo, "um literato nunca chamava a coisa pelo nome. Nunca. Arranjava sempre um meio de se exprimir indiretamente. Com circunlóquios, imagens poéticas, figuras de retórica, metalepses, metáforas [...] Ninguém morria: partia para os páramos ignotos. Mulher não era mulher. Qual o quê. Era flor, passarinho, anjo da guarda, doçura desta vida, bálsamo de bondade, fada, o diabo". Ibid., p. 33.

43. O referido ensaio serve de prefácio ao clássico estudo de Brito Broca, *A vida literária no Brasil — 1900*. Rio de Janeiro: José Olympio, 1956. As referências ao texto utilizadas neste trabalho são as da edição de 2004.

44. Cf. *Correio da Manhã*, Rio de Janeiro, 15 set. 1956.

45. Cf. "Um dom Quixote das letras", op. cit., p. 17.

46. Chico não deixa de referir aqui que o próprio Brito Broca teve o cuidado de ir buscar no retraimento de Alceste, o célebre personagem de *O misantropo*, de Molière, a razão para com ele batizar o pseudônimo com que assinava as suas crônicas no jornal *A Gazeta*.

47. Ibid., pp. 19-21.

48. Ibid., p. 23.

SOBRE O TEATRO DE LÚCIO CARDOSO [pp. 260-274]

1. As datas citadas entre parênteses referem-se ao ano da encenação das peças.

2. Ver sobre o tema o excelente estudo de Cássia dos Santos, *Polêmica e controvérsia em Lúcio Cardoso*. São Paulo: Mercado de Letras/ Fapesp, 2001.

ESTA OBRA FOI COMPOSTA EM ELECTRA PELO ESTÚDIO O.L.M./ FLAVIO PERALTA
E IMPRESSA EM OFSETE PELA PROL EDITORA GRÁFICA SOBRE PAPEL PÓLEN SOFT
DA SUZANO PAPEL E CELULOSE PARA A EDITORA SCHWARCZ EM ABRIL DE 2015